普通高等学校"十三五"规划教材

基础物理实验

（第二版）

李平舟　武颖丽　吴兴林　主编

西安电子科技大学出版社

内 容 简 介

本书是根据"高等工科学校物理实验课程基本要求",结合电子类院校的特点和作者多年教学实践经验编写而成的。编写时,修改了 2007 年出版的教材中的大部分内容,并结合教育部[2001]4 号、[2005]1 号、[2005]8 号、[2010]52 号和[2011]1 号文件精神增加了一些新实验。本书详细介绍了物理实验的基本思想、基本方法和基本手段。全书分为绪论、基本概念与数据处理、基础实验和附录四部分,内容涉及实验方法、不确定度、数据处理等理论基础,以及关于力学、热学、光学、电学和近代物理学等方面的 24 个实验。

本书是西安电子科技大学物理实验"十二五"规划建设系列教材之一,可作为普通高等学校各专业物理实验教材,也可作为成人教育、电视大学、函授大学、职工大学等学校的物理实验教学参考书。

图书在版编目(CIP)数据

基础物理实验/李平舟,武颖丽,吴兴林主编. — 2 版.
一西安:西安电子科技大学出版社,2012.2(2020.1重印)
普通高等学校"十三五"规划教材
ISBN 978 - 7 - 5606 - 2728 - 1

Ⅰ. ① 基… Ⅱ. ① 李… ② 武… ③ 吴… Ⅲ. ① 物理学一实验一高等学校一教材
Ⅳ. ① O4-33

中国版本图书馆 CIP 数据核字(2012)第 000636 号

策 划 云立实
责任编辑 云立实 杨 柳
出版发行 西安电子科技大学出版社(西安市太白南路 2 号)
电 话 (029)88242885 88201467 邮 编 710071
网 址 www.xduph.com 电子邮箱 xdupfxb001@163.com
经 销 新华书店
印刷单位 陕西日报社
版 次 2012 年 2 月第 2 版 2020 年 1 月第 13 次印刷
开 本 787 毫米×1092 毫米 1/16 印张 13.5
字 数 312 千字
印 数 52 301～54 300 册
定 价 30.00 元

ISBN 978 - 7 - 5606 - 2728 - 1/O

XDUP 3020002－13

＊＊＊如有印装问题可调换＊＊＊

本社图书封面为激光防伪覆膜,谨防盗版。

前　言

本书是按照"高等工科学校物理实验课程基本要求",结合电子类院校的特点,为培养重基础、宽口径、高素质、强能力的复合型人才,按照教育部教学示范中心建设要求,贯彻落实教育部[2001]4号、[2005]1号和[2005]8号、[2010]52号和[2011]1号文件精神,对2007年出版的教材进行修改后完成的。

物理实验是学生进入大学后系统学习基本实验知识、实验方法和实验技能的开端,是我国普通高等学校为了培育大学生科学素质、动手能力与开拓创新精神而开设的以实验为主要内容的首门课程。我校历来重视实践性教学环节,近年来,为了使物理实验教学达到国家示范标准,学校在资金紧缺的情况下,重点支持物理实验教学,培养教师,改善实验教学的软、硬件环境,全面建设物理实验中心。本书就是在各种条件具备的基础上编写的,其内容主要包括:绪论、基本概念与数据处理、基础实验和附录等。书中的内容基本都是学生未来从事科学研究时经常要用到的知识。

实验教学是一项集体事业,是实验教师集体智慧和辛勤劳动的结晶。编者仅对实验教师的成果作了书面整理和总结,其成果权归物理实验中心所有。

本书是我校物理实验"十二五"规划建设系列教材之一,主要由李平舟、武颖丽、吴兴林编写并修改完成,参与修改的教师还有乔俊绒、孙继超、朱立忠、代少玉、张昌民、张静涛、邹洼牢、武光玲、徐强、宋金茂、李德昌、李强、刘伟、胡荣旭、丁春颖、刘春波、马红玉、曹运华、朱婧晶等,在此对他们表示衷心的感谢。

实验教学的探索是永无止境的长期任务,书中的新方法、新观点难免有不妥之处,加之编写时间仓促,编者业务水平有限,疏漏之处难免,恳请同行及广大读者提出宝贵意见。

西安电子科技大学物理实验中心

2011年9月

第 一 版 前 言

本书是按照"高等工科学校物理实验课程基本要求",结合电子类院校的特点,为培养重基础、宽口径、高素质、强能力的复合型人才,按照教育部教学示范中心建设要求,贯彻落实教育部[2001]4 号、[2005]1 号和[2005]8 号文件精神,对 2001 年出版的教材进行了大量修改后完成的。

物理实验是对学生进行科学实验、科学思想、改造世界基本技能训练的一门必修基础课,是大学生进入大学后实际技能训练的开端。在规范素质教育、培养工程应用型人才的今天,物理实验教学担负着重要任务。西安电子科技大学历来重视实践性教学环节,近年来,为了使物理实验教学达到国家示范标准,学校在资金紧缺的情况下,重点支持物理实验教学,培养教师,改善实验教学的软、硬件环境,全面建设物理实验中心。本书就是在各种条件具备的基础上编写的,其内容主要包括:绪论、不确定度理论基础、数据处理、有效数字、实验方法等。书中的内容基本都是学生未来从事科学研究时经常要用到的知识。

实验教学是一项集体的事业,是实验教师集体智慧和辛勤劳动的结晶。编者仅对实验教师的成果作了书面整理和总结,其成果权归物理实验中心所有。

本书是我校物理实验"十一五"规划建设系列教材之一,主要由李平舟、武颖丽、吴兴林编写完成。本书在编写过程中得到了物理实验中心全体教师、兄弟院校和仪器生产厂商的支持,在此表示衷心的感谢。

实验教学的探索是永无止境的长期任务,书中的新方法、新观点难免有不妥之处,加之由于编写时间仓促,编者业务水平有限,疏漏之处难免,恳请同行及广大读者提出宝贵意见。

西安电子科技大学物理实验中心

2006 年 11 月

物理实验学生守则

一、要爱护实验室一切公物，保持实验室安静、整洁，遵守实验室纪律。

二、不迟到、不早退、不旷课。因病不能及时到课者，凭医院病假条与教师联系补做实验。

三、课前要认真预习，写出实验预习报告。课后要及时书写实验报告，并于做实验后一周内交指导教师批改。

四、实验前要仔细检查所用实验仪器是否齐全、完好，如果有缺损，要及时报告教师处理，不得随意挪用别组仪器。

五、做实验时要严格遵守所用仪器的操作规程和注意事项，不得擅自拆卸仪器，以防发生仪器损坏或人身事故。对违反操作规程而损坏仪器的学生，教师有权按学校有关规定处理。

六、做电学实验时，在按实验原理要求接好线路，自己检查确认无误后，须再请教师检查，经教师检查确认无误后，方可接通电源进行实验。

七、在做光学实验时，要按光学仪器或器件的操作要求进行实验。

八、学生做完实验后，要将实验记录的原始数据交教师审阅并签字。学生必须将仪器恢复到实验前的状态，并安放整齐，经教师同意后方可离开实验室。

九、实验结束后，值日生须打扫实验室卫生，清洁并整理实验仪器。

物理实验选课指南

　　物理实验教学实行全开放、分层次、网上预约选课的教学模式，学生根据自己所学专业特点在网上自主选择实验并完成。

　　物理实验为必修课，共计 54 学时，分为基础物理实验 27 学时（春季 24 选 9），综合设计性物理实验 27 学时（秋季 24 选 9）。物理实验仅以平时操作成绩记分，成绩分为"优秀"、"通过"和"不通过"三个等级。

　　选课要求：

　　（1）仔细阅读网上选课通知，每学期至少选择并完成 9 个实验。

　　（2）每学期开学第一周网上选课，第二周开始进入实验室上课；每天进行两批，时间如下：

　　春冬季：14：00～17：00；18：30～21：30

　　夏秋季：14：30～17：30；18：30～22：00

　　（3）实验选定后要按时完成，缺席按 0 分记分。

　　（4）不能按时进行实验者，应提前 3 天在网上取消当次实验并重新选定。

　　（5）建议每周选做一个实验。

　　（6）开课地点：F 栋 2 层和 3 层（物理实验中心）。

　　（7）无法注册选课的学生，应于开学一周内凭一卡通到 F213 室办理注册手续，时间为 14：00～17：30；选课过程中如有疑问，可拨打物理实验中心开放实验办公室电话 81891123 咨询。

　　选课方法：

　　（1）从任何终端进入互联网，输入网址 http://lxy.xidian.edu.cn/，进入"物理实验选课系统"。

　　（2）第一次进入选课系统直接点击"注册"，按照要求输入个人信息并设置自己的密码（班号必须严格按照学校的规定填写）。

　　（3）注册成功后，重新进入选课系统输入学号与密码"登录"选课。课程选定后必须点击"提交"，否则并未真正选课成功。实验选定后应记住所选实验的时间（周次、星期和时间段）、实验室及实验内容并事先预习，请勿误课或迟到。

　　（4）春季第一周实验内容为物理实验的基本概念及测量误差数据处理等基本知识，它涉及到后续的每个实验，要求每个学生必须选课一次。

　　（5）课程一经选定，如需更改须提前 3 天以上进入选课系统自行修改。

基础物理实验选课登记表

实验顺序	实验名称	周次	星期	日期	时段	实验室	教师	座号	备注
1									
2									
3									
4									
5									
6									
7									
8									
9									
10									

目　　录

Ⅰ 绪 论

1-1 物理实验课的地位与作用

物理学是研究客观世界物质运动规律的学科，研究的基本方法是科学实验。科学实验的过程分为三个阶段：

（1）观察现象；

（2）分析现象产生和发展的条件；

（3）建模，即找到物质运动的规律，建立相关理论和模型。

在科学实验中，往往还夹杂和预示着某些有待发现的规律。因此，一个科学工作者不但要知识面宽、素质高，会做科学实验，能分析和解决问题，还须具有创造性，细心且有耐心。物理实验是培养学生基础应用综合能力以及培养高素质科技人才的重要基础课。

1-2 课程的目的与要求

物理实验的重要任务是验证物理规律、锻炼动手能力、学习处理数据、培养严谨作风、提高综合素质。在课程安排上，通过做一系列实验，使学生对科学实验有一个初步了解。同时在实验方法、测量技术、数据采集和处理等方面接受基本训练。具体要求掌握：

（1）七项操作技术，即零位校准、水平调节、铅直调整、光路共轴调节、逐次逼近调节、视差消除、电路接线训练等。

（2）六种实验方法，即比较法、放大法、转换法、模拟法、补偿法、干涉法等。

（3）常用物理量测量，即长度、时间、质量、力、温度、热量、电流强度、电压、电阻、磁感应强度、折射率等的测量。

（4）常用仪器的使用，包括测长仪、计时器、测温仪、变阻器、电表、直流电桥、电位差计、通用示波器、低频信号发生器、分光计、常用电源、常用光源等。

1-3 实 验 程 序

实验程序主要分为实验预习、实验过程及实验报告等。

1. 实验预习

实验预习就是课前认真阅读要做的实验，写出实验预习报告。实验预习报告的主要内容如下。

（1）实验目的：明确实验要达到的要求。

（2）实验仪器：根据实验内容写出实验所用主要仪器。

（3）实验原理：简要叙述实验原理，写出测量公式，画出原理图和电路图等。

（4）实验内容和步骤：实验过程中需测量的物理量及主要步骤。

（5）画出实验数据表格：根据实验内容要求设计出数据记录表格。

2. 实验过程

根据实验讲义要求，在教师指导下自行完成实验。在做实验的过程中，遇到没有搞清楚或不能解决的问题，要举手与教师探讨，直到搞清楚每个实验的细节问题。做完实验后，要仔细分析实验结果，总结实验过程，对还不清楚的问题请教师解答，在没有任何疑问后，请教师审阅实验数据并签字。在教师签字认可后，方可整理实验仪器，离开实验室。值日生要打扫卫生。

3. 实验报告

实验报告的具体要求有：

（1）实验名称：所做实验的名称。

（2）实验目的：完成本实验应达到的基本要求。

（3）实验仪器：所用仪器的名称和型号。

（4）实验原理：简述原理，包括简单的公式推导、原理图或电路图。

（5）实验内容和基本操作步骤。

（6）数据处理：有数据表格、必要的计算过程、实验曲线（必须用铅笔在坐标纸上作图），写出结果的标准形式和误差或不确定度。

（7）问题讨论：分析总结实验得失，完成课后讨论题。

（8）实验得失：实验总结，提出消除或降低误差的方法。

注：实验报告作为评判实验考试成绩的重要依据之一，要求内容完整，贴有封面（封面上应注明学生的个人信息以及本次实验的名称、实验时间、座位号等信息），装订成册。并且附上预习报告（有原始数据和教师签字）。实验报告在实验课后完成，应尽快投递到代课老师的报告箱中。

Ⅱ　基本概念与数据处理

　　人类是通过测量来认识客观世界的。物理实验离不开对物理量的测量。由于测量条件的非理想化，测量总存在误差。误差是测量中的不可靠量值，导致测量结果偏差的不可靠量值称为不确定度。这就是测量、误差和不确定度三者之间的因果关系。测量误差越小，结果的不确定度就越小，测量精度就越高，人们对客观世界的认识也就越准确。

2-1　测　　量

1. 测量的定义

　　广义而言，测量就是用实验手段获取客观事物定量信息的过程。通俗地讲，就是借助仪器，用某一计量单位把待测量的大小表示出来，确定待测量是该计量单位的多少倍。被测量的测量结果用标准量的倍数、标准量的单位来表示。因此，测量的必要条件是被测量物理量、标准量及操作者。测量结果应是一组数据和单位，必要时还要给出测量所用的量具或仪器、测量方法及条件等。例如，测量一个钢球的直径，选用的标准量是毫米，测量结果是毫米的 16.374 倍，则直径的测量值为 16.374 mm，使用的量具为螺旋测微计，测量环境温度为 20.8℃。

2. 测量的类型

1）按测量方式分类

　　按测量方式分为直接测量和间接测量。

　　（1）直接测量。用测量仪器能直接测出被测量量值的测量过程称为直接测量。相应的被测量称为直接测量量。例如，用米尺测物体的长度，用天平称物体的质量，用秒表测时间等，这些均是直接测量。相应的长度、质量、时间等均称为直接测量量。直接测量按测量次数分为单次测量和多次测量。

　　① 单次测量：只测量一次的测量称为单次测量。单次测量主要用于测量精度要求不高、测量比较困难或测量过程带来的误差远远小于仪器误差的测量。如在测量杨氏弹性模量实验中，测钢丝长度就用的是单次测量。

　　② 多次测量：测量次数超过一次的测量称为多次测量。多次测量按测量条件主要分为等精度测量和非等精度测量。

　　（2）间接测量。对于某些物理量的测量，由于没有合适的测量仪器，不便或不能进行直接测量，只能先测出与待测量有一定函数关系的直接测量量，再将直接测量的结果代入函数式进行计算，从而得到待测物理量的测量值，这个过程称为间接测量。相应的被测量称为间接测量量。例如，用单摆法测量重力加速度，其公式为 $g=\dfrac{4\pi^2 L}{T^2}$，可以先用米尺和

计时器对 L 和 T 分别进行直接测量，然后将 L 和 T 的值代入测量公式，计算出重力加速度 g。整个过程称为间接测量。其中，g 是间接测量量，L 和 T 是直接测量量。

2）按测量条件分类

按测量条件分为等精度测量和非等精度测量。

（1）等精度测量。为了减小误差，往往对同一固定被测量进行多次重复测量，如果每次测量的条件不变(即同一观察者、同一套仪器、同一种实验原理和方法、同样的测量环境等)，这种重复测量称为等精度测量。由于各次测量的条件相同，那么就没有任何根据可以判断某次测量一定比另一次测量更准确。所以，每次测量的可靠程度只能认为是相同的，即认为是等精度的测量。

（2）非等精度测量。多次重复测量时，只要有一个测量条件发生了变化，如更换了测量所用的量具或仪器，或改变了测量方法等，这种重复测量就称为非(不)等精度测量。对这种测量要引入测量"权"的概念。"权"是用来衡量各单次或局部测量结果可靠性的物理量，测量的权越大，说明该次测量结果的可靠性越大，它在最后测量结果中所占的比重也就越大。这类测量主要用于高精度的测量。

在实际测量中，常用的测量主要有单次测量、等精度测量和间接测量。当测量精度要求不高时用单次测量，测量精度要求比较高时用等精度测量，在无法使用直接测量时才采用间接测量。

3. 测量的方法

测量的方法很多，常用的有直读测量法、比较测量法、替代测量法、放大测量法、平衡测量法、模拟测量法、几何光学测量法、干涉测量法和衍射测量法等。

2-2 误 差

1. 真值与测量值

任何一个测量量在一定条件下是客观存在的，当能被完善地确定并能排除所有测量上的缺陷时，通过测量所得的量值称为该量的真值。但是，对一个物理量的完善定义极其困难，人们也不能完全排除测量中的所有缺陷。因而，真值是一个比较抽象和理想的概念，一般来说是不可能知道的。物理实验课中所测量物理量的真值常采用公认值、理论值或较高准确度仪器的测量或多次测量的平均值近似地代替，这些值叫做"约定真值"。例如三角形内角之和恒为 $180°$等。

各种实验所得到的量值称为测量值。包括：

① 单次测量值：若只能进行一次测量(如变化过程中的测量)，或没有必要进行多次测量；对测量结果的准确度要求不高，或有足够的把握；仪器的准确度不高，或多次测量结果相同。这时就用单次测量值近似地表示被测量的真值。

② 算术平均值：对多次等精度重复测量，用所有测量值的算术平均值来替代真值，由数理统计理论可以证明，算术平均值是被测量真值的最佳估计值。

③ 加权平均值：当每个测量值的可信程度或测量准确度不等时，为了区分每个测量值的可靠性(即重要程度)，对每个测量值都赋一个"权"数。最后测量结果用带上"权"数的测

量值求出的平均值表示，即为加权平均值。

2. 误差的定义

每个测量值都有一定的近似性，它们与真值之间总会存在或多或少的差异，这种差异在数值上的表示称为测量误差，简称误差。误差自始至终存在于一切科学实验和测量过程之中，测量结果都存在误差，这就是误差公理。误差按表达方式分为绝对误差和相对误差。

（1）绝对误差。绝对误差表示测量值偏离真值的程度，用 δx 表示，即

$$\delta x = x - x_0 \tag{2-2-1}$$

式中，δx 表示绝对误差；x 表示测量值；x_0 表示真值。

绝对误差不是误差的绝对值。绝对误差可正可负，具有与被测量相同的量纲和单位。由于真值一般是得不到的，因此绝对误差也无法计算。实际测量中是用多次测量的算术平均值来代替真值的，测量值与算术平均值之差称为偏差，又称残差，亦用 δx 表示，即

$$\delta x = x - \bar{x} \tag{2-2-2}$$

（2）相对误差。相对误差是绝对误差与被测量真值之比。由于真值不能确定，实际上常用约定真值来代替。相对误差是一个无单位的量，常用百分数表示，也称为百分误差，即

$$E = \left| \frac{\delta x}{x_0} \right| \times 100\% \tag{2-2-3}$$

3. 误差的类型及处理方法

测量中误差按其产生的条件可归纳为系统误差、随机误差和粗大误差三类。

1）系统误差

在相同条件下(指方法、仪器、环境、人员等不变)多次重复测量同一量时，误差的大小和符号(正、负)均保持不变或按某一确定的规律变化，这类误差称为系统误差，它的特征是具有确定性。系统误差分为可定系统误差和未定系统误差。

① 可定系统误差：指在测量中大小、正负可确定的误差。测量时应消除该误差。例如，米尺零刻线被磨损或弯曲，若不注意，会产生零点不为零的可定系统误差。因此，测量时应该避开零刻度线，用中间的某整刻度线作为测量的起始点，再读出被测物的终止点，两点相减就避开了零点不准的可定系统误差。再如，千分尺(亦称螺旋测微器)零点不为零，测量时应先记下零点值 d_0，再测量被测量值的大小 d，两者相减($d - d_0$)的结果就消除了千分尺 d_0 的可定系统误差。

② 未定系统误差：指测量中只能确定大小，不能确定正负的误差(如由于仪器不确定度产生的测量误差)。一般将未定系统误差合成到测量结果的不确定度中。例如，千分尺的示值误差、数字毫秒计的不确定度、分光计的不确定度、电表的精度(即准确度等级)等产生的测量误差，都是未定系统误差。

（1）系统误差的主要来源。

① 由仪器自身原因产生的系统误差：即由仪器本身缺陷、校正不完善或没有按规定条件使用而产生的误差。例如，仪器刻度不准、刻度盘和指针安装偏心、米尺弯曲、天平两臂不等长等。

② 由测量公式产生的系统误差：由于测量公式本身的近似性或没有满足理论公式所

规定的实际条件而产生的误差。例如，单摆周期公式 $T=2\pi\sqrt{\dfrac{l}{g}}$ 成立的条件之一是摆角小于 $5°$，用这个近似公式计算 T 时，公式本身就带来了误差；又如，用伏安法测量电阻时，忽略了电表内阻的影响等。

③ 由测量环境产生的系统误差：在测量过程中，因周围温度、湿度、气压、振动、电磁场等环境条件发生有规律的变化引起的误差。例如，在 25℃ 时标定的标准电阻在 30℃ 环境下使用等。

④ 由操作人员产生的系统误差：由于操作者的不良习惯或生理、心理等因素造成的误差。例如，用米尺测长度，读数为斜视读出；用秒表计时间，掐表速度较慢或较快等。

（2）发现系统误差的主要方法。

① 理论分析法：从原理和测量公式上找原因，看是否满足测量条件。例如，用伏安法测量电阻时，实际中电压表内阻不等于无穷大，电流表内阻不等于零等，都会产生系统误差。

② 实验对比法：可改变测量方法和条件，比较差异，从而发现系统误差。例如，调换测量仪器或操作人员，进行对比，观察测量结果是否相同从而进行判断确认。

③ 数据分析法：分析数据的规律性，以便发现误差。例如残差法，对一组等精度测量数据，通过计算偏差，观察其大小及比较正、负号的数目，从而寻找系统误差。

（3）可定系统误差的消除和减小方法。

下面举例说明常用的消除和减小可定系统误差的方法：

① 交换法：用天平两次称量同一物体质量，第二次称量时，将被测物与砝码交换。两次称量结果分别为 m_1、m_2，则 $m=\sqrt{m_1 m_2}$ 为最终称量结果。采用交换法可以克服天平不等臂误差。

② 替代法：如图 2-2-1 所示，在电表改装实验中测量表头内阻时，首先将 S_2 与表头回路接通，调节 R_1 使微安表指到某整刻度，记下该电流值，再将 S_2 与电阻箱回路接通，保持 R_1 不变，调节电阻箱 R_2 的阻值，使微安表指示值和记下的电流值相同，此时电阻箱的阻值就等于被测表头的内阻。这种方法避免了测量仪器微安表内阻引入的误差。

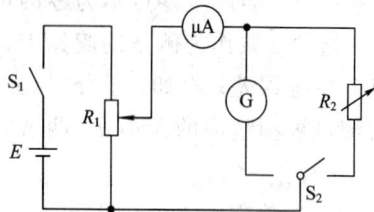

图 2-2-1 替代法测表头内阻

③ 零示法：在实验中，不是研究某个被测量本身，而是让它与一个已知量或相对参考量进行比较，通过检测并使这个差值为"0"，再用已知量或相对参考量描述被测量，这种方法叫做零示法。如电桥、电位差计的测量均采用这种方法。零示法可以减小仪器误差和避免指零仪器内阻引入的误差。

④ 异号法：在霍尔效应实验中，为了消除不等势电压，常采用异号法，即取电流和磁场的四种工作状态，测出结果并求出其平均值。

⑤ 半周期法：即采用分光计的双游标读数，用来克服分光计中心轴的偏心误差。

2）随机误差

测量时，即使消除了系统误差，在相同条件下多次重复测量同一量时，各次测得值仍会有些差异，且其误差的大小和符号没有确定的变化规律。但如果大量增加测量次数，其总体（多次测量得到的所有测量值）会服从一定的统计规律，这类误差称为随机误差，它的特征是具有偶然性。

随机误差也是测量过程中不可避免的，它来自许多难以控制的不确定的随机因素。这些随机因素有空气的流动，温度的起伏，电压的波动及不规则的微小振动，杂散电磁场的干扰以及实验者感觉器官的分辨能力、灵敏程度和仪器的稳定性等。增加测量次数可减小其影响。

假设系统误差已经消除，且被测量本身又是稳定的，在相同条件下，对同一物理量进行多次重复测量，可以发现随机误差服从统计规律即高斯分布，又称正态分布。正态分布曲线如图 2-2-2 所示，其满足的高斯方程为

$$f(\delta x) = \frac{1}{\sigma\sqrt{2\pi}} e^{-\frac{1}{2}(\frac{\delta x}{\sigma})^2} \tag{2-2-4}$$

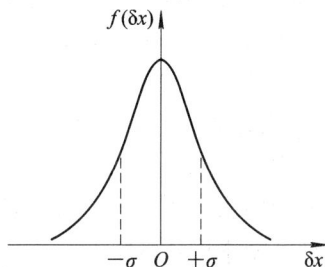

图 2-2-2　正态分布曲线

（1）正态分布的特性。高斯方程中，σ 称为标准差，它是随机误差 δx 的分布函数 $f(\delta x)$ 的特征量。其表达式为

$$\sigma = \lim_{n\to\infty} \sqrt{\frac{1}{n}\sum_{i=1}^{n}(x_i - x_0)^2} \tag{2-2-5}$$

σ 确定，$f(\delta x)$ 就唯一确定；反之，$f(\delta x)$ 确定，σ 的大小也就唯一确定了。σ 越小，测量精度越高，曲线就越陡，峰值也就越高，随机误差越集中，测量重复性越好；σ 越大，则反之。σ 对 $f(\delta x)$ 的影响示意图如图 2-2-3 所示。

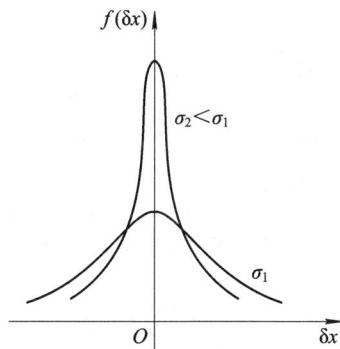

图 2-2-3　σ 对 $f(\delta x)$ 的影响示意图

为了统计随机误差的概率分布，将概率密度函数在以下区间积分，得到的随机误差在相应区间的概率值分别为

$$P(-\infty, +\infty) = \int_{-\infty}^{+\infty} f(\delta x)\mathrm{d}(\delta x) = 1$$

$$P(-\sigma, +\sigma) = \int_{-\sigma}^{+\sigma} f(\delta x)\mathrm{d}(\delta x) = 68.3\%$$

$$P(-2\sigma, +2\sigma) = \int_{-2\sigma}^{+2\sigma} f(\delta x)\mathrm{d}(\delta x) = 95.4\%$$

$$P(-3\sigma, +3\sigma) = \int_{-3\sigma}^{+3\sigma} f(\delta x)\mathrm{d}(\delta x) = 99.7\%$$

由此可以看出，随机误差落在 $\pm 3\sigma$ 之外的概率仅为 0.3%，是正常情况下不应该出现的小概率事件。因此，将 $\pm 3\sigma$ 定为误差极限，即 $|\delta x_i| \geqslant |3\sigma|$ 时，δx_i 为错误，不是误差，x_i 不能作为测量值。

从正态分布曲线可以看出，随机误差具有四个重要特性，分别为：

① 单峰性：由大量重复测量所获得的测量值，是以它们的算术平均值为中心而相对集中分布的。即多次测量时，绝对值小的误差出现的概率比绝对值大的误差出现的概率大。

② 对称性：绝对值相等的正误差和负误差出现的概率相同，即 $f(\delta x)$ 为偶函数。

③ 有界性：误差的绝对值不会超过某一界限，即绝对值大的误差出现的概率趋于零。随机误差的分布具有有限的范围，即 $|3\sigma|$ 为误差界限。

④ 抵偿性：随着测量次数的增加，随机误差的代数和趋于零，即随机误差的算术平均值将趋于零。实际上，抵偿性可由单峰性及对称性导出。

随机误差的处理方法是采取多次测量，取算术平均值作为测量结果，以减小随机误差，提高测量精度。

（2）测量列的标准差。高斯方程中的标准差 σ 是理论值，只有当 $n\to\infty$ 时，才趋于高斯分布。在实际测量中，只能进行有限次测量，而有限次测量的随机误差实际服从 t 分布。t 分布曲线较高斯分布曲线稍低且宽，两边较高，但两者形状非常相近，如图 2-2-4 所示。

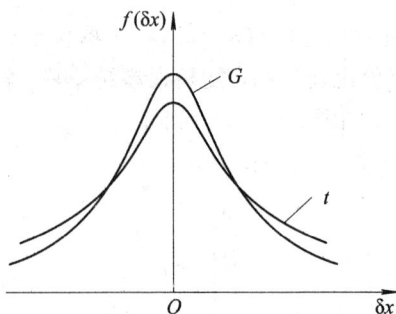

图 2-2-4 t 分布与高斯分布曲线的比较示意图

实验中，先用贝赛尔（Besse2）公式计算测量列的标准偏差：

$$s = \sqrt{\frac{1}{n-1}\sum_{i=1}^{n}(x_i - \bar{x})^2} \tag{2-2-6}$$

然后用 t 分布因子对标准偏差进行修正，估算出测量列的标准差：

$$\sigma = s \times t_{0.683} \qquad (2-2-7)$$

在选择测量次数时，要注意 t 因子的修正。表 2-2-1 列出了实验中常用的 t 因子。由表可见，$n=6$ 是拐点。当 $n>6$ 时，t 的变化小而缓慢，可取：

$$\sigma \approx s \qquad (n \geqslant 6) \qquad (2-2-8)$$

表 2-2-1 实验中常用的 t 因子

n	2	3	4	5	6	7	8	9	10	11	12
$t_{0.683}$	1.84	1.32	1.20	1.14	1.11	1.09	1.08	1.07	1.06	1.05	1.03

(3) 平均值的标准差。平均值也是个随机变量，服从正态分布。如果对某被测量 x 进行多组多次等精度测量时，每组测量列的平均值为 $\bar{x}_1$、$\bar{x}_2$ 等不尽相同，只是随机误差已很小。则由最小二乘法可证明，平均值是真值的最佳估计值。因此，实验中只需对被测量进行一组等精度测量。其平均值的标准差为

$$\sigma_{\bar{x}} = \frac{\sigma}{\sqrt{n}} \qquad (2-2-9)$$

下面用最小二乘法证明测量列的平均值是真值的最佳估计值。

求一组等精度测量列的最佳值，就是求能使它与各次测量值之差的平方和为最小的值。在此，用 $x_{佳}$ 表示真值的最佳估计值，即求式 $\sum\limits_{i=1}^{n}(x_i - x_{佳})^2$ 取最小值时的 $x_{佳}$。为满足极小值条件，应对上式求一阶导数并令其等于零，求二阶导数并判断其是否大于零。若

$$f'\Big[\sum_{i=1}^{n}(x_i - x_{佳})^2\Big] = 0$$

$$f''\Big[\sum_{i=1}^{n}(x_i - x_{佳})^2\Big] = 2n > 0$$

则说明该式满足极小值条件。

解一阶导数等于零的等式：

$$-2\sum_{i=1}^{n}(x_i - x_{佳}) = 0$$

可得

$$\sum_{i=1}^{n} x_i = n x_{佳}$$

则

$$x_{佳} = \frac{1}{n}\sum_{i=1}^{n} x_i$$

由以上证明可以看出，真值的最佳估计值是平均值。

3）粗大误差

明显地歪曲了测量结果的异常误差称为粗大误差。它是由于没有觉察到实验条件的突变，仪器在非正常状态下工作，无意识的或不正确的操作等因素造成的。含有粗大误差的测量值称为可疑值，或称异常值、坏值。在没有充分依据时，绝不能按主观意愿轻易地去除，应该按照一定的统计准则慎重地予以剔除。

在测量中，若一组等精度测量值中的某值与其他值相差很大，则在处理这类数据时不能将其计算在内，应予以剔除。具体做法是求出 $\bar{x}$ 和 σ，作出区间 $(\bar{x}+3\sigma, \bar{x}-3\sigma)$，则测量列中数据不在此区间内的值都是坏值，应剔除掉，这种方法称为 3σ 法则。

例1 对液体温度作多次等精度测量，测量值分别为 20.42、20.43、20.40、20.43、20.42、20.43、20.39、20.30、20.40、20.43、20.42、20.41、20.39、20.39、20.40。试用 3σ 法则检验该测量列中是否有坏值，并计算检验后的平均值及标准差，写出测量结果的表达式。

解 实验数据和处理过程如表 2-2-2 所示。

表 2-2-2 测量数据及数据处理

i	$t/℃$	$|\delta x|/℃$
1	20.42	0.016
2	20.43	0.026
3	20.40	0.004
4	20.43	0.026
5	20.42	0.016
6	20.43	0.026
7	20.39	0.014
8	20.30	0.104
9	20.40	0.004
10	20.43	0.026
11	20.42	0.016
12	20.41	0.006
13	20.39	0.014
14	20.39	0.014
15	20.40	0.004
平均值	20.404	—

在上表中，计算的中间过程数据可以多取一位。

计算测量列的标准差：$\sigma=0.03℃$，$3\sigma=0.09℃$。

判断和剔除：$i=8$ 时的 $|\delta x|=0.104 \geqslant 3\sigma$，所以 $t=20.30℃$ 是坏值，予以剔除。

剔除后，$\bar{t}=20.411℃$，$\sigma=0.016℃$，$3\sigma=0.048℃$。经检查，再无坏值。

计算：$\sigma_t=0.004℃$。

测量结果表达式为：$t=(20.411\pm0.004)℃$。

4. 误差与测量结果的关系

为了定性地描述各测量值的重复性及测量结果与其真值的接近程度，常用准确度、精密度、精确度来描述。

(1) 准确度：表示测量值或实验所得结果与真值的接近程度。它表征系统误差对测量值的影响。准确度高表示系统误差小，测量值与真值的偏离小，接近真值的程度高。准确度反映系统误差大小的程度。

（2）精密度：表示重复测量各测量值的分散程度，即测量值分布的密集程度。它表征随机误差对测量值的影响。精密度高表示随机误差小，测量重复性好，测量数据比较集中。精密度反映随机误差大小的程度。

（3）精确度：描述各测量值重复性及测量结果与真值的接近程度，它反映测量中的随机误差和系统误差综合大小的程度。测量准确度高，表示测量结果既精密又正确，数据集中，而且偏离真值小，测量的随机误差和系统误差都比较小。

图 2-2-5 所示是以打靶时弹着点的分布为例，说明这三个词的涵义。

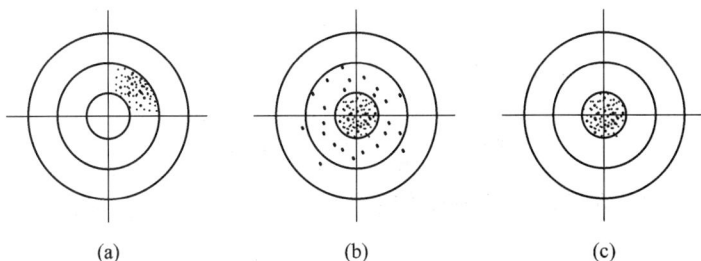

(a)　　　　　　　　　　(b)　　　　　　　　　　(c)

图 2-2-5　准确度、精密度、精确度示意图

由图可知，图 2-2-5(a)准确度低，精密度高；图 2-2-5(b)准确度高，精密度低；图 2-2-5(c)精确度高，既准确又精密。

由于三词是定性评价测量结果的，本书不严格区分，均称其为精度。

2-3　不　确　定　度

根据国际计量局（BIPM）关于"实验不确定度的规定建议书 INC-1(1980)"的规定，采用不确定度来评价测量结果的质量及可信赖程度。不确定度是说明测量结果的一个参数，用于表征合理赋予被测量值的分散性。测量不确定度是指由于测量误差的存在而对被测量值不能肯定的程度，它是被测量的真值在某个量值范围内的一个评定。或者说测量不确定度表示测量误差可能出现的范围，它的大小反映了测量结果可信赖程度的高低，不确定度小的测量结果可信赖程度高。不确定度越小，测量结果与真值越靠近，测量质量越高。反之，不确定度越大，测量结果与真值越远离，测量质量越低。

1. 不确定度的定义

不确定度包含了各种不同来源的误差对测量结果的影响，各分量的估算又反映了这部分误差所服从的分布规律。它不再将测量误差分为系统误差和随机误差，而是把可修正的系统误差修正以后，将余下的全部误差分为可以用概率统计方法计算的 A 类评定和用其他非统计方法估算的 B 类评定。若各种不同来源的误差分量彼此独立，则将 A 类和 B 类评定按"方和根"的方法合成得到合成不确定度。不确定度与给定的置信概率相联系，并且可以求出它的确定值。

不确定度用符号 ΔX 表示。它由两部分组成：A 类分量 ΔX_A 和 B 类分量 ΔX_B。"方和根"合成得到的合成不确定度为

$$\Delta X = \sqrt{\Delta X_A^2 + \Delta X_B^2} \qquad (2-3-1)$$

相应的相对不确定度为

$$\frac{\Delta X}{X} \times 100\% \qquad (2-3-2)$$

2. A 类不确定度的评定

A 类不确定度用概率统计的方法来评定，记为 ΔX_A。

在相同的测量条件下，n 次等精度独立重复测量值为 x_1，x_2，x_3，$\cdots$，x_n。其测量结果的最佳估计值为算术平均值 $\overline{x}$：

$$\overline{x} = \frac{1}{n} \sum_{i=1}^{n} x_i$$

x_i 的标准偏差 $s(x_i)$ 估计采用贝塞尔公式：

$$s(x_i) = \sqrt{\frac{1}{n-1} \sum_{i=1}^{n} (\Delta x_i)^2}$$

平均值 $\overline{x}$ 的实验标准偏差 $\sigma_{\overline{x}}$ 的最佳估计为

$$\sigma_{\overline{x}} = t \cdot \frac{s(x_i)}{\sqrt{n}} = t \cdot \sqrt{\frac{\sum_{i=1}^{n} (\Delta x_i)^2}{n(n-1)}} \qquad (2-3-3)$$

不确定度的 A 类评定就用 $\sigma_{\overline{x}}$ 表示，即 $\Delta X_A = \sigma_{\overline{x}}$。

3. B 类不确定度的评定

测量中凡是不符合统计规律的不确定度均应用 B 类不确定度来评定，记为 ΔX_B。实际工作和生活中，绝大多数测量度是一次测量的，对一般有刻度的量具和仪表，估计误差为最小分度的 $\frac{1}{10} \sim \frac{1}{5}$，通常小于仪器的最大允差 $\Delta_{仪}$。所以通常用 $\Delta_{仪}$ 表示一次测量结果的 B 类不确定度，测量值与客观值（所谓的真值）的误差在 $[-\Delta_{仪}, +\Delta_{仪}]$ 内的置信概率为 100%。

实际上，仪器的误差在 $[-\Delta_{仪}, +\Delta_{仪}]$ 范围内是按一定概率分布的。在相同条件下大批量生产的产品，其质量指标一般服从正态分布。理论分析指出，对于多数仪器误差服从均匀分布，也有一些仪器服从三角分布。一般而言，ΔX_B 与 $\Delta_{仪}$ 的关系为 $\Delta X_B = \Delta_{仪}/C$（$C$ 称为置信系数）。置信系数与误差分布对应如表 2-3-1 所示。

表 2-3-1　置信系数与误差分布

误差分布	三角分布	均匀分布	正态分布
置信系数 C	$\sqrt{6}$	$\sqrt{3}$	3

根据概率统计理论，对均匀分布函数，测量误差落在区间 $[-\Delta_{仪}, +\Delta_{仪}]$ 内的概率为 58%，对三角分布函数，测量误差落在区间 $[-\Delta_{仪}, +\Delta_{仪}]$ 内的概率为 74%；只有对于正态分布函数，测量误差落在区间 $[-\Delta_{仪}, +\Delta_{仪}]$ 内的概率才为 68.3%。即测量值的 B 类不确

定度与置信概率 P 有关，$\Delta X_{\mathrm{B}} = k_P \dfrac{\Delta_{仪}}{C}$，$k_P$ 称为置信因子。置信概率 P 与 k_P 的关系如表 2-3-2 所示。

表 2-3-2　正态分布置信概率 P 与 k_P 的关系

P	0.500	0.683	0.900	0.950	0.955	0.990	0.997
k_P	0.675	1	1.65	1.96	2	2.58	3

目前，人们对很多仪器的质量标准在最大允差范围内的分布性质有不同的说法，对某些分布性质还不清楚，很多文献都把它们简化成均匀分布来处理。即不确定度的 B 类评定表示为

$$\Delta X_{\mathrm{B}} = \frac{\Delta_{仪}}{\sqrt{3}}$$

4. 仪器的不确定度

仪器是一种产品，作为一个结果，它的不可靠量值应该是不确定度 $\Delta_{仪}$。在测量中会产生未定系统误差，该误差大多服从均匀分布，如图 2-3-1 所示，即误差大小和符号的概率均相等。

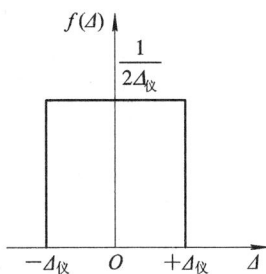

图 2-3-1　均匀分布示意图

将仪器不确定度 $\Delta_{仪}$ 合成到测量结果的不确定度中为 B 类分量：

$$\Delta X_{\mathrm{B}} = \frac{\Delta_{仪}}{\sqrt{3}} \qquad (P = 0.683) \tag{2-3-4}$$

仪器不确定度的获得：

(1) 由仪器铭牌或说明书中给出。

(2) 由仪器的准确度等级获得

$$\Delta_{仪} = \frac{准确度等级 \times 量程}{100}$$

仪器的准确度等级由高到低排列为：0.1、0.2、0.5、1.0、1.5、2.5、5.0 级，共七个等级。其中，0.1、0.2 属于正态分布，$\Delta X_{\mathrm{B}} = \Delta_{仪}/3$；其余均为均匀分布，$\Delta X_{\mathrm{B}} = \Delta_{仪}/\sqrt{3}$。

(3) 估计。

对连续读数的仪器：$\Delta_{仪} = \dfrac{1}{2}$ 分度值

对非连续读数的仪器：$\Delta_{仪} =$ 分度值

对数字式仪表：$\Delta_仪$ 取末位 ± 1 或 ± 2

注：分度值就是仪器最小测量单位的量值。例如，米尺的分度值是 1 mm，JJY 分光计的分度值是 $1'$ 等。

5. 合成不确定度

若 A 类不确定度和 B 类不确定度相互独立，且在同一置信水平，则按"方和根"的方法合成得到合成不确定度 ΔX 为

$$\Delta X = \sqrt{\Delta X_A^2 + \Delta X_B^2} = \sqrt{\sigma_{\bar{x}}^2 + (\frac{\Delta_仪}{\sqrt{3}})^2}$$

2-4 测量结果和不确定度的确定

1. 单次测量

通常对于测量都要进行重复多次，以便于提高测量精度。在某些精度要求不高或条件不许可的情况下，只需进行单次测量。在实验中，先重复性测量三次，如果测量值相等，说明测一次就行了，随机误差取零。这样单次测量中不确定度 A 类分量就为零。即

$$\Delta X_A = 0, \quad \Delta X_B = \frac{\Delta_仪}{\sqrt{3}}$$

测量结果和不确定度如下：

测量结果：$X_测$

不确定度：$\Delta X = \frac{\Delta_仪}{\sqrt{3}}$

2. 多次测量

一般选取测量次数 $n \geqslant 6$，以便于满足 $\sigma \approx S$，简化标准差的计算。数据处理前应该消除掉可定系统误差和剔除掉粗大误差，再进行下面的分析计算。

测量结果：

$$\bar{x} = \frac{1}{n} \sum_{i=1}^{n} x_i$$

不确定度：

$$\Delta X = \sqrt{\Delta X_A^2 + \Delta X_B^2} = \sqrt{(\sigma_{\bar{x}})^2 + (\frac{\Delta X_仪}{\sqrt{3}})^2} \tag{2-4-1}$$

3. 间接测量

间接测量值是把直接测量的结果带入函数关系式（即测量公式）计算而得到的。由于直接测量有误差，导致间接测量也有误差。间接测量结果的不确定度取决于直接测量结果的不确定度和测量公式的具体形式。分析如下：

被测量的函数关系式：$y = f(x_1, x_2, \cdots, x_n)$。$x_1, x_2, \cdots, x_n$ 为各自独立的直接测量量。

测量结果：$\bar{y} = f(\bar{x}_1, \bar{x}_2, \cdots, \bar{x}_n)$。

间接测量不确定度：对被测量的函数关系式进行全微分，求出结果的不确定度。为使

微分简化，具体分为以下两种形式表示。

（1）当测量公式为和差形式时，$y = f(x_1, x_2, \cdots, x_n)$，直接用全微分求不确定度 Δy。

$$\mathrm{d}y = \frac{\partial f}{\partial x_1}\mathrm{d}x_1 + \frac{\partial f}{\partial x_2}\mathrm{d}x_2 + \cdots + \frac{\partial f}{\partial x_n}\mathrm{d}x_n$$

$$\Delta y = \sqrt{(\frac{\partial f}{\partial x_1}\Delta x_1)^2 + (\frac{\partial f}{\partial x_2}\Delta x_2)^2 + \cdots (\frac{\partial f}{\partial x_n}\Delta x_n)^2}$$

$$= \sqrt{\sum_{i=1}^{n}(\frac{\partial f}{\partial x_i}\Delta x_i)^2} \qquad (2-4-2)$$

例 2　求 $Y = 3A - B$ 的不确定度的表达式。

解　对 Y 求微分得

$$\mathrm{d}Y = 3\mathrm{d}A - \mathrm{d}B$$

用不确定度符号代替微分符号并合成得

$$\Delta Y = \sqrt{9(\Delta A)^2 + (\Delta B)^2}$$

（2）当测量公式为乘、除、指数等形式时，对 $y = f(x_1, x_2, \cdots, x_n)$ 先取对数，再微分求相对不确定度 $\dfrac{\Delta y}{y}$。

$$\ln y = f(\ln x_1 + \ln x_2 + \cdots + \ln x_n)$$

$$\frac{\mathrm{d}y}{y} = \frac{\partial \ln f}{\partial x_1}\mathrm{d}x_1 + \frac{\partial \ln f}{\partial x_2}\mathrm{d}x_2 + \cdots + \frac{\partial \ln f}{\partial x_n}\mathrm{d}x_n$$

$$\frac{\Delta y}{y} = \sqrt{(\frac{\partial \ln f}{\partial x_1}\Delta x_1)^2 + (\frac{\partial \ln f}{\partial x_2}\Delta x_2)^2 + \cdots + (\frac{\partial \ln f}{\partial x_n}\Delta x_n)^2}$$

$$= \sqrt{\sum_{i=1}^{n}(\frac{\partial \ln f}{\partial x_i}\Delta x_i)^2} \qquad (2-4-3)$$

例 3　求 $y = \dfrac{3A}{B^5}$ 的不确定度表达式。

解　对 y 取对数得

$$\ln y = \ln 3 + \ln A - 5\ln B$$

再求微分得

$$\frac{\mathrm{d}y}{y} = \frac{\mathrm{d}A}{A} - 5\frac{\mathrm{d}B}{B}$$

用不确定度符号代替微分号并合成得

$$\frac{\Delta y}{y} = \sqrt{(\frac{\Delta A}{A})^2 + 25(\frac{\Delta B}{B})^2}$$

4. 测量结果的表示

$Y = \bar{Y} \pm \Delta Y = \underline{\hspace{3cm}}\ (P = 0.683)$；

$\dfrac{\Delta Y}{Y} = \underline{\hspace{3cm}}\ \%$。

注：（1）不确定度 ΔY 只取一位有效数字，尾数只进不舍。

（2）$\bar{Y}$ 尾数保留到与 ΔY 的有效位一致，尾数按照四舍五入修约法（见 2-5 节）取舍。

（3）$\dfrac{\Delta Y}{Y}$ 取 1～2 位有效数字。首位为 1 或 2，取两位有效数字；首位为 3 或 3 以上，取一位有效数字。尾数同样采用四舍五入修约法处理。

常用函数的不确定度关系式如表 2-4-1 所示。

表 2-4-1 常用函数的不确定度关系式

函数	不确定度关系式
$Y = A \pm B$	$\Delta Y = \sqrt{(\Delta A)^2 + (\Delta B)^2}$
$Y = AB$ 或 $Y = \dfrac{A}{B}$	$\dfrac{\Delta Y}{Y} = \sqrt{(\dfrac{\Delta A}{A})^2 + (\dfrac{\Delta B}{B})^2}$
$Y = kA$	$\Delta Y = k \cdot \Delta A$
$Y = \dfrac{A^k B^m}{C^n}$	$\dfrac{\Delta Y}{Y} = \sqrt{(k\dfrac{\Delta A}{A})^2 + (m\dfrac{\Delta B}{B})^2 + (n\dfrac{\Delta C}{C})^2}$
$Y = \sqrt[n]{A}$	$\dfrac{\Delta Y}{Y} = \dfrac{1}{n}\dfrac{\Delta A}{A}$
$Y = \ln A$	$\Delta Y = \dfrac{\Delta A}{A}$
$Y = \sin A$	$\Delta Y = |\cos A| \Delta A$

5. 举例

例 4 用一级千分尺（$\Delta_{仪} = \pm 0.004$ mm）对一钢丝直径 d 进行六次测量，测量结果分别为 2.125 mm、2.131 mm、2.121 mm、2.127 mm、2.124 mm、2.126 mm。千分尺的零位读数为 -0.008 mm，要求进行数据处理并写出测量结果。

解 测量数据及数据处理如表 2-4-2 所示。

表 2-4-2 测量数据及数据处理

i	1	2	3	4	5	6
d/mm	2.125	2.131	2.121	2.127	2.124	2.126
$\bar{d}_{(0)}$/mm			2.126			
δd/mm	-0.001	0.005	-0.005	0.001	-0.002	0

消除可定系统误差后的平均值为

$$\bar{d} = \bar{d}_{(0)} - d_0 = 2.134 \text{ mm}$$

1）A 类分量

测量列的标准差：

$$\sigma = \sqrt{\dfrac{1}{6-1}\sum_{i=1}^{6}(\delta d)^2} = 0.0033 \text{ mm} \qquad (n \geqslant 6)$$

$$3\sigma = 0.01 \text{ mm}$$

经检查测量列中无坏值。

平均值的标准差：

$$\sigma_{\bar{d}} = \frac{\sigma}{\sqrt{6}} = 0.001 \ \text{mm}$$

$$\Delta X_A = \sigma_{\bar{d}} = 0.001 \ \text{mm}$$

2）B类分量

仪器不确定度：

$$\Delta_{\text{仪}} = 0.004 \ \text{mm}$$

$$\Delta X_B = \frac{\Delta_{\text{仪}}}{\sqrt{3}} = \frac{0.004 \ \text{mm}}{\sqrt{3}}$$

不确定度：

$$\Delta d = \sqrt{0.001^2 + \frac{0.004^2}{3}} = 0.002 \ \text{mm}$$

相对不确定度：

$$\frac{\Delta d}{d} = \frac{0.002}{2.134} = 0.10\%$$

测量结果：

$$d = 2.134 \pm 0.002 \ \text{mm} \quad (P = 0.683)$$

$$\frac{\Delta d}{d} = 0.10\%$$

例 5 单摆法测量重力加速度的公式为 $g = \dfrac{4\pi^2 L}{T^2}$。各直接测量量的结果为 $T = 1.984 \pm 0.002 \ \text{s}$，$\dfrac{\Delta T}{T} = 0.10\%$；$L = 97.8 \pm 0.1 \ \text{cm}$，$\dfrac{\Delta L}{L} = 0.10\%(P = 0.683)$。试进行数据处理，写出测量结果。

解

$$\bar{g} = \frac{4\pi^2 L}{T^2} = 980.9 \ \text{cm/s}^2$$

相对不确定度：

$$\frac{\Delta g}{g} = \sqrt{\left(\frac{\Delta L}{L}\right)^2 + \left(2\frac{\Delta T}{T}\right)^2} = 0.22\%$$

不确定度：

$$\Delta g = \frac{\Delta g}{g} \cdot \bar{g} = 2 \ \text{cm/s}^2$$

测量结果：

$$g = \bar{g} \pm \Delta g = (981 \pm 2) \ \text{cm/s}^2 \quad (P = 0.683)$$

$$\frac{\Delta g}{g} = 0.22\%$$

2-5 有 效 数 字

测量结果的三要素是数值、单位和不确定度。测量结果数值位数的多少可以表征仪器和测量精度的高低，测量数据位数不能随意丢弃或增添，它们有严格的定义、变换和计算规则。

1. 有效数字的定义

在物理量的直接测量中，测量数据一般估读到仪器分度值的 1/10 位。例如，用分度值为 1 mm 的直尺测量物体的长度，测量结果应估读到 1/10 mm 位，最后一位是欠准位（估读位）。显然，欠准位越小，测量数据的精度越高。

测量数据中，从左起第一个非零数字开始到欠准位的所有数字统称为有效数字。有效位数的多少除了与待测量的大小有关外，还取决于所用量具或仪器准确度的高低。

2. 有效数字的运用

在直接测量中，数据记录到误差产生位，即估读位，如图 2-5-1 所示。图中，测量结果读数分别为 $L_1 = 5.2$ cm，$L_2 = 5.18$ cm。

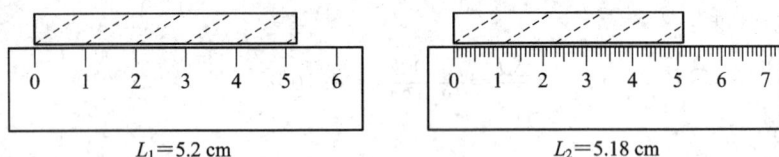

$L_1 = 5.2$ cm　　　　　$L_2 = 5.18$ cm

图 2-5-1　读数示例

如图 2-5-2 所示，测量结果的读数：

正确读数：$L = 90.70$ cm；

错误读数：$L = 90.7$ cm；

在物理实验中，90.70 cm ≠ 90.7 cm。

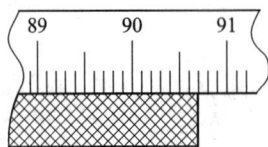

图 2-5-2　读数示例

注意：数据处理中，不确定度 ΔX 取 1 位有效数字，相对不确定度 $\Delta X / X$ 取 1～2 位有效数字。计算的中间过程数值的有效位可以多取一位。

测量结果的表达式：测量值的有效末位与不确定度 ΔX 取齐。例如，若 $\overline{L} = 98.36$ cm，$\Delta L = 0.57$ cm，则

$$L = \overline{L} \pm \Delta L = 98.4 \pm 0.6 \text{ cm}$$

相对不确定度为 $\dfrac{\Delta L}{L} = 0.6\%$。

3. 四舍五入修约法

四舍五入修约法为"尾数小于五则舍；大于五则入；等于五时，将有效末位凑成偶数"。所谓尾数，就是有效位后面的数字。例如，下面例子中带下划线的数字，在舍取的过程中称为尾数。

注意四舍五入修约法的运用：

0.502 <u>501</u>	0.503
0.502 <u>499</u>	0.502
0.502 <u>5</u> 均保留 3 位有效数字 →	0.502
0.501 <u>5</u>	0.502
0.510 <u>5</u>	0.510

4. 有效数字的运算

运算结果的有效末位原则上应与不确定度对齐。但在各分量（自变量）的不确定度未知或未给出时，无法计算结果的不确定度，结果的有效位数也就无法确定。这时可用如下方法得到：

（1）加减法：算式为和、差形式时，计算结果的有效末位取到分量中欠准（末尾）的最大位：

$$N = 71.3 + 6.35 - 0.81 + 27\underline{1} = 347.84 = 348$$

（2）乘除法：算式为乘、除、指数形式时，计算结果的有效位数应和参与运算的各直接测量量中有效位数最少的多少保持一致。

$$N = 71.3 \times 6.35 \div 0.8\underline{1} \div 271 = 2.062\ 571\ 181 = 2.1$$

（3）乘方、开方运算：结果的有效数字位数和底数的有效数字位数相同。

$$\sqrt{103.45} = 10.171$$

$$7.889^2 = 62.24$$

（4）函数运算：结果的有效数字位数应根据误差计算来确定。

方法 1：微分法。

如求 $Y = f(x)$ 的函数值，应先求出 $dY = Y' \cdot dx$，将它保留一位有效数字，函数 Y 的值最终应保留与该位一致。在此 dx 为自变量的最小变化量（即有效末位的最小分度值）。

例如：求 $Y = \sin 20°6'$。因为

$$dy = \cos 20°6' \cdot dx = \cos 20°6' \cdot 1'$$

$$= \cos 20°6' \cdot \frac{\pi}{180 \times 60} \approx 0.0003$$

所以，$\sin 20°6'$ 应保留到万分位，则

$$Y = \sin 20°6' = 0.3437$$

方法 2：比较法。

算式为函数形式时，计算函数及增加自变量 ±1 个单位变化的函数结果，将三者由左到右进行比较、取到数值变化的第一位（下例中带下划线是数值变化位）。

例如：

$$\sin 20°5' = 0.343\ \underline{3865}$$

$$\sin 20°6' \rightarrow \sin 20°6' = 0.343\ \underline{6597} = 0.3437$$

$$\sin 20°7' = 0.343\ \underline{9329}$$

其他函数可效仿此法。

注意：如果数值变化位三者中有两个相同，则函数值应取到下一位。

（5）对数函数：对数函数运算结果的整数位不计，小数部分的数字位数与真数的有效数字位数相同。例如：

$$\lg 0.1983 = -0.7027$$

（6）指数函数：对指数函数如 e^x、10^x 等运算，结果用科学记数法表示，小数点前保留一位，小数点后面保留的位数与 x 在小数点后的位数相同。例如：

$$e^{9.24} = 1.03 \times 10^4$$
$$10^{6.25} = 1.78 \times 10^6$$

5. 科学表达式

科学表达式就是将测量结果表示为小数点前只有一位非零数字，后面再乘以 10^n 的形式。如果测量结果的数值很大或很小，应该用科学表达式表示。例如，光速应写为 $c = 2.998 \times 10^8$ m/s。

在单位变换或一般表达式变换为科学表达式时，有效位数不能改变。

2-6　数据处理方法

1. 列表法

将记录的数据和处理过程以表格的形式表示，列表要求：

（1）根据实验内容合理设计表格的形式，栏目排列的顺序要与测量的先后和计算的顺序相对应。

（2）各栏目必须标明物理量的名称和单位，量值的数量级也写在标题栏中。表格名称应标在表格正上方。

（3）原始测量数据及处理过程中的一些重要中间运算结果均应列入表中，且要正确表示各量的有效数字。

（4）要充分注意数据之间的联系，要有主要的计算公式。

列表法的优点是：简单明了、形式紧凑，各数据易于参考比较；便于表示出有关物理量之间的对应关系；便于检查和发现实验中存在的问题及分析实验结果是否合理；便于归纳总结，从中找出规律性的联系。列表法的缺点是：数据变化的趋势不够直观，求取相邻两数据的中间值时，还需要借助插值公式进行计算等。

2. 作图法

1）作图规则

作图法是将物理量之间的关系在坐标纸上以线条形式表示出来。作为一种数据处理方法，若测量点呈线性关系，则该直线起到了数据取平均的效果，还可以从图中求出相应物理量；若要将非线性关系转化为线性关系，可利用变量代换之后作图，即曲线改直。作图用纸有直角坐标纸、对数坐标纸、半对数坐标纸、极坐标纸、指数坐标纸等，物理实验中大多采用直角坐标纸，作图时要求用铅笔绘图。

作图规则如下：

（1）图纸选择。作图一定要用坐标纸，根据需要选用直角坐标纸、单对数或双对数坐标纸等。坐标纸的大小以不损失实验数据的有效数字和能够包括全部数据为原则，也可适当选大些。图纸上的最小分格一般对应测量数据中可靠数字的最末一位。作图时不要增、减有效数字位数。

（2）定轴。确定坐标轴的比例和标度。通常以横轴代表自变量，纵轴代表因变量。用粗实线画出两个坐标轴，注明每个坐标轴代表的物理量的名称（或符号）和单位。选取适当的比例和坐标轴的起点，使图线比较对称地充满整个图纸，不要偏在一边或一角。坐标轴的起点不一定要从零开始，可选小于数据中最小值的某一整数作为起点。最小分格代表的数字应取 1、2、5。坐标轴上要每隔一定的间距标上整齐的数字（不应遗漏）。横轴与纵轴的比例和标度可以不同。

（3）标点和连线。用削尖的铅笔，以"⊙、×、＋、△"等符号在坐标纸上准确标出数据点的坐标位置。除校正图线要连成折线外，一般应根据数据点的分布和趋势连接成细而光滑的直线或曲线。连线时要用直尺或曲线板等作图工具。图线的走向应尽可能多地通过或靠近各实验数据点，即不是一定要通过每一个数据点，而是应使处于图线两侧的点数相近，未通过的点均匀分布在直线两侧。如一张图上要画几条图线，则要选用不同的标记符号。

（4）图名和图注。图名的字迹要端正，最好用仿宋体，位置要明显。简要写出实验条件及注释或说明（实验者、实验时间、仪器编号、环境温度、湿度、气压等）。

2）图示法与图解法

根据画出的实验图线，用解析方法求出有关参量或物理量之间的经验公式为图解法。当图线为直线时尤为方便，可通过求直线的截距或斜率可得到另外一些物理量。如惠斯通电桥实验，通过导体电阻与温度的关系直线求出斜率和截距，进而求得电阻温度系数。还可通过图线求函数表达式。如三线摆实验，通过图线可得出三线摆周期与转动惯量之间的经验公式等。

例 6　在灵敏电流计的研究实验中，求灵敏电流计的电流常数和内阻的测量公式为 $R_2 = \dfrac{R_s}{K_i R_1 d} U - R_g$，测量数据如表 2 - 6 - 1 所示。试用作图法求电流计的电流常数 K_i 和内阻 R_g。

表 2 - 6 - 1　测量数据

$R_s = 0.100\ \Omega$，$R_1 = 4350.0\ \Omega$，$d = 30.0\ \text{mm}$

R_2/Ω	400.0	350.0	300.0	250.0	200.0	150.0	100.0	50.0
U/V	2.82	2.49	2.15	1.82	1.51	1.18	0.84	0.56

解　根据实验数据，作 $R_2 \sim U$ 曲线，如图 2 - 6 - 1 所示。

在直线上取两点（0.60，60.0）、（2.60，368.0），并将常量代入测量公式，则得电流常数：

$$K_i = \frac{R_s}{R_1 d} \cdot \frac{\Delta U}{\Delta R_2} = \frac{0.100}{4350.0 \times 30.0} \times \frac{2.60 - 0.60}{368.0 - 60.0}$$

$$= 4.97 \times 10^{-9}\ \text{A/mm}$$

电流计内阻为 $R_g = 36.0\ \Omega$（即图线和纵轴的截距）。

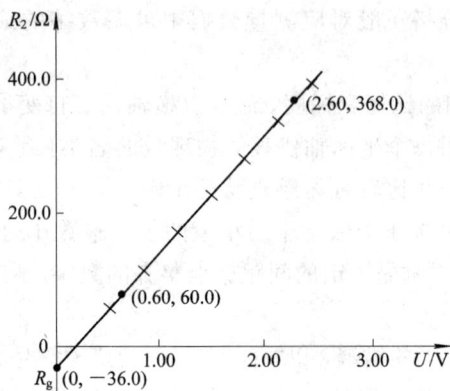

图 2-6-1 $R_2 \sim U$ 曲线

3. 逐差法

(1) 适用条件。

① 一元函数多项式：$y = a_0 + a_1 x + a_2 x^2 + \cdots$

② 自变量连续等值变化。

(2) 两种方法。

① 逐项逐差法：自变量等值变化，测得一组数据为 y_1、y_2、$\cdots$。用数据项的后项减前项，用来验证多项式。

一次逐项逐差 $y_{i+1} - y_i = (\delta y)_i$ 为常数，是一次函数；若一次逐差不为常数，可再进行二次逐项逐差。

二次逐项逐差 $(\delta y)_{i+1} - (\delta y)_i = \delta(\delta y)_i$ 为常数，是二次函数；……

② 隔项逐差法：自变量等值变化测得偶数个值，如 y_1、y_2、$\cdots$，y_8。将所测数据项从中间分成两部分，然后两部分的对应项相减，即 $y_{i+4} - y_i (\delta y)_i$，再求出平均值。此法用来求物理量，仅用于线性关系。

例 7 下面表格中列出了在杨氏模量实验中，钢丝承受砝码(自变量)连续增值 1000 g 变化时，钢丝伸长量的放大量 n_i 以及隔项逐差的值($\delta n)_i$。试用隔项逐差法计算钢丝每承受 1000 g 载荷时的平均伸长放大量 $\overline{\delta n}$。

i	1	2	3	4	5	6	7	8
m_i/g	1000	2000	3000	4000	5000	6000	7000	8000
n_i/cm	1.42	3.15	4.75	6.35	7.88	9.46	10.94	12.45
$(\delta n)_i = (n_{i+4} - n_i)/\text{cm}$	6.46	6.31	6.19	6.10				

解

$$\overline{\delta n} = \frac{(n_5 - n_1) + (n_6 - n_2) + (n_7 - n_3) + (n_8 - n_4)}{4 \times 4}$$

$$= \frac{6.46 + 6.31 + 6.19 + 6.10}{16}$$

$$= 1.57 \text{ cm}$$

该方法的优点是充分利用了测量数据。对自变量等值变化的测量数据，若用算术平

值公式 $\bar{x} = \dfrac{1}{n} \sum\limits_{i=1}^{n} x_i$ 计算测量结果，在本例中是每后项减前项，结果只用了 n_1 和 n_8 两个数据，其余数据均在数据处理中丢失，即

$$\overline{\delta n} = \frac{(n_2 - n_1) + (n_3 - n_2) + (n_4 - n_3) + (n_5 - n_4) + (n_6 - n_5) + (n_7 - n_6) + (n_8 - n_7)}{7}$$

$$= \frac{n_8 - n_1}{7}$$

4. 最小二乘法线性拟合

我们知道，用作图法求出直线的斜率 a 和截距 b，可以确定这条直线所对应的经验公式，但用作图法拟合直线时，由于作图连线有较大的随意性，尤其在测量数据比较分散时，对同一组测量数据，不同的人去处理，所得结果会有差异，因此，它是一种粗略的数据处理方法，求出的 a 和 b 误差较大。用最小二乘法拟合直线处理数据时，任何人去处理同一组数据，只要处理过程没有错误，得到的斜率 a 和截距 b 是唯一的。

最小二乘法就是将一组符合 $y = a + bx$ 关系的测量数据，用计算的方法求出最佳的 a 和 b。

1）求回归直线

设直线方程的表达式为

$$y = a + bx \tag{2-6-1}$$

根据测量数据求出最佳的 a 和 b。对满足线性关系的一组等精度测量数据 (x_i, y_i)，假定自变量 x_i 的误差可以忽略，则在同一 x_i 下，测量点 y_i 和直线上的点 $a + bx_i$ 的偏差 d_i 如下：

$$d_1 = y_1 - a - bx_1$$
$$d_2 = y_2 - a - bx_2$$
$$\vdots$$
$$d_n = y_n - a - bx_n$$

显然，如果测量点都在直线上（即 $d_1 = d_2 = \cdots = d_n = 0$），求出的 a 和 b 是最理想的。但测量点不可能都在直线上，这样只有考虑 d_1、d_2、$\cdots$、d_n 为最小，也就是考虑 $d_1 + d_2 + \cdots + d_n$ 为最小，但因 d_1、d_2、$\cdots$、d_n 有正有负，加起来可能相互抵消，因此不可取；而 $|d_1| + |d_2| + \cdots + |d_n|$ 又不好解方程，因而不可行。现在采取一种等效方法：当 $d_1^2 + d_2^2 + \cdots + d_n^2$ 对 a 和 b 为最小时，d_1、d_2、$\cdots$、d_n 也为最小。即取 $d_1^2 + d_2^2 + \cdots + d_n^2$ 为最小值，求 a 和 b 的方法叫做最小二乘法（二乘即平方）。

令

$$D = \sum_{i=1}^{n} d_i^2 = \sum_{i=1}^{n} [y_i - a - bx_i]^2 \tag{2-6-2}$$

D 对 a 和 b 分别求一阶偏导数：

$$\frac{\partial D}{\partial a} = -2 \left[\sum_{i=1}^{n} y_i - na - b \sum_{i=1}^{n} x_i \right]$$

$$\frac{\partial D}{\partial b} = -2 \left[\sum_{i=1}^{n} x_i y_i - a \sum_{i=1}^{n} x_i - b \sum_{i=1}^{n} x_i^2 \right]$$

再求二阶偏导数：

$$\frac{\partial^2 D}{\partial a^2} = 2n, \qquad \frac{\partial^2 D}{\partial b^2} = 2\sum_{i=1}^{n} x_i^2$$

显然

$$\frac{\partial^2 D}{\partial a^2} = 2n \geqslant 0, \qquad \frac{\partial^2 D}{\partial b^2} = 2\sum_{i=1}^{n} x_i^2 \geqslant 0$$

满足最小值条件，令一阶偏导数为零，即

$$\sum_{i=1}^{n} y_i - na - b\sum_{i=1}^{n} x_i = 0 \qquad (2-6-3)$$

$$\sum_{i=1}^{n} x_i y_i - a\sum_{i=1}^{n} x_i - b\sum_{i=1}^{n} x_i^2 = 0 \qquad (2-6-4)$$

并引入平均值：

$$\bar{x} = \frac{1}{n}\sum_{i=1}^{n} x_i, \qquad \bar{y} = \frac{1}{n}\sum_{i=1}^{n} y_i;$$

$$\overline{x^2} = \frac{1}{n}\sum_{i=1}^{n} x_i^2, \qquad \overline{xy} = \frac{1}{n}\sum_{i=1}^{n} x_i y_i$$

则

$$\begin{cases} \bar{y} - a - b\bar{x} = 0 \\ \overline{xy} - a\bar{x} - b\overline{x^2} = 0 \end{cases} \qquad (2-6-5)$$

解得

$$a = \bar{y} - b\bar{x} \qquad (2-6-6)$$

$$b = \frac{\overline{xy} - \bar{x}\,\bar{y}}{\overline{x^2} - \bar{x}^2} \qquad (2-6-7)$$

将 a、b 值带入线性方程 $y = a + bx$ 中，即得到回归直线方程。

2）y、a、b 的标准差

在最小二乘法中，假定自变量误差可以忽略不计，是为了方便推导回归方程。操作中函数的误差大于自变量的误差即可认为满足假定。实际上两者均是变量，都有误差，从而可以推出结果 y、a、b 的标准差（$n \geqslant 6$）如下：

$$\sigma_y = \sqrt{\frac{\sum_{i=1}^{n} d_i^2}{n-2}} = \sqrt{\frac{\sum_{i=1}^{n} (y_i - bx_i - a)^2}{n-2}} \qquad (2-6-8)$$

式中，根式的分母为 $n-2$，是因为有两个变量。

$$\sigma_a = \sqrt{\frac{\sum_{i=1}^{n} x_i^2}{n\sum_{i=1}^{n} x_i^2 - \left(\sum_{i=1}^{n} x_i\right)^2}} \cdot \sigma_y = \sqrt{\frac{\overline{x^2}}{n(\overline{x^2} - \bar{x}^2)}} \cdot \sigma_y \qquad (2-6-9)$$

$$\sigma_b = \sqrt{\frac{n}{n\sum_{i=1}^{n} x_i^2 - \left(\sum_{i=1}^{n} x_i\right)^2}} \cdot \sigma_y = \sqrt{\frac{1}{n(\overline{x^2} - \bar{x}^2)}} \cdot \sigma_y \qquad (2-6-10)$$

3）相关系数

相关系数是衡量一组测量数据 x_i、y_i 线性相关程度的参量，其定义为

$$r = \frac{\overline{xy} - \bar{x}\bar{y}}{\sqrt{(\overline{x^2} - \bar{x}^2)(\overline{y^2} - \bar{y}^2)}} \qquad (2-6-11)$$

r 的取值范围为 $0 < |r| \leqslant 1$。$|r|$ 越接近于 1，x、y 之间线性相关越好；r 为正，直线斜率为正，称为正相关；r 为负，直线斜率为负，称为负相关。$|r|$ 接近于 0，则测量数据点分散或 x_i、y_i 之间为非线性。由式（2-6-6）和式（2-6-7）可见，不论测量数据好坏都能求出 a 和 b，所以我们必须有一种判断测量数据关系的标准，用来判断什么样的测量数据不宜直线拟合。判断的方法是：$|r| < r_0$ 时，可认为测量数据是非线性的。r_0 称为相关系数的起码值，与测量次数 n 有关，如表 2-6-2 所示。

表 2-6-2　相关系数的起码值 r_0

n	R_0	n	R_0	n	R_0
3	1.000	9	0.798	15	0.641
4	0.990	10	0.765	16	0.623
5	0.959	11	0.735	17	0.606
6	0.917	12	0.708	18	0.590
7	0.874	13	0.684	19	0.575
8	0.834	14	0.661	20	0.561

在进行一元线性回归之前，应先求出 r 值，再与 r_0 比较，若 $|r| > r_0$，则 x 和 y 具有线性关系，可求回归直线；否则说明 x 和 y 不具有线性关系，不适宜做线性拟合。

例 8　灵敏电流计的电流常数 K_i 和内阻 R_g 的测量公式为 $R_2 = \dfrac{R_s}{K_i R_1 d} U - R_g$ 测得的数据同例 6，试用最小二乘法求出 K_i 和 R_g，并写出回归方程的表达式。

解　将测量公式与线性方程表达式 $y = a + bx$ 比较，可得

$$y = R_2, \quad x = U, \quad b = \frac{R_s}{K_i R_1 d}, \quad a = -R_g$$

数据处理如表 2-6-3 所示。

表 2-6-3　数 据 处 理

$R_s = 0.100\ \Omega$，$R_1 = 4350.0\ \Omega$，$d = 30.0\ \text{mm}$

i	1	2	3	4	5	6	7	8	平均值
R_2/Ω	400.0	350.0	300.0	250.0	200.0	150.0	100.0	50.0	225.0
U/V	2.82	2.49	2.15	1.82	1.51	1.18	0.84	0.56	1.671 25
$R_2^2/10^4\ \Omega^2$	16.00	12.25	9.000	6.250	4.000	2.250	1.000	0.250	6.375
U^2/V^2	7.95	6.20	4.62	3.31	2.28	1.39	0.71	0.31	3.346 25
$R_2 U/10^2\ \Omega\text{V}$	11.3	8.72	6.45	4.55	3.02	1.77	0.84	0.28	4.615 625

中间过程数据可多取位：

$$\bar{x} = 1.671\,25, \quad \bar{y} = 225.0, \quad \overline{x^2} = 3.346\,25$$
$$\overline{y^2} = 6.375 \times 10^4, \quad \overline{xy} = 461.5625$$

相关系数：

$$r = \frac{\overline{xy} - \bar{x}\,\bar{y}}{\sqrt{(\overline{x^2} - \bar{x}^2)(\overline{y^2} - \bar{y}^2)}} = 0.998$$

查表可知，当 $n = 8$ 时，$r_0 = 0.834$，比较 r 与 r_0 可知 $r > r_0$，说明 x、y（即 U、R_2）之间线性相关，可以求回归直线。

求回归方程的系数：

$$b = \frac{\overline{xy} - \bar{x}\,\bar{y}}{\overline{x^2} - \bar{x}^2} = 154.619\,230\,4$$
$$a = \bar{y} - b\bar{x} = -33.4$$

所以

$$R_g = -a = 33.4 \ \Omega$$
$$\frac{R_s}{K_i R_i d} = b = 207.492\,307$$
$$K_i = \frac{R_s}{b R_i d} = 4.956 \times 10^{-9} \ \text{A/mm}$$

计算标准差：

$$\sigma_y = 2.645\,619\,02, \quad \sigma_a = 2.300\,545\,589, \quad \sigma_b = 1.257\,626\,418$$

计算不确定度：

$$\Delta R_g = \sigma_a = 2 \ \Omega, \quad \frac{\Delta K_i}{K} = \frac{\sigma_b}{b} = 0.8\%, \quad \Delta K_i = 0.03 \times 10^{-9} \ \text{A/mm}$$

测量结果表达式：

电流计内阻：

$$R_g = (33 \pm 2)\Omega$$
$$\frac{\Delta R_g}{R_g} = 6.1\%$$

电流常数：

$$K_i = (4.96 \pm 0.03) \times 10^{-9} \ \text{A/mm}$$
$$\frac{\Delta K_i}{K} = 0.8\%$$

回归方程：

$$R_2 = 207U - 33$$

练 习 题

1. 指出下列测量结果的有效数字：

(1) $I = 5010$ mA

(2) $C = 2.997\,924\,58 \times 10^8$ m/s

2. 按四舍五入修约法，将下列数据只保留三位有效数字：

(1) 1.005

(2) 979.499

(3) 980.501

(4) 6.275

(5) 3.134

3. 单位变换：

(1) $m = 3.162 \pm 0.002$ kg

$$= \underline{\hspace{3cm}} \text{g}$$

$$= \underline{\hspace{3cm}} \text{mg}$$

$$= \underline{\hspace{3cm}} \text{T}$$

(2) $\theta = (59.8 \pm 0.1)°$

$$= (\underline{\hspace{2cm}})'$$

(3) $L = 98.96 \pm 0.04$ cm

$$= \underline{\hspace{3cm}} \text{m}$$

$$= \underline{\hspace{3cm}} \text{mm}$$

$$= \underline{\hspace{3cm}} \mu\text{m}$$

4. 改错并且将一般表达式改写成科学表达式：

(1) $Y = (1.96 \times 10^{11} \pm 5.78 \times 10^{9})$ N/m^2

(2) $L = (160\,000 \pm 100)$ m

5. 按有效数字运算规则计算下列各式：

(1) $1000^{-5} = \underline{\hspace{2cm}}$

(2) $3.2 \times 10^3 + 3.2 = \underline{\hspace{2cm}}$

(3) $\tan 30°5' = \underline{\hspace{2cm}}$

(4) $\dfrac{100.325 + 100.125}{100.325 - 100.125} = \underline{\hspace{2cm}}$

(5) $R_1 = 5.10$ kΩ, $R_2 = 5.10 \times 10^2$ Ω, $R_3 = 51$ Ω。求：

$$R = R_1 + R_2 + R_3 = \underline{\hspace{2cm}}$$

(6) $L = 1.674$ m $- 8.00$ cm $= \underline{\hspace{2cm}}$

6. 求下列公式的不确定度：

(1) $\rho = \dfrac{4m}{\pi d^2 h}$

(2) $N = \dfrac{x}{2} - \dfrac{y^3}{2}$

(3) $L = h + \dfrac{d}{3}$

(4) $Z = \dfrac{x-y}{x+y}$

7. 用分度值为 1 mm 的米尺测量一物体长度 L，测得数据为：98.98 cm、98.96 cm、98.97 cm、98.94 cm、99.00 cm、98.95 cm、98.97 cm，试求 $\overline{L}$、ΔL，并写出测量结果表达

式 $\overline{L}\pm\Delta L$。

8. 测量出一个铅圆柱体的直径 $d=(2.040\pm0.001)$cm，高度 $h=(4.120\pm0.001)$cm，质量 $m=(149.10\pm0.05)$g，试计算 $\overline{\rho}$、$\Delta\rho$，并表示测量结果。

9. 某同学测量弹簧倔强系数的数据如下：

F/g	2.00	4.00	6.00	8.00	10.00	12.00	14.00
y/cm	6.90	10.00	13.05	15.95	19.00	22.05	25.10

其中，F 为弹簧所受的作用力，y 为弹簧的长度，已知 $y-y_0=(\frac{1}{k})F$，试分别用作图法和最小二乘法求弹簧的倔强系数 k 及弹簧原来的长度 y_0。

10. 用双臂电桥对某一电阻作多次等精度测量，测得数据如下：

R/Ω：12.06　12.10　12.12　12.15　12.16　12.17　12.19　12.21　12.22　12.25　12.26　12.35　12.42　12.83

试用 3σ 法则判断该测量列中是否有坏值，计算出检验后的算术平均值及平均值的标准差，并正确表达测量结果。

Ⅲ 基 础 实 验

实验 1 长度与体积的测量

长度是一个基本的物理量，它的测量也是物理实验中的基本测量。长度测量常用米尺，或带有游标、螺旋测微装置的量具。本实验将分别使用米尺、游标卡尺、螺旋测微计（千分尺）、测量显微镜等量具来测量物体的尺寸，并计算出其体积。

一、实验目的

（1）掌握游标卡尺、千分尺的测量原理和使用方法。
（2）学会测量显微镜的调整和使用。
（3）学习正确读数与数据记录，进一步熟悉误差的估算和实验结果的表示方法。

二、实验仪器

米尺、游标卡尺、千分尺、测量显微镜和待测物体等。

三、实验原理

物理实验中常用的长度测量仪器有米尺、游标卡尺、千分尺和测量显微镜等。长度测量仪器的规格一般用其量程和分度值表示。量程（或量限）是指仪器的测量范围，分度值是指该仪器一个最小格所代表的物理量的值（或相邻两刻线所代表的量值之差）。一般分度值越小，仪器精度越高。

1. 米尺

米尺是按厘米和毫米为测量单位的尺子，它的最小分度为 1 mm，是测量长度最简单的仪器。实验室中常用的米尺有直尺和钢卷尺，它们的"允许误差"如表 3-1-1 所示。

表 3-1-1 米尺的允许误差   mm

量具名称	任意刻线由始至末刻线间距	全 长	每毫米	每厘米
直尺	<300	±0.10	±0.05	±0.08
	300～500	±0.15		
	500～1000	±0.20		
钢卷尺	>1000	±0.8	±0.2	±0.3
	2000	±1.2		

使用米尺测量长度时，可精确读到毫米位，并要估读到分度值的 $\frac{1}{10}$（即 0.1 mm）。使用米尺时，应注意两点：

（1）减小视差。测量时，应使米尺刻线紧贴待测物体。读数时，视线应垂直于所读刻线，如图 3-1-1(a)所示。若待测物体与米尺刻度线之间有了间隙或视线不垂直于刻度线，将会产生视差而引进读数误差，如图 3-1-1(b)所示。

（2）由于米尺两端容易磨损，因此测量时常用米尺中间部分。选择某一刻度线作为起点，读取该物体两端所对的刻度值，两个读数之差，就是待测物体的长度，如图 3-1-1(a)所示。

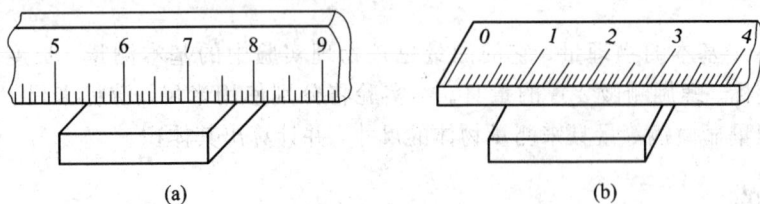

图 3-1-1　米尺的使用
(a) 米尺放置正确；(b) 米尺放置不正确

2. 游标卡尺

使用米尺测量长度时，虽然可以读到 1/10 毫米位，但这一位是估读的。为了提高测量的精度，在主尺（毫米分度尺）上装一个可沿主尺滑动的副尺（称为游标），构成游标卡尺。使用游标卡尺测量长度时，不用估读就可以准确地读出最小分度的 1/10、1/20 和 1/50 等。

（1）游标卡尺的结构。游标卡尺的结构如图 3-1-2 所示。一对外量爪用来测量物体的长度、外径，一对内量爪用来测量内径、槽宽等，深度尺 C 可测量孔或槽的深度。游标卡尺是最常用的精密量具，使用时应注意爱护，推游标时不要用力过大。使用游标卡尺时，应左手拿待测物体，右手握尺，用拇指按着游标上凸起部位 G，或推或拉，把物体轻轻卡在量爪间即可读数，如图 3-1-3 所示。不要把被夹紧的物体在量爪间扭动，以免磨损量爪。

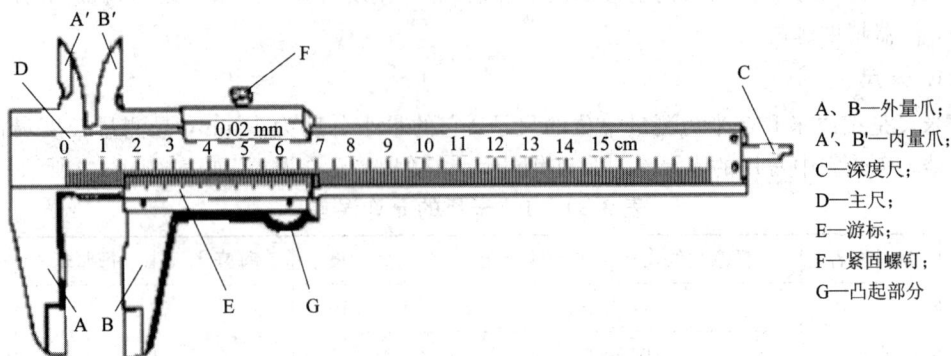

A、B—外量爪；

A'、B'—内量爪；

C—深度尺；

D—主尺；

E—游标；

F—紧固螺钉；

G—凸起部分

图 3-1-2　游标卡尺的结构

（2）游标原理和读数方法。游标卡尺的游标有 10 分度、20 分度和 50 分度等几种类型，它们的原理和读数方法都是一样的。如果用 a 表示主尺分度值，n 表示游标的分度数，b 表示游标分度值，则 n 个游标分度与主尺上 $Mn-1$ 个分度的长度相等，其中，M（称为游标

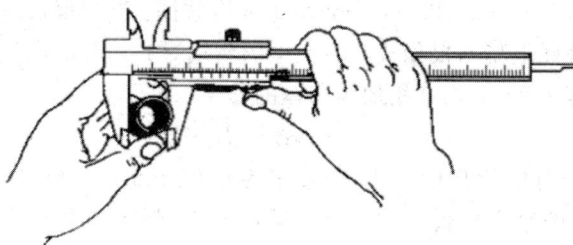

图 3-1-3 游标卡尺的使用方法

系数)等于 1 或 2,因此,每一个游标分度值 b 为

$$b = \frac{(Mn-1)a}{n} \qquad (3-1-1)$$

这样,主尺上 M 个分度值 Ma 与游标上一个分度值 b 之差为

$$h = Ma - b = Ma - \frac{(Mn-1)a}{n} = \frac{a}{n} \qquad (3-1-2)$$

式中,h 就是游标卡尺的分度值,它等于主尺分度值的 $1/n$。表 3-1-2、表 3-1-3 是几种常见游标卡尺的规格及示值误差。

表 3-1-2 几种常见游标卡尺的类型

游标尺分度值 h/mm	主尺分度值 a/mm	游标分度值 b/mm	游标分度数 n	游标系数 M	游标总长度 Nb/mm
0.1	1	0.9	10	1	9
	1	1.9	10	2	19
0.05	1	0.95	20	1	19
	1	1.95	20	2	39
	0.5	0.45	10	1	4.5
0.02	1	0.98	50	1	49
	0.5	0.48	25	1	12

表 3-1-3 游标卡尺的示值误差

测量范围/mm	分度值/mm		
	0.02	0.05	0.1
	示值误差/mm		
0～300	±0.02	±0.05	±0.1
300～500	±0.04	±0.05	±0.1
500～700	±0.05	±0.075	±0.1
700～900	±0.06	±0.10	±0.15
900～1000	±0.07	±0.125	±0.15

游标卡尺的分度值一般都刻在副尺上,使用 10 分度、20 分度和 50 分度的游标卡尺,

可分别读到 0.1 mm、0.05 mm 和 0.02 mm，不允许估读。当测量物体的长度时，应先读主尺，再读游标(找到游标上哪一根刻线与主尺上的刻线对齐，比如第 k 根游标刻线与主尺某根刻线对齐，那么 $\Delta L = kh$)，二者相加为物体的长度，即

$$L = L_0 + \Delta L = L_0 + kh \qquad (3-1-3)$$

本实验中使用 50 分度的游标卡尺，分度值为 0.02 mm。图 3-1-4 是一个读数实例。图中游标零线前主尺的毫米整数是 22 mm，游标第 44 刻线与主尺刻线正好对齐，所以被测物体的长度 $L = 22 + 44 \times 0.02 = 22.88$ mm。

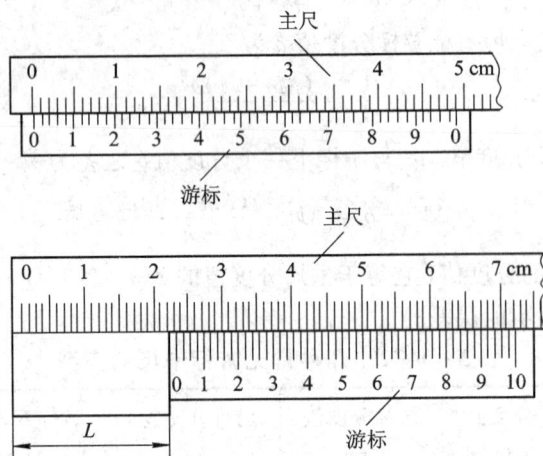

图 3-1-4　游标卡尺的读数实例

3. 千分尺(螺旋测微计)

千分尺是一种比游标卡尺更精密的长度测量仪器，可以用来测量 25 mm 以下的精密零件的尺寸。实验室中常用来测小球的直径、金属丝的直径和薄板的厚度等。

1) 螺旋测微原理

常见的千分尺如图 3-1-5 所示，其量程为 25 mm，分度值为 0.01 mm。千分尺的测微螺杆的螺距为 0.5 mm，螺杆后端与微分套筒、棘轮(测力装置)相连接。当微分套筒旋转(测微螺杆也随之旋转)一周，测微螺杆沿轴线方向运动一个螺距(0.5 mm)。微分套筒前沿上一周刻有 50 个等分格线，因此微分套筒每转过一格，螺杆沿轴线方向运动 0.01 mm (0.5/50 mm)。

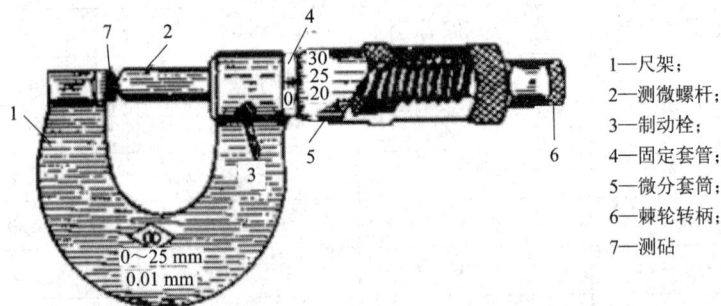

1—尺架;
2—测微螺杆;
3—制动栓;
4—固定套管;
5—微分套筒;
6—棘轮转柄;
7—测砧

图 3-1-5　千分尺外形与构造

2）读数方法

千分尺的固定套管上沿轴向刻有一条细线，在其下方刻有 25 个分格，每分格为 1 mm，在其上方，与下方"0"线错开 0.5 mm 处开始，每隔 1 mm 刻有一条线，这就使得主尺的分度值为 0.5 mm。测量时，把物体放在螺杆和测砧的测量面之间，旋转棘轮使测量面与待测物体接触，当听到棘轮响声时便可读数。先将主尺上没有被微分套筒前端遮住的刻度读出，再读出固定套管横线所对准的微分套筒上的读数，还要估读一位，即读到 0.001 mm。把主尺上读出的整数部分（$n \times 0.5$ mm）和从微分套筒上读出的小于 0.5 mm 的数相加，即是测量值。

图 3-1-6 所示是千分尺的读数实例。图 3-1-6(b) 中的读数是 5.383 mm，图 3-1-6(c) 中的读数是 5.883 mm。二者的差别就在于微分套筒前端的位置，前者没有露出 5.5 mm 刻线，而后者露出了 5.5 mm 刻线。

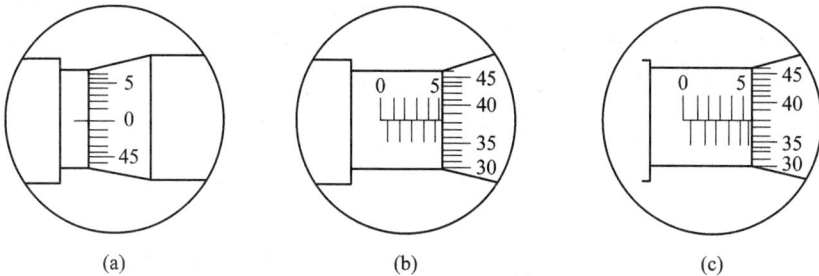

(a)   (b)   (c)

图 3-1-6 千分尺的读数实例

千分尺按国家标准规定，分为零级和一级两类。实验中使用的是一级千分尺，其示值误差如表 3-1-4 所示。

表 3-1-4 一级千分尺的示值误差   mm

测量范围	0～100	100～150	150～200	200～300	300～400	400～500
示值误差	±0.004	±0.005	±0.006	±0.007	±0.008	±0.010

注：零级千分尺示值误差为上表所列示值误差的一半。

3）注意事项

（1）测量前，应检查千分尺零点。旋转棘轮转柄，使测量面与待测物体接触，当听到棘轮响声时停止旋转，此时微分套筒前沿应与主尺"0"线重合，同时固定套筒的横线应正好与微分套筒"0"线对齐，如图 3-1-6(a) 所示。否则应记下零点读数，并对测量时的读数进行修正。应注意零点读数有正有负，如图 3-1-7(a) 所示的零点读数为正值（+0.010 mm），如图 3-1-7(b) 所示的零点读数为负值（−0.006 mm）。因此，待测物体的实际长度就等于测量时的读数减去这个零点读数。

（2）为了保持测量面和被测物体间的接触压力微小且均匀，在校正零点和测量时，应轻轻旋转棘轮，千万不要直接拧微分套筒。

（3）测量完毕后，应使螺杆和测砧间留有一定空隙，以免因热膨胀而损坏螺纹。

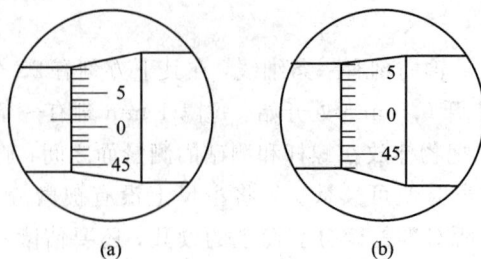

图 3-1-7　千分尺的零点校正

4. 测量显微镜

1）显微镜原理

显微镜是最常用的助视光学仪器之一，用于观测微小物体。显微镜是由短焦距的物镜和长焦距的目镜组成的，其光路图如图 3-1-8 所示。将被观测物 AB 放在物镜焦距之外且接近焦点 F_1 处，物体通过物镜成一放大的倒立实像 $A'B'$，$A'B'$ 在目镜的焦点 F_2 之内，经过目镜放大成一虚像 $A''B''$，且位于眼睛的明视距离处。

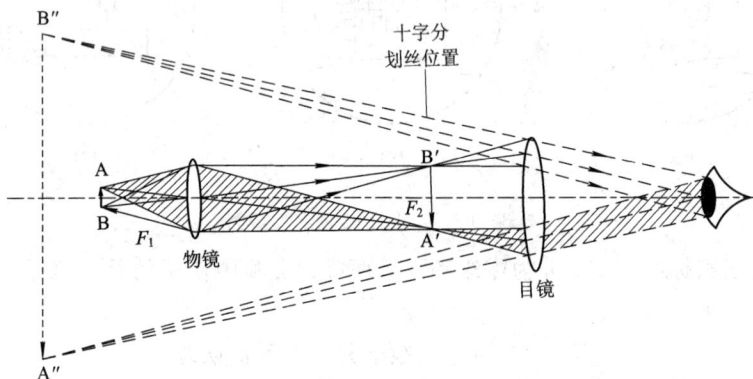

图 3-1-8　显微镜的光路图

测量显微镜在显示镜的目镜筒内紧靠物镜焦平面处安装有作为测量标记的十字分划丝，将十字分划丝调节在物镜所成实像的位置。当它和被测物体的实像同时看得清楚时，即可对待测物进行读数测量。

2）测量显微镜的结构

测量显微镜从结构上分为载物台移动式和显微镜移动式两种。实验室常用的是 JLC 型载物台移动式显微镜。JLC 型测量显微镜的结构如图 3-1-9 所示。

目镜 1 装在目镜筒内，利用目镜止动螺旋 2，可以固定目镜的位置。物镜 5 直接装在镜筒内，通过调焦手轮 3 可使显微镜上下移动进行调焦。手轮 4 和手轮 7 可以固定显微镜架和载物台。反光镜 10 装在底座上，可根据光源方向转动得到明亮的视场。测量工作台分别装有沿 X 轴和 Y 轴两个方向移动的测微螺旋。旋转 X 轴测微鼓轮 9，可使测量工作台沿 X 轴方向移动。测微鼓轮上刻有 100 分度，螺距为 1 mm，每转一个分度相当于工作台移动 0.01 mm。Y 轴测微器上有 50 分度，螺距为 0.5 mm，每分度也为 0.01 mm。测量工作台圆周刻有角度，分度值为 1′，它可绕垂直轴旋转，转角可通过角游标读出。JLC 测量显微镜光学系统规格如表 3-1-5 所示。

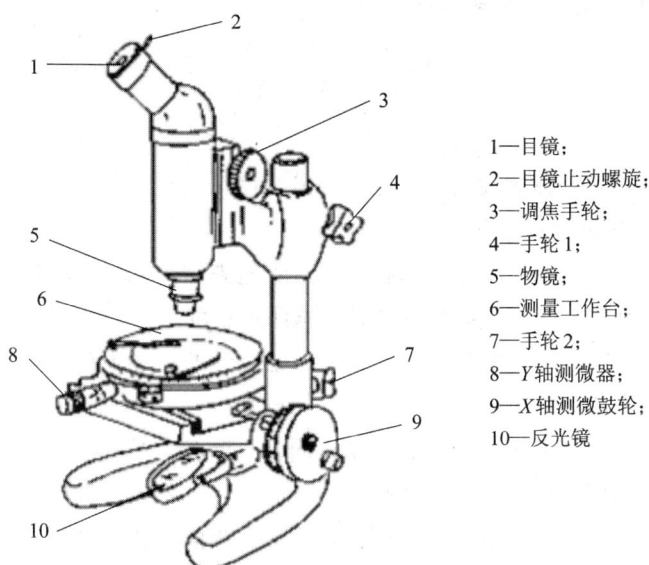

1—目镜；
2—目镜止动螺旋；
3—调焦手轮；
4—手轮1；
5—物镜；
6—测量工作台；
7—手轮2；
8—Y轴测微器；
9—X轴测微鼓轮；
10—反光镜

图 3-1-9　JLC 测量显微镜的结构

表 3-1-5　JLC 测量显微镜光学系统规格

物　镜		目　镜		显微镜放大倍数	工作距离/mm	视场距离/mm
放大倍数	焦距/mm	放大倍数	焦距/mm			
25×	43.40	10×	25.00	25×	58.84	5.6
10×	17.13			100×	7.81	1.4

X 轴测量范围是 50 mm，Y 轴测量范围是 13 mm，仪器示值误差为 $\pm(5+L/15)\mu$m。其中，L 为所测长度的数值，单位为 mm。示值误差包括测量误差与仪器误差。

3）测量显微镜的调节和使用

（1）目镜调整：先在测量工作台上放一张白纸，调整目镜使看到的十字分划丝最清楚，并且使十字分划丝与测量工作台的 $X-Y$ 轴重合，然后将目镜固定。检查二者是否重合的方法是使十字丝对准一直线物体，当沿 $X(Y)$ 方向移动工作台时，十字丝始终保持与物体边沿或直线重合即可。

（2）调焦：将被测物体牢靠地安放在测量工作台上，转动反光镜，得到最明亮的视场。旋转调焦手轮，先将镜筒下降，使物镜离被测物体 5 cm 左右（显微镜放大倍数为 25 倍时），再逐渐上升镜筒，直至眼睛在目镜处看到最清楚的物像为止，同时左右移动眼睛（判断物像是否在十字分化丝平面），观察十字分划丝与物像之间有无相对移动现象（即视差）。

（3）测量：显微镜调整好以后，旋转测微器或测量工作台，使目镜中十字分划丝与被测物体的基准（包括点、线和面）相重合，记下 $X(Y)$ 轴的值作为初读数 $X_0(Y_0)$，然后旋转测微器（视场移动），再使十字分划丝与所求距离的另一基准（包括点、线和面）重合，记下 $X(Y)$ 轴的示值，作为测量读数 $X_1(Y_1)$，通过 X_1 与 X_0（Y_1 与 Y_0）的关系，很容易计算出所

测距离 L_X（X 轴方向）或 L_Y（Y 轴方向），即

$$\begin{cases} L_X = X_1 - X_0 \\ L_Y = Y_1 - Y_0 \end{cases} \qquad (3-1-4)$$

4）注意事项

（1）为了防止被测物体表面与物镜接触，甚至损坏物镜，调焦时应先将镜筒降至显微镜工作距离稍近一点的位置，然后逐渐上升。

（2）若被测物为透明物，而且体积很小，不能充满整个视场时，测量时应避免直射光线，并且用适当亮度的视场，以免发生耀光影响测量精度。

（3）工作地点偏暗，用灯光照明时，光源须先经过磨砂玻璃滤过，并尽量使光线对物体垂直照明，以免有阴影影响测量精度。

（4）显微镜架在立柱上必须用手轮 1 紧紧固定，防止使用不慎时下降，使仪器受损。

（5）转动测微螺旋进行测量时，应朝同一方向运动，以免因产生空回误差影响精度。

（6）为了防止局部螺纹经常使用受到磨损，对一些固定的尺寸进行测量时，应该在测微螺杆上分段使用。

（7）进行精密测量时，环境温度宜在（10±3）℃以内。

（8）测量显微镜无论使用或存放时，应避免灰尘、潮湿、过冷、过热及被含有酸碱性的蒸气沾污。

四、实验内容

（1）用米尺测量金属板的长度，只进行单次测量，不确定度按单次测量不确定度估算，用游标卡尺测量金属板的宽度，测 5 次，取其平均值并计算直接测量值的不确定度。将测量数据记入表 3-1-6 中。

测量结果：$\bar{b} \pm \Delta b =$ _____

$\qquad E_b =$ _____ %

（2）用千分尺测量金属板的厚度，测 5 次，取其平均值并计算直接测量值的不确定度。将测量数据记入表 3-1-7 中。

测量结果：$\bar{d} \pm \Delta d =$ _____

$\qquad E_d =$ _____ %

（3）用测量显微镜测量金属板缝的宽度和长度，各测 5 次，分别计算平均值和直接测量值的不确定度。

（4）利用上面测量的结果，分别计算出金属板的体积和缝的体积并计算出各间接测量的不确定度。

五、数据处理

（1）用米尺测量金属板的长度 $L = L_0 \pm \Delta L =$ _____。

（2）用游标卡尺测量板的宽度 b：量程 _____，分度值 _____。

表 3-1-6 测量板宽数据表

次数	1	2	3	4	5	平均值
板宽/mm						
绝对误差/mm						

（3）用千分尺测量金属板的厚度 d：量程_____，分度值_____，零点校正值_____。

表 3-1-7 测量板厚数据表

次数	1	2	3	4	5	平均值
板厚/mm						
绝对误差/mm						

（4）用测量显微镜测缝长 l、缝宽 h。将测量数据记入表 3-1-8 中。

表 3-1-8 测量缝长、缝宽数据表　　　　　　　　mm

次数		1	2	3	4	5	平均值
缝宽	大小						
	绝对误差						
缝长	大小						
	绝对误差						

测量结果：$\bar{h} \pm \Delta h =$ _____；$E_h =$ _____%

$\bar{l} \pm \Delta l =$ _____；$E_l =$ _____%

（5）计算板和缝的体积 V 和 v。

板体积：$V = \bar{V} \pm \Delta V =$ _____

缝体积：$v = \bar{v} \pm \Delta v =$ _____

六、问题讨论

（1）分别用游标卡尺和千分尺直接测量约 2 mm 的铜线各得几位有效数字？

（2）已知游标卡尺的分度值（精度值）为 0.01 mm，其主尺的最小分度的长度为 0.5 mm，试问游标的分度格数为多少（以毫米作为单位）？游标的总长可取哪些值？

（3）试确定下列几种游标卡尺的分度值（精度值），并将它填入下表的空白处。

游标分度数（格数）	10	10	10	20	50
与游标分度数对应的主尺读数/mm	9	19	19	39	49
卡尺分度值/mm					

（4）分别判断下列数据是选用何种仪器测量的？仪器的最小分度值是多少？

　　2.206 cm；61.25 cm；1.3242 cm

实验 2　压力传感器特性的研究

压力传感器是利用应变电阻效应，将力学量转换成易于测量的电压量的器件。压力传感器是最基本的传感器之一，主要用在各种电子秤、应力分析仪等仪器上。传感器的种类很多，应用极为广泛。根据要求精度和使用方式的不同，可选用不同型号的压力传感器。

一、实验目的

(1) 了解压力传感器的工作原理。

(2) 研究压力传感器的静态特性。

(3) 了解电位差计的工作原理，熟悉其使用方法。

二、实验仪器

压力传感器、电位差计、稳压电源、电压表和砝码等。

三、实验原理

本实验所用的传感器是由四片电阻应变片组成的，它们分别粘贴在弹性体的平行梁上、下两个表面上。四个应变片组成电桥，采用非平衡电桥原理，把压力转化成不平衡电压进行测量。下面我们从三个方面对压力传感器进行讨论。

1. 应变与压力的关系

电阻应变片是将机械应变转换为电阻阻值的变化。将电阻应变片粘贴在悬臂梁式弹性体上。常见的悬臂梁形式有等截面梁、等强度悬臂梁、带副梁的悬臂梁以及双孔、单孔悬臂梁。

图 3-2-1 是等截面梁结构示意图。弹性体是一端固定，截面积 S 处处相等的等截面悬臂梁（$S=bh$，宽度为 b，厚度为 h）。在距载荷 F 着力点 L_0 的上、下表面，沿 L 方向粘贴有受拉应变片 R_1、R_3 和受压应变片 R_2、R_4，粘贴应变片处的应变为

$$\varepsilon_0 = \frac{f}{Y} = \frac{6FL_0}{bh^2 Y} \tag{3-2-1}$$

式中，f 是应变片处的应力，Y 是弹性体的弹性模量。由式（3-2-1）可以看出，除压力 F 外，其余各量均为常量。所以，应变 ε_0 与压力 F 成正比。

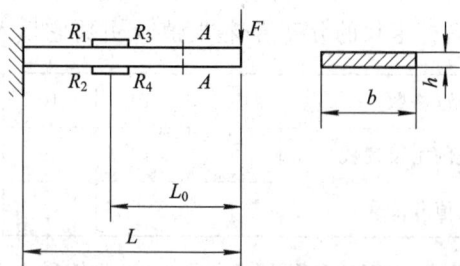

图 3-2-1　等截面梁结构示意图

2. 电阻的变化与电压的关系

由于弹性体的应变发生了变化，粘贴在其上的电阻应变片的电阻值也随之发生变化，受拉的电阻应变片电阻值增加，而受压的电阻应变片电阻值减少，把四个电阻应变片组成一个电桥，这便成为差动电桥，如图 3-2-2 所示。

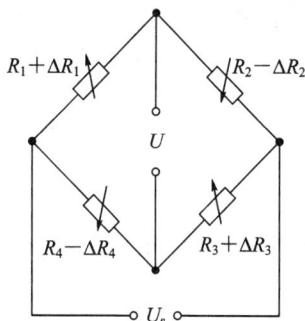

图 3-2-2　应变片差动电桥电路

此时，电桥的输出电压 U 为

$$U = \frac{R_1 + \Delta R_1}{R_1 + \Delta R_1 + R_2 - \Delta R_2}U_s - \frac{R_4 - \Delta R_4}{R_3 + \Delta R_3 + R_4 - \Delta R_4}U_s \quad (3-2-2)$$

若 $R_1 = R_2 = R_3 = R_4$ 且 $\Delta R_1 = \Delta R_2 = \Delta R_3 = \Delta R_4$，则有

$$U = \frac{R_1 + \Delta R_1}{2R_1}U_s - \frac{R_1 - \Delta R_1}{2R_1}U_s = \frac{\Delta R_1}{R_1}U_s \quad (3-2-3)$$

由上式可知，电压 U 与电阻值的变化成正比。由此可以看出，差动电桥既没有非线性误差，又具有较高的灵敏度，同时还具有适应温度变化的补偿能力等优点。实验中，电桥的不平衡电压 U 可由电位差计测出。

3. 压力传感器的静态特性

压力传感器的基本特性分为静态特性和动态特性两种。所谓静态特性，是指输入不随时间而变化的特性，即在静载荷（力值）作用下，用实验的方法求得输入的力与传感器输出电压（示值）之间的关系（线性关系），即 $U = a + bF$。由输入和输出的关系就可以研究其静态特性。

1）灵敏度 S

传感器在静态工作条件下，其单位压力所产生的输出电压称为静态灵敏度。在通常意义上，如指一台传感器灵敏度高，也指其分辨率高。用公式表示如下：

$$S = \lim_{\Delta F \to 0}\left(\frac{\Delta U}{\Delta F}\right) = \frac{dU}{dF} \quad (3-2-4)$$

这实际上就是传感器输入-输出特性曲线上某点的斜率。非线性传感器各处的灵敏度是不相同的，对于线性传感器灵敏度则为

$$S = \frac{U - U_0}{F - F_0} \quad (3-2-5)$$

图 3-2-3 所示为上述两种情况下灵敏度的图解表示。其中，左图为非线性灵敏度，右图为线性灵敏度的图解表示。

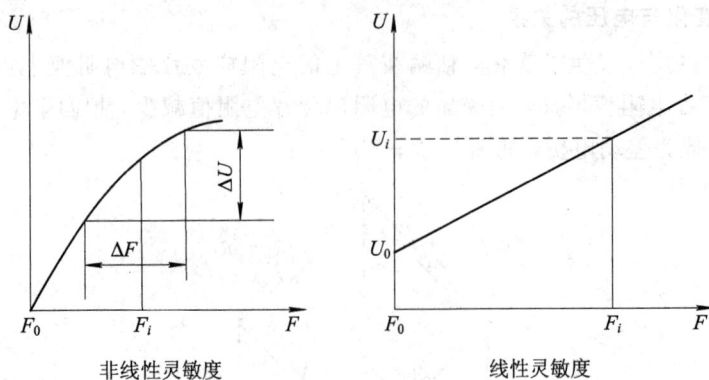

图 3 - 2 - 3 灵敏度的图解表示

2）线性度（非线性误差）L

大多数传感器的输入和输出具有比例关系，这种输入、输出具有线性比例关系的传感器称为线性传感器。衡量线性传感器线性特性好坏的指标为非线性误差，或称线性度。随着参考直线的性质和引法的不同，线性度有多种，下面仅介绍端点线性度。

端点线性度特性曲线如图 3 - 2 - 4 所示。将传感器的实际零点和满量程端点连线作为理论直线，传感器实际平均输出（正、反行程平均）特性曲线相对于理论直线的最大偏差用传感器满量程输出的百分比表示为

$$L = \frac{\Delta U_{L\max}}{U - U_0} \times 100\% \qquad (3 - 2 - 6)$$

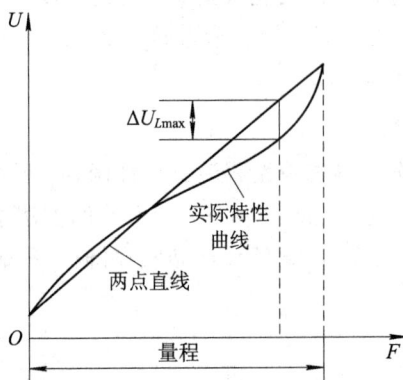

图 3 - 2 - 4 端点线性度特性曲线

3）迟滞（迟滞误差）H

传感器在正（输入量增加）、反（输入量减少）行程中，输入-输出曲线不重合的程度称为迟滞。也就是说，对应于同一输入量，它的输出量值有差别。迟滞可用传感器最大正反差值与满量程输出的百分比来表示：

$$H = \frac{\Delta U_{H\max}}{U - U_0} \times 100\% \qquad (3 - 2 - 7)$$

如图 3 - 2 - 5 所示为传感器的某种迟滞特性。

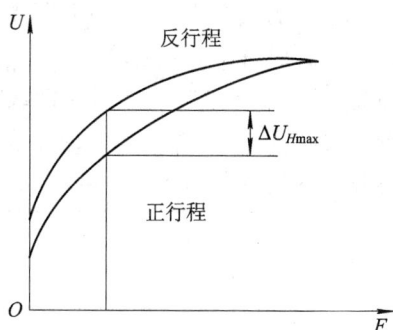

图 3-2-5 迟滞特性曲线

4）重复性 R

多次重复测量时，在同是正行程（或同是反行程）中对应同一输入量，传感器的输出值也不相同，这种差值称为重复差值。全量程中的最大重复差值与满量程输出值之比称为重复性，重复性特性如图 3-2-6 所示，其表达式如下：

$$R = \frac{\Delta U_{R\max}}{U - U_0} \times 100\% \qquad (3-2-8)$$

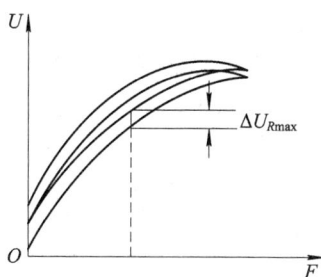

图 3-2-6 重复性特性

5）动态特性（响应）

动态特性是指输入随时间而变化的特性。此时，要求传感器能够随时精确地跟踪输入量，输出能够按照输入的变化规律而变化，这个过程又称为响应。响应是描述动态特性的重要参数。这里不研究该特性。

四、实验内容

（1）按图 3-2-7 连接电路，图中，PF1 为压力传感器，UJ33a 为电位差计。

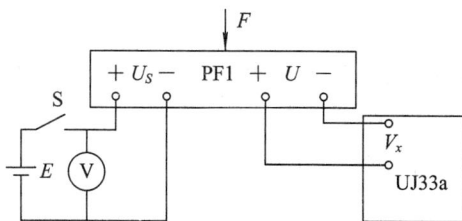

图 3-2-7 实验电路图

（2）测量加载力 F 与输出电压 U 的关系：保持工作电压 U_S 为 10.0 V。

① 加载砝码，每次 1 kg，分 8 次加到 8 kg，记录每次加载时的输出电压值。

② 加到额定值后，开始卸载，分 8 次卸完，记录每次卸载时的输出电压值。

③ 重复上述两步骤，进行三次测量，将输出电压记录于表 3-2-1 中。

表 3-2-1　输出电压随加载力变化数据表（工作电压不变）

加载力/kg	0	1	2	3	4	5	6	7	8
加载输出 U/mV									
卸载输出 U/mV									
加载输出 U/mV									
卸载输出 U/mV									
加载平均 U/mV									
卸载平均 U/mV									

（3）测量传感器工作电压 U_S 与输出电压 U 的关系：保持加载的砝码为 5 kg。

① 调节工作电压 U_S 从 1.0 V 到 10.0 V，分别记录 10 次的输出电压值（每次 1 V）。同样，降低电压时，分别再记录 10 次的输出电压值（每次 1 V）。

② 重复上述步骤，进行三次测量，将输出电压记录于表 3-2-2 中。

表 3-2-2　输出电压与工作电压变化数据表（压力不变）

工作电压/V	2	3	4	5	6	7	8	9
加压输出 U/mV								
减压输出 U/mV								
加压输出 U/mV								
减压输出 U/mV								
加压平均 U/mV								
减压平均 U/mV								

五、数据处理

（1）U_S 一定时，做 $\overline{U}_{加载}\sim F$ 和 $\overline{U}_{卸载}\sim F$ 曲线。

（2）F 一定时，做 $\overline{U}_{加压}\sim U_S$ 和 $\overline{U}_{减压}\sim U_S$ 曲线。

实验 2 附注　电位差计的测量原理及使用方法

一、补偿法测电动势

如图 3-2-8(a)所示，用电压表测量电动势时，由于电压表内阻不可能无穷大，当有电流 I 流过时，它在被测电动势内阻 r 上的电压降为 Ir，则电压表测出的值应为 E_x-Ir，而

不是电动势 E_x。

用补偿法测量电动势如图 3-2-8(b)所示,图中,E_P 是连续可调且能准确知道电压值的电源,称为补偿电源。G 为检流计,当流过 G 的电流为零(或 G 两端的电压为零)时,G 指零(零偏转)。测量时,调节补偿电压 E_p,当 G 零偏时,称 E_p 和 E_x 达到补偿状态。此时,$E_x = E_p$。这种用补偿电压和被测量电压相等(检流计指零)来测量电压(或电动势)的方法,称为补偿法。

用补偿法测量电压(或电动势)的优点是:被测量和测量仪器(这里指补偿电压 E_p 和检流计)之间没有电流。所以用补偿法可以准确测得电动势 E_x。

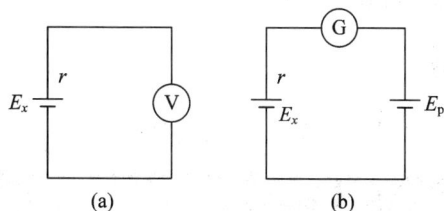

图 3-2-8 测量电动势原理图
(a)电压表测量电动势;(b)补偿法测电动势

二、电位差计原理

利用补偿法原理测量电压(或电动势)的仪器称为电位差计。由补偿法原理可知,电位差计应具有一个可调节大小,且电压值可准确读数的补偿电压 E_p 和一个检流计。在电位差计中,利用精密可调电阻,通以标准化工作电流构成 E_p。如图 3-2-9 所示是电位差计的原理图。

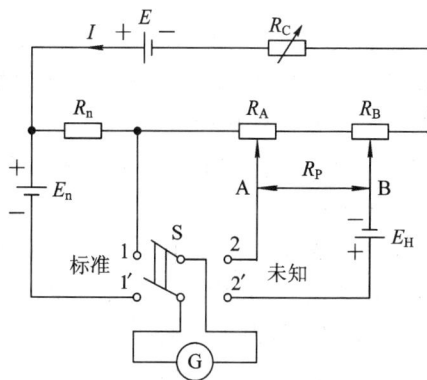

图 3-2-9 电位差计原理图

图中,E 是提供工作电流的电池,调节电位器 R_C 可以改变工作电流的大小。标准电阻 R_n 和标准电池 E_n 用来检测工作电流,精密变阻器 R_A 和 R_B 用来调节补偿电压。G 为检流计。如图 3-2-9 所示,电位差计的工作回路由工作电池 E,工作电流调节电位器 R_C,精密变阻器 R_A、R_B 和标准电阻 R_n 构成。先将开关 S 扳向标准一边,调节工作电流调节电位器 R_C,当工作电流 I 在标准电阻 R_n 上的电压 IR_n 和标准电池的电动势相等时,检流计指零。或者说,当检流计指零时,标准电阻上的电压 IR_n 和标准电池的电动势相互补偿,

$IR_n = E_n$，此时的电流为

$$I = \frac{E_n}{R_n} = I_n \qquad (3-2-9)$$

校准的工作电流 I_n 称为标准化工作电流。

工作电流校准后，将开关 S 扳向未知端，使检流计接入测量回路中，测量未知电动势 E_x。调节变阻器 R_A 和 R_B，改变 $E_p = I_n R_p$ 的大小，当检流计指零时，即有

$$E_x = E_p = I_n R_p \qquad (3-2-10)$$

仪器在生产过程中，已直接把电阻的变化转化为相应的电压标在刻度盘上。因此，E_p 可直接从电位差计的刻度盘上读出。

三、电位差计的使用方法

实验室所用的电位差计为 UJ33a 型，其面板如图 3-2-10 所示。它的使用方法如下：

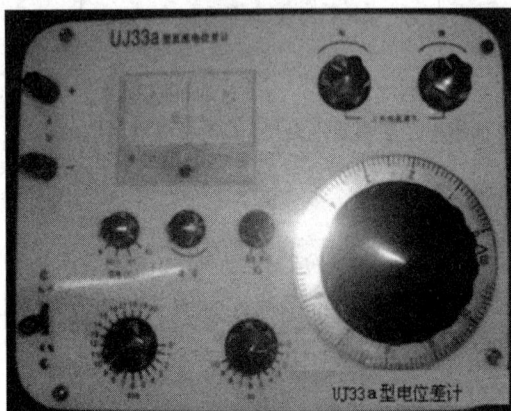

图 3-2-10　UJ33a 型电位差计面板

（1）调零：将倍率"K_1"旋至"×1"挡位置，"K_2"置于中间位置，观察检流计指针是否指零。若不指零，调节"调零"旋钮，使检流计指针指零。

（2）工作电流标准化：将"K_2"扳向"标准"位置（用左手按住），同时用右手调节"工作电流"旋钮（粗、细），使检流计指针指零。

（3）测量未知电动势：将"K_2"扳向"未知"位置，调节步进旋钮（×10、×1）和滑盘（×0.1），使检流计指针指零（再将"K_2"扳向中间位置，否则指针可能会发生偏转），此时，步进旋钮和滑盘读数之和乘以倍率 K_1 即为待测电动势（调旋钮时应注意：×10，×1 旋钮要和刻度线重合，准确读数；×0.1 旋钮末位应估读一位）。

（4）实验结束后，必须将"K_1"旋至"断"的位置。

注：调节的每一步都应保证检流计指针指零。

实验 3　用三线摆测量刚体的转动惯量

转动惯量是刚体转动时惯性大小的量度，它与刚体的质量分布和转轴的位置有关。对于质量分布均匀、外形不复杂的刚体，测出其外形尺寸及质量，就可以计算出其转动惯量；而对于外形复杂、质量分布不均匀的刚体，其转动惯量就难以计算，通常利用转动实验来测定。三线摆就是测量刚体转动惯量的基本方法之一。

一、实验目的

（1）学会正确测量长度、质量和时间。
（2）学习用三线摆测量圆盘和圆环绕对称轴的转动惯量。

二、实验仪器

三线摆仪、米尺、游标卡尺、数字毫秒计、气泡水平仪、物理天平和待测圆环等。

三、实验原理

图 3-3-1 是三线摆实验装置示意图。三线摆是由上、下两个匀质圆盘，用三条等长的摆线（摆线为不易拉伸的细线）连接而成的。上、下圆盘的系线点构成等边三角形，下圆盘处于悬挂状态，并可绕 OO' 轴线作扭转摆动，称为摆盘。由于三线摆的摆动周期与摆盘的转动惯量有一定关系，所以把待测样品放在摆盘上后，三线摆系统的摆动周期就要相应地随之改变。这样，根据摆动周期、摆动质量以及相关的参量，就能求出摆盘系统的转动惯量。

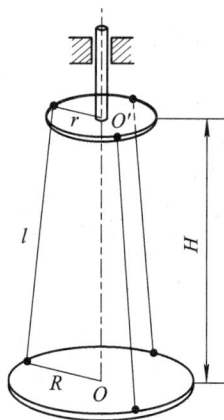

图 3-3-1　三线摆实验装置示意图

设下圆盘质量为 m_0，当它绕 OO' 轴扭转的最大角位移为 θ_0 时，圆盘的中心位置升高 h，这时圆盘的动能全部转变为重力势能，有

$$E_{\mathrm{P}} = m_0 g h \quad （g 为重力加速度）$$

当下盘重新回到平衡位置时，重心降到最低点，这时最大角速度为 ω_0，重力势能被全

部转变为动能，有

$$E_K = \frac{1}{2} I_0 \omega_0^2$$

式中，I_0 是下圆盘对于通过其重心且垂直于盘面的 OO' 轴的转动惯量。

如果忽略摩擦力，根据机械能守恒定律可得

$$m_0 gh = \frac{1}{2} I_0 \omega_0^2 \qquad (3-3-1)$$

设悬线长度为 l，下圆盘悬线距圆心为 R，当下圆盘转过一角度 θ_0 时，从上圆盘 B 点作下圆盘的垂线，与升高 h 前、后下圆盘分别交于 C 和 C_1 点，如图 $3-3-2$ 所示，则

$$h = BC - BC_1 = \frac{(BC)^2 - (BC_1)^2}{BC + BC_1}$$

因为

$$(BC)^2 = (AB)^2 - (AC)^2 = l^2 - (R-r)^2$$
$$(BC_1)^2 = (A_1 B)^2 - (A_1 C_1)^2 = l^2 - (R^2 + r^2 - 2Rr \cos\theta_0)$$

所以

$$h = \frac{2Rr(1-\cos\theta_0)}{BC + BC_1} = \frac{4Rr \sin^2 \frac{\theta_0}{2}}{BC + BC_1}$$

当扭转角 θ_0 很小，摆长 l 很长时，$\sin \frac{\theta_0}{2} \approx \frac{\theta_0}{2}$，而 $BC + BC_1 \approx 2H$，其中

$$H = \sqrt{l^2 - (R-r)^2}$$

式中，H 为上、下两盘之间的垂直距离。则

$$h = \frac{Rr\theta_0^2}{2H} \qquad (3-3-2)$$

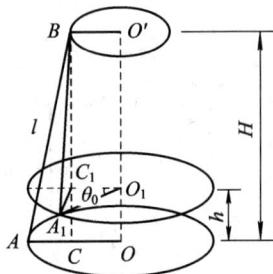

图 $3-3-2$　三线摆原理图

由于下盘的扭转角度 θ_0 很小（一般在 $5°$ 以内），摆动可看做是简谐振动。因此，圆盘的角位移与时间的关系可写为

$$\theta = \theta_0 \sin \frac{2\pi}{T_0} t$$

式中，θ 是圆盘在时刻 t 时的角位移，θ_0 是角振幅，T_0 是振动周期。

若认为振动初位相是零，则角速度为

$$\omega = \frac{d\theta}{dt} = \frac{2\pi\theta_0}{T_0} \cos \frac{2\pi}{T_0} t$$

经过平衡位置时，即 $t=0$, $\frac{1}{2}T_0$, T_0, $\frac{3}{2}T_0$, … 的最大角速度为

$$\omega_0 = \frac{2\pi}{T_0}\theta_0 \tag{3-3-3}$$

将式(3-3-2)、式(3-3-3)代入式(3-3-1)可得

$$I_0 = \frac{m_0 gRr}{4\pi^2 H}T_0^2 \tag{3-3-4}$$

实验时，只要测出 m_0、R、r、H 及 T_0，由式(3-3-4)即可求出圆盘的转动惯量 I_0。在下圆盘上放上另一个质量为 m、转动惯量为 I(对 OO' 轴)的物体时，测出周期为 T，则有

$$I + I_0 = \frac{(m+m_0)gRr}{4\pi^2 H}T^2 \tag{3-3-5}$$

式(3-3-5)减去式(3-3-4)得到被测物体的转动惯量 I 为

$$I = \frac{gRr}{4\pi^2 H}\left[(m+m_0)T^2 - m_0 T_0^2\right] \tag{3-3-6}$$

在理论上，对于质量为 m，内、外直径分别为 d、D 的均匀圆环，通过其中心垂直轴线的转动惯量为

$$I = \frac{1}{2}m\left[(\frac{d}{2})^2 + (\frac{D}{2})^2\right] = \frac{1}{8}m(d^2 + D^2)$$

而对于质量为 m_0、直径为 D_0 的圆盘，相对于中心轴的转动惯量为

$$I_0 = \frac{1}{8}m_0 D_0^2$$

四、实验内容

测量下圆盘和圆环对中心轴的转动惯量：

(1) 调节上圆盘绕线螺丝，使三根线等长(50 cm 左右)；调节底脚螺丝，使上、下圆盘处于水平状态(水平仪放于下圆盘中心)。

(2) 等待三线摆静止后，用手轻轻扭转上圆盘 5°左右随即退回原处，使下圆盘绕仪器中心轴作小角度扭转摆动(不应伴有晃动)。用数字毫秒计测出 50 次完全振动的时间 t_0，重复测量 5 次求平均值 $\overline{t_0}$，将数据记入表格中，计算出下圆盘空载时的振动周期 T_0。

(3) 将待测圆环放在下圆盘上，使它们的中心轴重合。再用数字毫秒计测出 50 次完全振动的时间 t，重复测量 5 次求平均值，并算出此时的振动周期 T。

(4) 测出圆环质量(m)、内外直径(d, D)及仪器有关参量(m_0, R, r 和 H 等)。因下圆盘对称悬挂，使三悬点正好连成一个正三角形(见图 3-3-3)。若测得两悬点间的距离为 L，则圆盘的有效半径 R(圆心到悬点的距离)等于 $L/\sqrt{3}$。

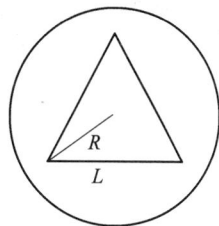

(5) 将实验数据填入下表中。先由式(3-3-4)推出 I_0 的相对不确定度公式，算出 I_0 的相对不确定度和绝对不确定度，并写出 I_0 的测量结果。再由式(3-3-6)算出圆环对中心轴的转动惯量 I，并与理论值比较，计算出绝对不确定度和相对不确定度，写出 I 的测

图 3-3-3　下圆盘悬点示意图

量结果。

五、实验数据处理

（1）将实验数据填入实验数据表格中。

下圆盘质量 $m_0 = $ ＿＿＿＿＿＿＿＿＿ g，圆环质量 $m = $ ＿＿＿＿＿＿＿＿＿ g。

待测物体	待测量	测量次数					平均值
		1	2	3	4	5	
上圆盘	半径 r/m						
下圆盘	有效半径 R/cm						
	周期 $T = \dfrac{t}{50}/S$						
上、下圆盘	垂直距离 H/cm						
圆 环	内径 d/cm						
	外径 D/cm						
下圆盘加圆环	周期 $T = \dfrac{t}{50}/S$						

（2）根据表中数据计算出相应量，并将测量结果表达为

下圆盘：$\overline{I}_0$ ＿＿＿＿＿＿＿＿ g·cm^2

$\overline{\Delta I_0}$ ＿＿＿＿＿＿＿＿ g·cm^2

$I_0 = \overline{I}_0 \pm \overline{\Delta I_0} = ($ ＿＿＿＿＿＿ $\pm$ ＿＿＿＿＿＿＿ $)$ g·cm^2

圆环：$\overline{I}$ ＿＿＿＿＿＿＿＿ g·cm^2

$\overline{\Delta I}$ ＿＿＿＿＿＿＿＿ g·cm^2

$I = (\overline{I} \pm \overline{\Delta I}) = ($ ＿＿＿＿＿＿ $\pm$ ＿＿＿＿＿＿＿ $)$ g·cm^2

六、问题讨论

（1）在本实验中，计算转动惯量公式中的 R_0，是否就是下圆盘的半径？它的值应如何测量？

（2）当待测物体的转动惯量比下圆盘的转动惯量小得多时，为什么不宜用三线摆法测量？

实验 4　用复摆测量重力加速度

在重力作用下能绕某固定水平轴摆动的刚体称做复摆，又称物理摆。复摆的摆动中心称撞击中心。机器中有些必须经受碰撞的转动件，如离合器、冲击摆锤等，为防止巨大瞬时力对轴承的危害，应使碰撞冲击力通过撞击中心。复摆实验是一个传统的实验，通常用于研究周期与摆轴位置的关系，也用于测定重力加速度。

一、实验目的

(1) 学习对长度和时间的较精确的测量。
(2) 掌握测量重力加速度的方法，并加深对刚体转动理论的理解。
(3) 学习用作图法处理、分析数据。

二、实验仪器

JD-2 物理摆、光电计时器等。

三、实验原理

1. 单摆

单摆的工作原理如图 3-4-1 所示。

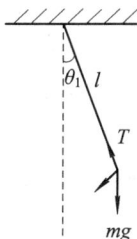

图 3-4-1　单摆的工作原理

单摆球的质量为 m，当球的半径远小于摆长 l 时，应用动量矩定理，在角坐标系下可得小球自由摆动的微分方程为

$$\frac{\mathrm{d}^2\theta_1}{\mathrm{d}t^2} + \frac{g}{l}\sin\theta_1 = 0 \qquad (3-4-1)$$

式中，t 为时间，g 为重力加速度，l 为摆长。当 θ_1(rad)很小时，

$$\sin\theta_1 \approx \theta_1 \qquad (3-4-2)$$

则式(3-4-1)可简化为

$$\frac{\mathrm{d}^2\theta_1}{\mathrm{d}t^2} + \frac{g}{l}\theta_1 = 0 \qquad (3-4-3)$$

令

$$\omega_1^2 = \frac{g}{l} \qquad (3-4-4)$$

则式(3-4-3)的解为

$$\theta_1 = \theta_{10} \sin(\omega_1 t + \alpha) \qquad (3-4-5)$$

其中，θ_{10} 为单摆的最大摆角。θ_{10}、α 的值由初值条件决定。

由式(3-4-4)可得单摆周期为

$$T_1 = 2\pi \sqrt{\frac{l}{g}} \qquad (3-4-6)$$

2. 复摆

一个可绕固定轴摆动的刚体称为复摆或物理摆。如图 3-4-2 所示，设物理摆的质心为 C，质量为 M，悬点为 O，绕 O 点在铅直面内转动的转动惯量为 J_O，OC 距离为 h，在重力作用下，由刚体绕定轴转动的转动定律可得微分方程为

$$J_O \frac{\mathrm{d}^2 \theta}{\mathrm{d}t^2} = -Mgh \sin\theta \qquad (3-4-7)$$

令

$$\omega^2 = \frac{Mgh}{J_O} \qquad (3-4-8)$$

仿照单摆，在 θ 很小时，式(3-4-7)的解为

$$\theta = \theta_{10} \sin(\omega t + \alpha) \qquad (3-4-9)$$

$$T = 2\pi \sqrt{\frac{J_O}{Mgh}} \qquad (3-4-10)$$

设摆体沿过质心 C 的转动惯量为 J_C，由平行轴定理可知：

$$J_O = J_C + Mh^2 \qquad (3-4-11)$$

将式(3-4-11)代入式(3-4-10)可得

$$T = 2\pi \sqrt{\frac{J_C}{Mgh} + \frac{h}{g}} \qquad (3-4-12)$$

式(3-4-12)就是物理摆的自由摆动周期 T。

令 $J = Ma^2$，a 称为回转半径，则有

$$T = \sqrt{\frac{a^2}{gh} + \frac{h}{g}} \qquad (3-4-13)$$

因为对任何 J_C 都有 $J_C \propto M$，所以式(3-4-13)的 T 与 M 无关，仅与 M 的分布(C 点)相关。

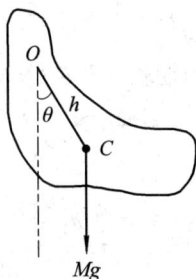

图 3-4-2 复摆(物理摆)

1) 一次法测重力加速度 g

由式(3-4-12)可得出

$$g = \frac{4\pi^2(J_C + Mh^2)}{Mh} \qquad (3-4-14)$$

因此,测出式(3-4-14)右端各量即可得 g。摆动周期 T 用数字计时器可直接测出;M 可用天平称出;C 点可用杠杆平衡原理等办法求出。对于形状等规则的摆,J_C 可以计算得出。

2) 二次法测重力加速度 g

一次法测 g 虽然简明,但有很大的局限性,特别是对于不规则物理摆,J_C 就难以确定,为此采用如下"二次法"测重力加速度 g。

当 M 及其分布(C 点)确定以后,改变 h 值,做两次测量 T 的实验,运用式(3-4-13)可得

$$T_1^2 = 4\pi^2 \frac{J_C + Mh_1^2}{Mgh_1}, \qquad T_2^2 = 4\pi^2 \frac{J_C + Mh_2^2}{Mgh_2}$$

即

$$Mgh_1 T_1^2 - 4\pi^2 J_C - 4\pi^2 Mh_1^2 = 0 \qquad (3-4-15)$$

$$Mgh_2 T_2^2 - 4\pi^2 J_C - 4\pi^2 Mh_2^2 = 0 \qquad (3-4-16)$$

联立解式(3-4-15)、式(3-4-16),可得出

$$g = 4\pi^2 \cdot \frac{h_1^2 - h_2^2}{h_1 T_1^2 - h_2 T_2^2} \qquad (3-4-17)$$

这样就消去了 J_C。因此,利用式(3-4-17)测 g 就有着广泛的适用性。另外,从式(3-4-17)可十分明确地看到 T 与 M 的无关性。

虽然任意两组 (h_1, T_1),(h_2, T_2) 实测值都可以式(3-4-17)算出 g,但是对于一个确定的物理摆选取怎样的两组 (h, T) 数据,才能得出最精确的 g 的实测结果呢?为此必须研究 $T(h)$ 关系。

将式(3-4-12)平方,可得出

$$\frac{T^2}{4\pi^2} = \frac{J_C}{Mgh} + \frac{h}{g} \qquad (3-4-18)$$

从上式可以看出,T^2 与 h 的关系大体为一变形的双曲线型图线。当 $h \to 0$ 时,$T \to \infty$;当 $h \to \infty$ 时,$T \to \infty$。可见,在 h 的某一处一定有一个凹形极小值。为此,对式(3-4-18)作一次求导并令其为 0,即由 $\dfrac{\mathrm{d}T}{\mathrm{d}h} = 0$,可得

$$-\frac{J_C}{Mgh^2} + \frac{1}{g} = 0 \qquad (3-4-19)$$

$$Mh^2 = J_C = Ma^2 \qquad (3-4-20)$$

即移动摆轴所增加的转动惯量恰为质心处的转动惯量,即 $h = a$ 处所相应的 T 为极小值。(为什么?)

为研究 $T(h)$ 关系,在 0.6 m 长的扁平摆杆上,每间隔 2 cm 均匀钻出直径为 1 cm 的 28 个孔,并以此作为 O 点的 H_i 值($i = \pm1, \pm2, \pm3, \cdots, \pm14$),于是可得出如图 3-4-3 所示的曲线。

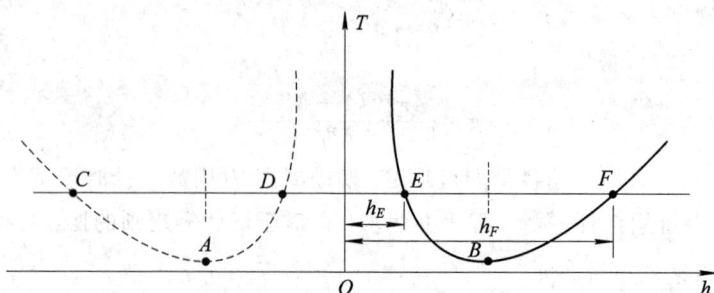

图 3-4-3 摆动周期 T 与摆轴离中心距离 h 的关系曲线

在共轭的 A、B 二极小 T 值点以上，沿任一 T 值画一条水平直线，交图线于 C、D、E、F 四点，皆为等 T 值点。错落的两对等 T 值间的距离 $h_D + h_E = h_C + h_F$ 被称为等值单摆长。为理解这一点，将式(3-4-17)的 T_1 与 T_E(或 T_D)对应，T_2 与 T_F(或 T_C)对应，h_1 为与 T_1 对应的 h_E，h_2 为与 T_2 对应的 h_F，并将式(3-4-17)改写为

$$\frac{4\pi^2}{g} = \frac{T_1^2 + T_2^2}{2(h_1 + h_2)} + \frac{T_1^2 - T_2^2}{2(h_1 - h_2)} \tag{3-4-21}$$

式(3-4-21)与式(3-4-17)的等同性可用代数关系式验证。从式(3-4-21)可知，当 $T_1 = T_2 = T$ 时，即化为单摆的周期公式(3-4-6)，故称 $h_E + h_F$、$h_C + h_D$ 为等值单摆长。

从图 3-4-3 可知，A、B 二共轭点为 $T(h)$ 的极小值点，若在它附近取两个 h 值来计算 g 则将引起较大的误差。所以欲取得精确的 g 的测量值，就只能取最大的 F 点和相应的 E 点来计算 g 值。但因孔的非连续性，E 只能取 T_E 近乎于 T_F 的点代入式(3-4-21)中。也可取略大、略小的两组值都计算出 g 再取平均值。

A 或 B 在实验上虽然不利于测量出较精确的 g，但运行在 T_B(或 T_A)值下的摆，其性能最稳定。

3. 可倒摆

为了提高测 g 的精度，历史上在对称结构的物理摆的摆杆上，加两个形体相同而密度不同的两个摆锤，并对称地放置。于是质心 C 点随即被改变，图 3-4-3 的图线也随之改变，特别是 T_C(即 T_1)，T_F(即 T_2)所相应的 h_C(即 h_1)，h_F(即 h_2)也随之改变，但曲线的形状不变。因此，用此时的 $T(T_F$ 或 $T_C)$ 和 h_1(即 h_C)，h_2(即 h_F)按式(3-4-21)来计算 g。

当然，由于摆杆孔的非连续性，所以仅能用 $T_C \approx T_F$ 的实测值。这时式(3-4-21)的右端的第二项仅具很小的值。所以 $T_1 - T_2$ 很小，而 $h_1 - h_2$ 较大。因此，实验须先在重铁锤的摆杆的下端测出 T_1 后，再将摆倒置过来，从远端测出大于 T_1 的值，然后逐渐减小 h_2，直至 T_2 小于 T_1。将加有二摆锤的摆叫做可倒摆(或称为开特氏摆)。式(3-4-21)就称为可倒摆计算式。

摆锤之所以用两个而不是用一个，并且形体相同，是因为倒置以后在摆动过程中，摆的空气阻尼等对摆的运动的影响可消除。

由物理摆的理论可知，可倒摆(开特氏摆)仅是物理摆的特例。

四、实验内容与步骤

安装、调节好仪器以后，进行如下操作：

（1）测出两个加锤摆的 $T_1(h)$、$T_2(h)$ 的关系。两摆锤的形状、尺寸须相同，而质量不同。

（2）按原理所述，进行数据处理（数据表格自拟）。

五、注意事项

（1）摆幅 A 须小于 1°。若按 $R=0.3\ \text{m}(\frac{1}{2}\text{摆杆})+0.03\ \text{m}(\text{摆针})=330\ \text{mm}$ 计 2 倍振幅，则

$$2A \leqslant \frac{2\pi \times 330}{360°} \times 1° \leqslant 10\ \text{mm}$$

（2）摆的悬挂处的孔和刀口间须密切接触。若不密切接触则调底脚螺钉，否则会影响实验测量。

（3）周期 T 的测量建议以 $t=10T$ 为宜，即 $T=\dfrac{t}{10}$。

六、思考题

（1）试证明二次法测 g 的公式（3-4-17）等效于卡特公式（3-4-21）。

（2）为什么不能用图 3-4-3 中 C 点的 (T_1,h_1) 值和 F 点的 (T_2,h_2) 值来计算重力加速度 g 值，而须用 (F,D) 或 (F,E) 来计算 g？

（3）试述用摆动法测量任意形状物体对任一指定轴的转动惯量的实验步骤（设当地的重力加速度 g 已知）。

实验 4 附注　锤移效应

设原摆为一带刻度的摆杆。摆的质量为 M，质心为 C（设为坐标原点），摆心为 O，CO 距离为 h，质心 C 处与摆心 O 处沿 OZ 轴的转动惯量为 J_C、J_O。以上条件皆固定不变，然后再加一个圆柱形的摆锤，锤的回转半径为 r，质量为 m，正轴与上述各轴平行。锤移动沿 CO 方向为 $+X$。置锤于 X 处，如图 3-4-4 所示。

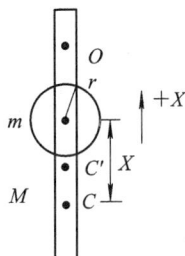

图 3-4-4　加锤摆

摆的总质量为

$$M'=M+m \tag{3-4-22}$$

质心变为 C'，由力矩平衡原理可得出

$$\overline{CC'} = \frac{m \cdot X}{M+m} \qquad (3-4-23)$$

所以新的摆长为

$$h' = h - \overline{CC'} = h - \frac{m \cdot X}{M+m} \qquad (3-4-24)$$

由平行轴定理，可得

$$J'_O = Ma^2 + Mh^2 + mr^2 + m(h-X)^2 \qquad (3-4-25)$$

设重力加速度 g 已知(不变)，则由动量矩定理，仿照式(3-4-7)、式(3-4-10)，可知带锤的摆动方程式为

$$J'_O \theta = -(M+m) \cdot g \cdot \left[h - \frac{m \cdot X}{M+m}\right] \cdot \sin\theta \qquad (3-4-26)$$

1. 加锤摆的周期公式

加锤摆的周期 T_m 为

$$T_m = 2\pi \sqrt{\frac{Ma^2 + Mh^2 + mr^2 + m(h-x)^2}{(M+m) \cdot g \cdot (h - \frac{m}{M+m}x)}} \qquad (3-4-27)$$

在研究锤移效应时，令(固定不变)：

$$C = Ma^2 + mh^2 + mr^2 \qquad (3-4-28)$$

$$k = (M+m) \cdot g \qquad (3-4-29)$$

所以有

$$T_m = 2\pi \sqrt{\frac{C + m(h-x)^2}{k \cdot (h - \frac{m}{M+m}x)}} \qquad (3-4-30)$$

由式(3-4-30)可以看出：

① 加锤摆的周期公式与无锤摆的周期公式形式相似，即原 $T(h)$ 关系与现在 $T_m(X)$ 关系相似(此时 h 为固定常数)。

② 由于 X 的取向等原因，$T_m(X)$ 相当于图3-4-3曲线的左叶，$T_m(X)$ 的渐近线为 $h - \frac{m}{M+m}X = 0$，即 $X = +\frac{M+m}{m}h$ 时，$T_m \to \infty$。而 X 的负向则为 $X \to -\infty$ 时，$T_m \to +\infty$。

注：$X > \frac{M+m}{m}h$，则 T_m 为复数(无意义)。

③ 加锤摆的周期公式存在着极(小)值，所以应有

$$\frac{\mathrm{d}T_m(X)}{\mathrm{d}X} = 0 \qquad (3-4-31)$$

因为

$$\frac{\mathrm{d}T_m}{\mathrm{d}X} = \frac{\mathrm{d}T_m}{\mathrm{d}f} \cdot \frac{\mathrm{d}f}{\mathrm{d}X}$$

令

$$f = \frac{C + m(h-X)^2}{k(h - \frac{m}{m+M}X)}$$

所以有

$$2\pi\left[\sqrt{\frac{C+m(h-X)^2}{k(h-\dfrac{m}{M+m}X)}}\right]^{-1}\cdot\frac{\mathrm{d}}{\mathrm{d}X}\cdot\frac{C+m(h-X)^2}{k(h-\dfrac{m}{M+m})X}=0$$

令

$$U=C+m(h-X)^2$$

$$V=h-\frac{m}{M+m}X$$

代入

$$\frac{\mathrm{d}(\dfrac{U}{V})}{\mathrm{d}X}=\frac{U\cdot\dfrac{\mathrm{d}V}{\mathrm{d}X}-V\dfrac{\mathrm{d}U}{X}}{V^2}$$

可得

$$\frac{(h-\dfrac{m}{M+m}X)[2m(h-X)]\times(-1)-[C+m(h-X)^2]\times(-\dfrac{m}{M+m})}{(h-\dfrac{m}{M+m}X)^2}=0$$

$$(3-4-32)$$

$$(h-\frac{m}{M+m}X)\cdot(2mh-2mX)\cdot(-1)+\frac{m}{M+m}(C+mh^2-2mhX+mX^2)=0$$

$$\frac{m^2}{M+m}\cdot X^2-2mhX+\left[2mh^2-\frac{m(C+mh^2)}{M+m}\right]=0$$

因此

$$X=\frac{2mh\pm\sqrt{(2mh)^2-4\times\dfrac{m^2}{M+m}\times\left[2mh^2-\dfrac{m(C+mh^2)}{M+m}\right]}}{2\cdot\dfrac{m^2}{M+m}}$$

分子、分母都除以 $2m$（根号内除以 $4m^2$）得

$$X=\frac{h\pm\sqrt{h^2-\dfrac{1}{M+m}\times\left[2mh^2-\dfrac{m(C+mh^2)}{M+m}\right]}}{\dfrac{m}{M+m}}$$

$$=\frac{(M+m)h\pm\sqrt{(M+m)^2h^2-[2mh^2(M+m)-m(C+mh^2)]}}{m}$$

$$=\frac{(M+m)h\pm\sqrt{M^2h^2+2Mmh^2+m^2h^2-2mh^2M-2m^2h^2-mC-m^2h^2}}{m}$$

$$=\frac{(M+m)h\pm\sqrt{mC+M^2h^2}}{m}\qquad(3-4-33)$$

因此，X 一定有解，T 有极值 $T(X)$。

如前所述，$T(X)$ 函数与 $T(h)$ 函数的性状是一样的，所以此极值也一定是极小的。（可以通过求 $\dfrac{\mathrm{d}^2T}{\mathrm{d}X^2}$ 来判定，在此略去。）

2. 零质量摆锤的周期公式 $T_{m=0}$

将 $m=0$ 代入公式(3-4-27)中，可得

$$T_{m=0} = 2\pi \sqrt{\frac{J_c + Mh^2 + 0 + 0 \times (h-X)^2}{(M+0) \cdot g \cdot (h - \frac{0}{M+0}X)}} \tag{3-4-34}$$

$$= 2\pi \sqrt{\frac{J_c + Mh^2}{M \cdot g \cdot h}} = 2\pi \sqrt{\frac{a^2}{gh} + \frac{h}{g}} = T_h$$

T_h 的意义就是与 X 平行的、值为 T_h 的 $T(X)$ 函数曲线。T_h 也就是无锤摆在 $\overline{CO} = h$ 时的摆动周期值，这也就是研究 $T(X)$ 时，为什么 X 的取向、原点都与原来的 $T(h)$ 函数线的 h 取向、原点一致的原因。而另取一个有别于 h 的符号 X 是为了便于讨论、理解。理解这一点是理解后面推导的前提。

3. 摆锤周期的特点

周期 T_m 与 T_h（即 $m=0$ 时的 T_m）的交点，即为 $T_m = T_h$。也就是令式(3-4-27)与式(3-4-13)相等，于是有

$$2\pi \sqrt{\frac{a^2}{gh} + \frac{h}{g}} = 2\pi \sqrt{\frac{Ma^2 + Mh^2 + mr^2 + m(h-X)^2}{(M+m) \cdot g \cdot (h - \frac{m}{M+m}X)}} \tag{3-4-35}$$

$$\frac{a^2 + h^2}{gh} = \frac{Ma^2 + Mh^2 + mr^2 + m(h-X)^2}{(M+m) \cdot g \cdot (h - \frac{m}{M+m}X)}$$

$$\frac{a^2 + h^2}{gh} = \frac{Ma^2 + Mh^2 + mr^2 + mh^2 - 2mhX + mX^2}{g[(M+m)h - mX]}$$

$$mhX^2 - m(h^2 - a^2)X - mh(a^2 - r^2) = 0$$

所以

$$hX^2 - (h^2 - a^2)X - h(a^2 - r^2) = 0$$

解得

$$X = \frac{(h - \frac{a^2}{h}) \pm \sqrt{(h - \frac{a^2}{h})^2 + 4(a^2 - r^2)}}{2} \tag{3-4-36}$$

由式(3-4-36)可以看出：

① X 与 m 无关，即锤的结构、形状相同（r 相同）而密度（即质量）不同的摆锤，在 X 处摆的周期 T 相等。

② X 在 $r<a$ 条件下有两个实根。

③ 虽然 X 与锤的质量无关，但它与质量的分布（回转半径 r）有关，且当

$$r > \sqrt{\frac{(h^2 - a^2)^2 + h^2 a^2}{4h^2}} \tag{3-4-37}$$

时，X 无解。

④ 当

$$r = \sqrt{\frac{4h^2 a^2 + (h^2 - a^2)^2}{4h}} \tag{3-4-38}$$

时，X 退化为只有一个解：

$$X = \frac{h^2 - a^2}{2h} \qquad\qquad (3-4-39)$$

4. 摆杆质心点处周期的特点

结合物理摆的周期公式(3-4-12)或式(3-4-13)，可知在摆杆质心点有如下特点：

① 当 $m \neq 0$ 而 $r \to 0$ 的质点锤置于摆杆的质心 C 处时，悬挂点于 a 处。

② 当 $m \neq 0$ 时，m 变则 T 变，这与由式(3-4-36)算出的 X 处 r 不变 T 变，m 变而 T 不变是有所不同的。

5.（钟表摆的）T 的微调

① 远离于 C，取两点 X_1，X_2。

② 调节摆锤（平衡锤，亦可称之为摆的"平衡"锤）的质量或其质量的分布。移动平衡锤，测量相应的周期。

实验 5　用拉伸法测量杨氏弹性模量

任何物体在外力作用下都会发生形变。当形变不超过某一限度时，撤走外力之后，形变能随之消失，这种形变称为弹性形变。如果外力较大，当它的作用停止时，所引起的形变并不完全消失，而有剩余形变，这称为塑性形变。发生弹性形变时，物体内部会产生恢复原状的内应力。弹性模量是反映材料形变与内应力关系的物理量，是工程技术中常用的参数之一。

一、实验目的

（1）学会用光杠杆放大法测量长度的微小变化量。
（2）学会测定金属丝杨氏弹性模量的方法。
（3）学习用逐差法处理数据。

二、实验仪器

杨氏弹性模量测量仪支架、光杠杆、砝码、千分尺、钢卷尺、标尺、灯源等。

三、实验原理

在形变中，最简单的形变是柱状物体受外力作用时的伸长或缩短形变。设柱状物体的长度为 L，截面积为 S，沿长度方向受外力 F 作用后伸长（或缩短）量为 ΔL，单位横截面积上的垂直作用力（F/S）称为正应力，物体的相对伸长量 $\Delta L/L$ 称为线应变。实验结果证明，在弹性范围内，正应力与线应变成正比，即

$$\frac{F}{S} = Y\frac{\Delta L}{L} \qquad\qquad (3-5-1)$$

这个规律称为虎克定律。式中，比例系数 Y 称为杨氏弹性模量。在国际单位制中，它的单位为 N/m^2，在厘米克秒制中为 dyn/cm^2（达因/厘米^2）。杨氏弹性模量是表征材料抗应变能力的一个固定参量，完全由材料的性质决定，与材料的几何形状无关。

本实验是测量钢丝的杨氏弹性模量，实验方法是将钢丝悬挂于支架上，上端固定，下端加砝码，对钢丝施加力 F，测出钢丝相应的伸长量 ΔL，即可求出 Y。钢丝长度 L 用钢卷尺测量，钢丝的横截面积 $S=\pi d^2/4$，直径 d 用千分尺测出，力 F 由砝码的质量求出。在实际测量中，由于钢丝伸长量 ΔL 的值很小，约 10^{-1} mm 数量级。因此，ΔL 的测量采用光杠杆放大法进行测量。

光杠杆是根据几何光学原理设计而成的一种灵敏度较高的，测量微小长度或角度变化的仪器。其装置如图 3-5-1(a)所示，它是将一个可转动的平面镜 M 固定在一个⊥形架上构成的。

图 3-5-1(b)是光杠杆放大原理图。假设开始时，镜面 M 的法线正好是水平的，则从光源发出的光线与镜面法线重合，并通过反射镜 M 反射到标尺 n_0 处。当金属丝伸长 ΔL 时，光杠杆镜架后夹脚随金属丝下落 ΔL，带动 M 转一 θ 角，镜面至 M′，法线也转过同一角度。根据光的反射定律，光线 On_0 和光线 On 的夹角为 2θ。

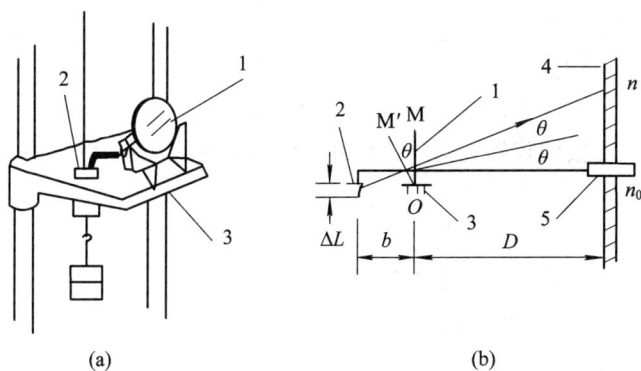

(a)　　　　　　　　　　　(b)

1—反射镜和透镜；2—活动托台；3—固定托台；4—标尺；5—光源

图 3-5-1　光杠杆装置及测量原理图

如果反射镜面到标尺的距离为 D，后尖脚到前两脚间连线的距离为 b，则有

$$\tan\theta = \frac{\Delta L}{b}$$

$$\tan 2\theta = \frac{n - n_0}{D}$$

由于 θ 很小，所以近似有

$$\theta = \frac{\Delta L}{b}$$

$$2\theta = \frac{n - n_0}{D}$$

消去 θ，得

$$\Delta L = \frac{(n - n_0)b}{2D} = \frac{b}{2D}\Delta n \tag{3-5-2}$$

式中，$n - n_0 = \Delta n$。

虽然伸长量 ΔL 是较难测量的微小长度，但当 $D \gg b$ 时，经光杠杆转换后的量 Δn 却是较大的量。$2D/b$ 决定了光杠杆的放大倍数，这就是光放大原理。光放大原理已被应用在很多精密测量仪器中。例如，灵敏电流计、冲击电流计、光谱仪、静电电压表等。

将式(3-5-2)代入式(3-5-1)中，得

$$Y = \frac{FL}{S\Delta L} = \frac{8FLD}{\pi d^2 b} \cdot \frac{1}{\Delta n} \tag{3-5-3}$$

本实验使钢丝伸长的力 F 是砝码作用在钢丝上的重力 mg，因此，杨氏弹性模量的测量公式为

$$Y = \frac{8mgLD}{\pi d^2 b} \cdot \frac{1}{\Delta n} \tag{3-5-4}$$

式中，Δn 与 m 有对应关系，如果 m 是 1 个砝码的质量，则 Δn 应是荷重增(或减)1 个砝码所引起的光标偏移量；如果 Δn 是荷重增(或减)4 个砝码所引起的光标偏移量，则 m 就应是 4 个砝码的质量。

四、实验内容

1. 仪器调节

（1）按图 3-5-2 安装仪器，调节支架底座螺丝，使底座水平（观察底座上的水准仪）。

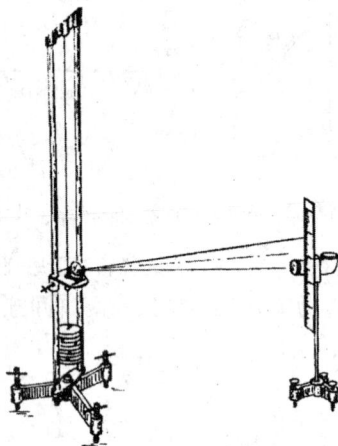

图 3-5-2 测量装置图

（2）调节反射镜，使其镜面与托台大致垂直，再调节光源的高低，使它与反射镜面等高。

（3）调节标尺铅直，调节光源透镜及标尺到镜面间的距离 D，使镜头刻线在标尺上的像清晰。再适当调节反射镜的方向、标尺的高低，使开始测量时光线基本水平，刻线成像大致在标尺中部。记下刻线像落在标尺上的读数 n。

注意：此时仪器已调好，在测量时不能再调了！

2. 测量

（1）逐次增加砝码，每加一个砝码记下相应的标尺读数 n_i，共加 8 次，然后再将砝码逐个取下，记录相应的读数 n_i'，直到测出 n_0' 为止。

加（或减）砝码时，动作要轻，防止因增减砝码使平面反射镜后尖脚处产生微小振动而造成读数的起伏较大。

（2）取同一负荷下标尺读数的平均值 $\bar{n}_0$、$\bar{n}_1$、$\bar{n}_2$、$\cdots$、$\bar{n}_7$，用逐差法求出钢丝荷重增减 4 个砝码时光标的平均偏移量 Δn。

（3）用钢卷尺测量上、下夹头间的钢丝长度 L 及反射镜到标尺的距离 D。

（4）将光杠杆反射镜架的三个足放在纸上，轻轻压一下，便得出三点的准确位置，然后在纸上将前面两足尖连起来，后足尖到这条连线的垂直距离便是 b。

（5）用千分尺测量钢丝直径 d。由于钢丝直径可能不均匀，按工程要求应在上、中、下各部位进行测量。每位置在相互垂直的方向各测一次。

五、数据处理

（1）测量钢丝的微小伸长量，将数据记录于表 3-5-1 中。

表 3－5－1　测量钢丝的微小伸长量数据表

序号 i	砝码质量 M/kg	光标示值 n_i/cm			光标偏移量 $\Delta n = n_{i+4} - n_i$	偏差 $|\delta(\Delta n)|$
		增荷时	减荷时	平均值		
0						
1						
2						
3						
4						
5					$\overline{\Delta n} =$	$\overline{\delta(\Delta n)} =$
6						
7						

钢丝微小伸长量的放大量的测量结果为 $\Delta n =$（_____ ± _____）cm。

（2）测量钢丝直径，将数据记录于表 3－5－2 中。

表 3－5－2　测量钢丝的直径数据表

$d_0 =$ _____ mm

测量部位	上部		中部		下部		平均值
测量方向	纵向	横向	纵向	横向	纵向	横向	
d/mm							

不确定度：$\Delta d =$ _____ mm

测量结果：$d =$（_____ ± _____）mm

（3）单次测 L、D、b 值：

$L =$（_____ ± _____）m

$D =$（_____ ± _____）m

$b =$（_____ ± _____）m

（4）将所得各量带入式（3－5－4），计算出金属丝的杨氏弹性模量，按传递公式计算出不确定度，并将测量结果表示成标准式：

$Y = \overline{Y} \pm \overline{\Delta Y} =$（_____ ± _____）N/m^2

六、问题讨论

（1）两根材料相同，但粗细、长度不同的金属丝，它们的杨氏弹性模量是否相同？

（2）光杠杆有什么优点？怎样提高光杠杆的灵敏度？

（3）在实验中，如果要求测量的相对不确定度不超过 5%，试问钢丝的长度和直径应如何选取？标尺应距光杠杆的反射镜多远？

（4）是否可以用作图法求杨氏弹性模量？如果以所加砝码的个数为横轴，以相应变化量为纵轴，图线应是什么形状？

附表　常用金属与合金的杨氏弹性模量

物质名称	杨氏弹性模量 /(10^{11} dyn/cm^2)	物质名称	杨氏弹性模量 /(10^{11} dyn/cm^2)
铝	7.0	铸铜（99.9%）	7.44
铸铁（99.99%）	13.8	精炼或韧炼铜（99.99%）	8.00
韧炼铁（99.99%）	17.2	黄铜	11.0
钢	17.2～22.6	磷青铜	12.0
铂（韧炼 99.99%）	14.7	锰铜	10.3
钨	34	康铜	15.2
铅（磨砂铸造 99.73%）	1.38	镍铬	21.0

实验 6　用 CCD 测量杨氏弹性模量

材料受外力作用时必然发生形变，其内部胁强（单位面积上受力大小）和胁变（即相对形变）的比值称为弹性模量，这是衡量材料受力后形变大小的参数之一，也是设计各种工程结构时选用材料的主要依据之一。

本实验测量钢丝的纵向弹性模量（也称杨氏模量）。实验中涉及较多长度量的测量，应根据不同测量对象，选择不同的测量仪器，如采用读数显微镜配以 CCD（Charge Couple Device，光电耦合器件）成像系统测量钢丝微小的伸长量。

一、实验目的

（1）学会用 CCD 杨氏模量测量仪测量长度的微小变化量。

（2）学会测定金属丝杨氏弹性模量的一种方法。

（3）学习用逐差法处理数据。

二、实验仪器

杨氏弹性模量测量仪支架、磁性底座、砝码、千分尺、CCD 摄像机和显示器等。

三、实验原理

1. 杨氏弹性模量

设柱状物体的长度为 L，截面积为 S，沿长度方向受外力 F 作用后伸长（或缩短）量为 ΔL，单位横截面积上垂直作用力 F/S 称为正应力，物体的相对伸长 $\Delta L/L$ 称为线应变。实验结果证明，在弹性范围内，正应力与线应变成正比，即

$$\frac{F}{S} = Y\frac{\Delta L}{L} \qquad (3-6-1)$$

这个规律称为虎克定律。式中，比例系数 Y 称为杨氏弹性模量。在国际单位制中，它的单位为 $\mathrm{N/m^2}$，在厘米克秒制中为 $\mathrm{dyn/cm^2}$（达因/厘米²）。它是表征材料抗应变能力的一个固定参量，完全由材料的性质决定，与材料的几何形状无关。

本实验是测量钼丝的杨氏弹性模量，实验方法是将钼丝悬挂于支架上，上端固定，下端加砝码对钼丝施加力 F，测出钼丝相应的伸长量 ΔL，即可求出 Y。钼丝长度 L 用钢卷尺测量，钼丝的横截面积 $S=\dfrac{\pi d^2}{4}$，直径 d 用千分尺测出，力 F 由砝码的质量求出。由式（3-6-1）可得

$$Y = \frac{4FL}{\pi d^2 \Delta L} \qquad (3-6-2)$$

2. 测量原理

在实际测量中，由于钼丝伸长量 ΔL 的值很小，约 $10^{-1}\,\mathrm{mm}$ 数量级。因此，这里 ΔL 的测量采用显微镜和 CCD 成像系统进行测量。如图 3-6-1 所示，在悬垂的金属丝下端连着

十字叉丝板和砝码托盘,当托盘中加上质量为 M 的砝码时,金属丝的受力为

$$F = Mg \qquad (3-6-3)$$

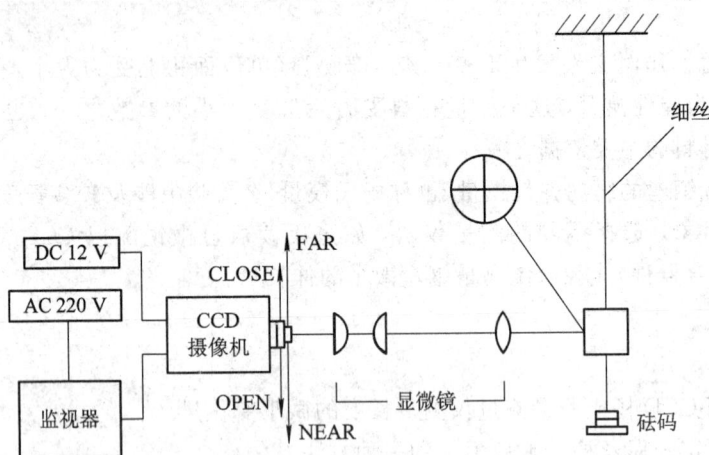

图 3-6-1 CCD杨氏模量测量仪系统结构示意图

十字叉丝随着金属丝的伸长同样下降了 ΔL,而叉丝板通过显微镜的物镜(放大倍数设为 1×)成像在最小分度为 0.05 mm 的标尺上(在显微镜内),再被目镜放大,所以能够用眼睛通过显微镜对 ΔL 做直接测量。采用 CCD 系统代替眼睛更便于观测,并且能够减轻视疲劳。CCD 摄像机的镜头将显微镜的光学图像汇聚到 CCD 上,再变成视频电信号,经视频电缆传送到图文显示器,即可供多人同时观测。

四、实验内容

1. 仪器的调节

1) 支架的调节

CCD杨氏模量测量仪器外形如图 3-6-2 所示。除显示器以外,各器件都在同一底座上。底座可以用螺旋底角调平。用上梁底微调旋钮调节夹板的水平,直到穿过夹板的细丝

图 3-6-2 *CCD*杨氏模量测量仪器外形

不靠贴小孔内壁。再调节下梁两侧的防摆动装置，将两个螺丝分别旋进铅直细丝下连接框两侧的"V"形槽，并与框体之间形成两个很小的间隙，以便能够上下自由移动，又能避免发生扭转和摆动现象。

2）读数显微镜的调节

将显微镜所在的三维磁性座放在定位板上（底座）。按显微镜工作距离大致确定物镜与被测十字叉丝板的距离之后，用眼睛对准镜筒，转动目镜，对标尺（在显微镜内）调焦，以看到标尺上清晰的刻度。然后沿定位板微移磁性座，在标尺上找到十字叉丝像，经磁性座升降微调，使分划板的零线（处在 0~1 mm 之间）对准十字叉丝的横线，并微调目镜，尽量消除视差。最后锁住磁性座。

3）CCD 摄像机的调节

将 CCD 摄像机所在的二维磁性座放在定位板上，镜头对准显微镜，与目镜相距约 1 cm。然后锁紧支杆。

为使图像清晰还须适当调节摄像镜头（参见图 3-6-1）。先调节聚焦，顺时针方向为远（FAR），逆时针为近（NEAR）。然后调节光阑，顺时针方向为关小（CLOSE），逆时针为开大（OPEN）。

4）视频显示器的调节

视频显示器图像示意图如图 3-6-3 所示。屏幕正下方有四个旋钮，自左至右依次调节水平扫描、垂直扫描、亮度和对比度。将显示器背后的电源插头插到 220 V 插座内，并按一下屏幕右下方的开关之后，几秒钟内显示屏即出现图像。调节水平扫描和垂直扫描旋钮使图像稳定。实验中对比度宜大些，而亮度以适中为好。

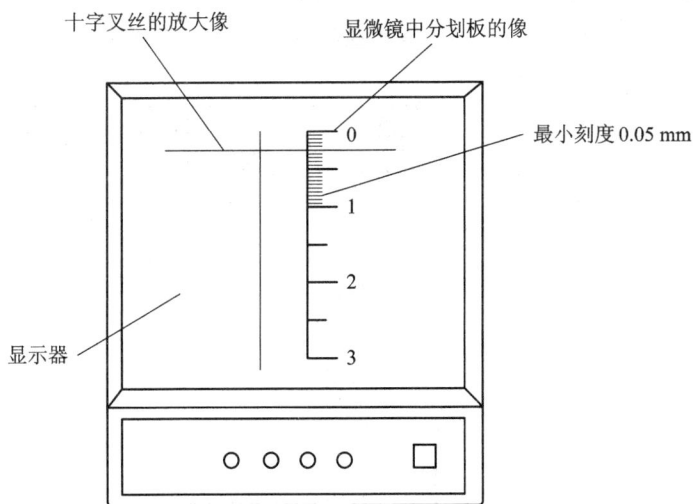

图 3-6-3　显示器图像示意图

5）测量系统的调节

在 CCD 摄像机的电源接通以后，显示器的屏幕中可能会出现不清晰的图像。首先调节 CCD 摄像机的镜头，通过增大光阑和调节焦距，使得在整个屏幕内的亮度均匀，并出现模糊的图像。此时观察屏幕，并通过调节显微镜的目镜以得到清晰的刻度；调节三维磁性座的轴向旋钮改变显微镜的轴向位置，以得到清晰的十字叉丝图像，如图 3-6-3 所示。

2．测量

（1）记下待测细丝下的砝码盘未加砝码时，屏幕上显示的毫米尺在十字叉丝横丝上的读数 l_0。以后在砝码盘上每增加一个 $M=200$ g 的砝码，记下相应的叉丝读数 l_i（$i=1,2,\cdots,8$）。然后逐一减掉砝码，再从显示屏上读取 l_1'、l_2'、$\cdots$、l_8'。

增、减砝码时，动作要轻，防止因增、减砝码时使砝码盘产生微小振动而造成读数起伏较大。

（2）取同一负荷下叉丝读数的平均值 $\bar{l}_1$、$\bar{l}_2$、$\cdots$、$\bar{l}_8$，用逐差法求出钼丝荷重增减 4 个砝码时光标的平均偏移量 ΔL。

（3）用钢卷尺测量上、下夹头间的钼丝长度 L。

（4）用千分尺测量钼丝直径 d。由于钼丝直径可能不均匀，按工程要求应在上、中、下各部分别进行测量。每个位置在相互垂直的方向各测一次。

（5）将前述原理公式分解整理即得

$$Y=\frac{4MgL}{\pi d^2 \Delta L} \tag{3-6-4}$$

式中，ΔL 与 M 有对应关系。如果 M 是 1 个砝码的质量，ΔL 应是荷重增（或减）1 个砝码所引起的光标偏移量；如果 ΔL 是荷重增（或减）4 个砝码所引起的光标偏移量，M 就应是 4 个砝码的质量。

五、数据处理

（1）测量钼丝的微小伸长量，将数据记录于表 3-6-1 中。

表 3-6-1　测量钼丝的微小伸长量数据表

$l_0=$ _____ mm

序号 i	砝码质量 M/kg	叉丝读数/mm			叉丝偏移量/mm $\Delta L=\bar{l}_{i+4}-\bar{l}_i$	偏差/mm $\|\delta(\Delta L)\|$
		增荷时 l_i	减荷时 l_i'	平均值 $\bar{l}_i$		
1	200					
2	400					
3	600					
4	800					
5	1000					
6	1200				$\overline{\Delta L}=$	$\overline{\delta(\Delta L)}=$
7	1400					
8	1600					

（2）测量钼丝直径，将数据记录于表 3-6-2 中。

表 3 - 6 - 2　测量钼丝直径数据表

$d_0 =$ _____ mm

测量部位	上部		中部		下部		平均值
测量方向	纵向	横向	纵向	横向	纵向	横向	
d/mm							

不确定度：$\Delta d =$ _____ mm

测量结果：$d = ($ _____ $\pm$ _____ $)$mm

（3）单次测 L 值：

$L = ($ _____ $\pm$ _____ $)$m

（4）将所得各量带入式（3 - 6 - 4）中，计算出钼丝的杨氏弹性模量，按传递公式计算出不确定度，并将测量结果表示成标准式：

$Y = \overline{Y} \pm \overline{\Delta Y} = ($ _____ $\pm$ _____ $)$N/m^2

六、注意事项

（1）使用 CCD 摄像机须知。CCD 器件不可正对太阳、激光或其他强光源；随机所附的 12 V 电源是专用的，不要换用其他电源；要谨防视频输出短路或机身跌落；在炎热环境下，使用间隙断电可避免 CCD 过热；还要注意保护镜头防潮、防尘、防污染；非特别需要，请勿随意卸下。

（2）监视器。监视器屏幕无自动保护功能，应避免长时间高亮度工作；屏幕也应避免各种污染。

（3）金属丝。钢丝、钼丝或其他待测金属丝都必须保持直线形态；测直径时要特别谨慎，避免由于扭转、拉扯、牵挂导致细丝折弯变形。

七、问题讨论

（1）在实验中，如果要求测量的相对不确定度不超过 5%，试问，钼丝的长度和直径应如何选取？

（2）是否可以用作图法求杨氏弹性模量？如果以所加砝码的质量为横轴，以相应变化量为纵轴，图线应是什么形状？

（3）实验中如果没有用上梁底微调旋钮调节夹板的水平，测量结果是否有变化？说明理由。

实验 7 热电偶定标实验

将一些不易准确测量的非电学量(如长度、位移、速度、温度、压力、时间等)转换成为易准确测量的电量(电流、电压、频率、相位等)是现代测量技术的重要特点。非电量转化为电量测量的方法称为非电量电测。利用热电偶或热敏电阻检测温度就是非电量的电测。热电偶的特点是热容量小、灵敏度高、测量范围广。如镍铬—镍硅材料组成的热电偶,可以用于测量 $-15\sim1300℃$ 的温度,在工业测温中得到广泛的应用。

一、实验目的

(1) 了解热电偶的工作原理。

(2) 学会对热电偶定标。

(3) 应用热电偶测温。

二、实验仪器

灵敏数字电压表、保温杯、电加热罐和温度计等。

三、实验原理

早在 19 世纪初,人们就发现由两种不同的金属组成的回路中(见图 3-7-1),如果在两个接头端存在温度差,则回路中就会产生电流。这种现象就称为温差电现象,这两种不同金属组成的电路称为热电偶。产生电流的电动势称为温差电动势。温差电动势的产生机制,限于篇幅,在此不再多讲。但从实用的角度出发,热电偶的一些特点和性质我们却是应该掌握的。

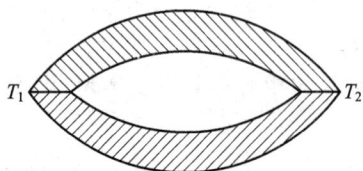

图 3-7-1 热电偶结构图

(1) 一般来说,任意两种不同的金属组成的回路都可以构成一对热电偶。只要两个接头端有温度差,回路中就有温差电动势,进而会产生温差电流。(利用这一特点,我们就可以把非电量的温度转化为可以用仪表检测的电学量。)

(2) 各种不同的热电偶都有其特定的温差电动势的变化曲线。换言之,只要确定了组成热电偶的金属材料,则其温差电动势的变化规律就是一定的,与热电偶的体积、导线长短等因素无关。(由于有这一特点,实际应用时热电偶的测温探头就可以做得很小,因而探头的热容量也就很小,测温就非常灵敏。)

(3) 由于各种不同热电偶的温度特性不同,故不同的热电偶有其不同的适用温度范围。根据不同的测温环境,使用者可以查找有关资料,选择合适的热电偶进行测温。

（4）一对热电偶所产生的温差电动势一般都很小，只有零点几至数十毫伏，须用很灵敏的检流装置才能检验出来。但若把大量的热电偶串联起来，组成温差电堆，其产生的温差电动势和温差电流就有明显的实用价值。特别是用某些半导体材料组成的热电偶，有些地方已把它用来制成热转换效率较高的温差电堆发电装置。

四、实验内容

本实验将要研究的是一种最容易做成的热电偶——铜铁热电偶的性质。图 3 - 7 - 2 及图 3 - 7 - 3 所示为热电偶实验仪控制面板图及加热炉、保温杯与实验仪的连线图。这种热电偶当其一端置于 0℃的温度中，而另一端的温度在 0℃～100℃范围内变化时，其温差电动势与温度差的关系近似成直线关系（温差在 100℃以上时，变化关系将逐步弯曲，不再是直线）。

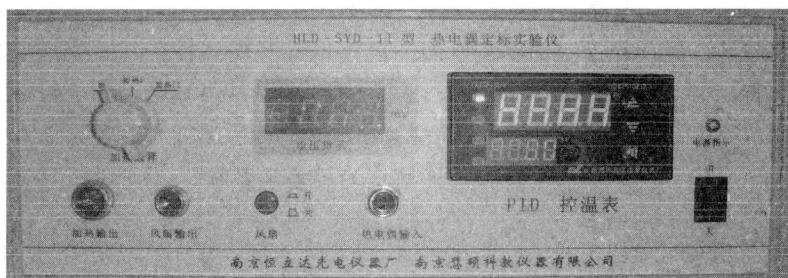

图 3 - 7 - 2　热电偶定标实验仪控制面板

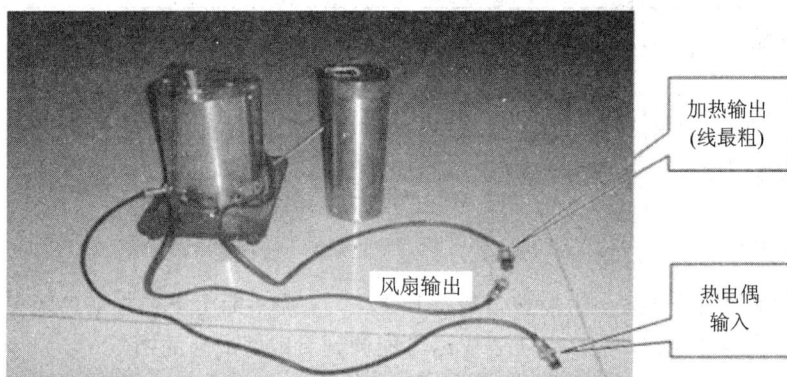

图 3 - 7 - 3　加热炉、保温杯与热电偶定标实验仪的连线图

实验中，一面用一支普通的温度计测量热电偶测温探头处的温度，一面用一台灵敏的数字电压表测相应的温差电动势。最后根据测得的温差和温差电动势绘制铜铁热电偶在 0～100℃ 范围内的温差电动势曲线图。

五、操作步骤

（1）按图 3 - 7 - 3 将实验仪器连接好。
（2）将热电偶的低温探头浸在保温杯的 0℃冰水混合物内，使低温端维持恒温。
（3）将加热开关置于"断"。

（4）打开稳压电源，等电子温度计示数稳定后，记下室温 t_0。

（5）设置控制温度。按 set 键控制电子温度计，使其个位闪动，按加（"▲"）键或减（"▼"）键，调到所需温度。再按进位（"◢"）键确定，如此，个位即设定好了。同样方法，将十位也设置好。最后再按 set 键，温度设置全部完成。

（6）将加热选择旋钮置于"加热 I"或"加热 II"，当温度升至所设温度时，绿灯亮起，记下此刻的温差电动势，每隔 5℃ 测一次。

如果温度超过控制温度，则把加热选择旋钮置于"断"，按下风扇按钮给加热炉降温，待温度降到控制温度，则关掉风扇，记下温差电动势。

（7）当温度计读数达到 90℃ 时，将加热选择旋钮置于"断"，停止加热。最后关掉电源，完成实验。

六、数据处理

（1）对数据进行处理并绘制铜铁热电偶的温差电动势曲线图。以温度为横坐标，温差电动势为纵坐标。（在所作图中，温度低于 t_0 时的曲线为低端外延曲线，应用虚线表示。）

测量数据记入表 3-7-1 中，并用图解法算出该热电偶的温差电系数为 _____ V/℃。

表 3-7-1　图解法测温差电系数

室温 $t_0 =$ _____ ℃

温度/℃	20.0	25.0	30.0	…	85.0	90.0
温差电动势/$\times 10^{-4}$ V				…		

根据所绘制的铜铁热电偶的温差电动势曲线，分别求出 37℃、50℃ 和 70℃ 的温差电动势。

（2）根据自己的实验结果，判断图 3-7-3 中回路的电流方向（顺时针或逆时针）。图中上半部分金属为铜，下半部分金属为铁，且 $T_1 < T_2 \leqslant 100$℃。

七、注意事项

（1）加热罐通电升温时，为使整个装置升温均匀，应不断上下搅拌加热罐中的搅拌器。

（2）为减小测量误差，数字电压表应尽可能调到灵敏度最高的挡位。

（3）为便于作图，每次温差的测量点宜取在 5℃ 或 10℃ 的整数倍位置。

八、问题讨论

（1）当热电偶回路中串进了其他的金属（比如测量仪器等），是否会引入附加的温差电动势，从而影响热电偶原来的温差电特性？如果不影响，能否从理论上给予推导证明？

（2）试简要说明温差电动势的产生机理。

实验 8 薄透镜焦距的测定

透镜是组成各种光学仪器的基本光学元件,焦距则是透镜的一个重要参数。在不同的使用场合,往往要选择合适的透镜或透镜组,这就需要测定透镜的焦距。本实验通过不同的实验方法来研究薄透镜的成像规律并确定其焦距。

一、实验目的

(1) 了解薄透镜的成像规律。
(2) 掌握光学系统的共轴调节。
(3) 测定薄透镜的焦距。

二、实验仪器

光具座、薄透镜、光源、像屏、观察屏和平面反射镜等。

三、实验原理

1. 薄透镜成像公式

当透镜的厚度远比其焦距小得多时,这种透镜称为薄透镜。在近轴光线的条件下,薄透镜成像的规律可表示为

$$\frac{1}{u} + \frac{1}{v} = \frac{1}{f} \qquad\qquad (3-8-1)$$

式中,u 表示物距,v 表示像距,f 为透镜的焦距。u、v 和 f 均从透镜的光心 O 点算起。并且规定 u 恒取正值。当物和像在透镜异侧时,v 为正值;在透镜同侧时,v 为负值。对凸透镜 f 为正值,对凹透镜 f 为负值。

2. 凸透镜焦距的测定

1) 自准法

如图 3-8-1 所示,将物 AB 放在凸透镜的前焦面上,这时物上任一点发出的光束经透镜后成为平行光,由平面镜反射后再经透镜会聚于透镜的前焦平面上,得到一个大小与原物相同的倒立实像 $A'B'$。此时,物屏到透镜之间的距离就等于透镜的焦距 f。

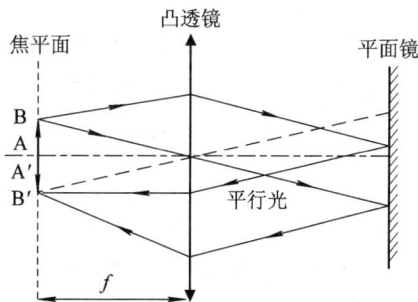

图 3-8-1 自准法测薄透镜焦距光路图

2）物距像距法（$u > f$）

物体发出的光线经凸透镜会聚后，将在另一侧成一实像，只要在光具座上分别测出物体、透镜及像的位置，就可得到物距和像距。把物距和像距代入式（3-8-1）中，得

$$f = \frac{uv}{u + v} \tag{3-8-2}$$

由上式可算出透镜的焦距 f。（根据误差传递公式可知，当 $u = v = 2f$ 时，f 的相对不确定度最小。）

3）共轭法

如图 3-8-2 所示，固定物与像屏的间距为 D（$D > 4f$），当凸透镜在物与像屏之间移动时，像屏上可以成一个大像和一个小像，这就是物像共轭。根据透镜成像公式得知：$u_1 = v_2$，$u_2 = v_1$（因为透镜的焦距一定）。若透镜在两次成像时的位移为 d，则从图中可以看出

$$D - d = u_1 + v_2 = 2u_1$$

故

$$u_1 = \frac{D - d}{2}$$

由

$$v_1 = D - u_1 = D - \frac{D - d}{2} = \frac{D + d}{2}$$

可得

$$f = \frac{u_1 v_1}{u_1 + v_1} = \frac{D^2 - d^2}{4D} \tag{3-8-3}$$

由上式可知，只要测出 D 和 d，就可计算出焦距 f。

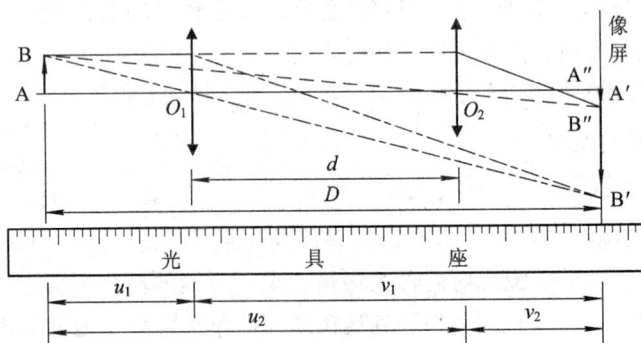

图 3-8-2　共轭法测凸透镜焦距光路图

共轭法的优点是把焦距的测量归结为对于可以精确测量的量 D 和 d 的测量，避免了测量 u 和 v 时，由于估计透镜光心位置不准带来的误差。

3. 凹透镜焦距的测量

凹透镜是发散透镜，用透镜成像公式测量凹透镜的焦距时，凹透镜成的像为虚像，且虚像的位置在物和凹透镜之间，因而无法直接测量其焦距，常用视差法和自准法来测量。

1）视差法

视差是一种视觉差异现象。设有远近不同的两个物体 A 和 B，若观察者正对着 AB 连

线方向看去，则 A、B 是重合的；若将眼睛摆动着看，则 A、B 间似乎有相对运动，远处物体的移动方向跟眼睛的移动方向相同，近处物体的移动方向则相反。A、B 间距离越大，这种现象越明显（视差越大）；A、B 间距为零（重合），就看不到这种现象（没有视差）。因此，根据视差的情况可以判定 A、B 两物体谁远谁近及是否重合。

视差法测量凹透镜焦距时，在物和凹透镜之间置一有刻痕的透明玻璃片，当透明玻璃片上的刻痕和虚像无视差时，透明玻璃片的位置就是虚像的位置。

图 3-8-3 所示为凹透镜成像光路图。实验中物 AB 是物屏上的箭头，其虚像的位置不能直接用像屏测定。实验时，将一有刻痕的透明玻璃片装到滑座上，让它在物屏和透镜之间移动，眼睛在透镜另一侧观察（见图 3-8-4）。观察的要点是：从凹透镜里边看物，从凹透镜外边看刻痕，且眼睛左右移动观察。当透镜中物的虚像与镜外玻片刻痕间没有视差时，由光具座标尺测出物屏及刻痕到透镜的距离，即为 u 和 v（v 为负值），将它们代入式（3-8-2）即可求得焦距 f。

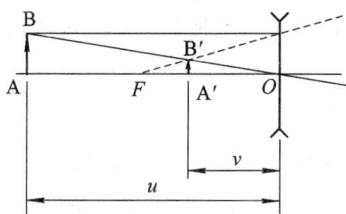

图 3-8-3　凹透镜成像光路图

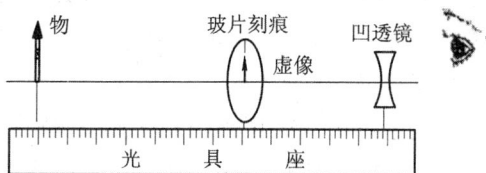

图 3-8-4　视差法测凹透镜焦距

2）自准法

如图 3-8-5 所示，L_1 为凸透镜，L_2 为凹透镜，M 为平面反射镜。调节凹透镜的相对位置，直到物屏上出现和物大小相等的倒立实像，记下凹透镜的位置 X_2。再拿掉凹透镜和平面镜，则物经凸透镜后在某点处成实像（此时物和凸透镜不能动），记下这一点的位置 X_3，这时凹透镜的焦距 $f=-|X_3-X_2|$。

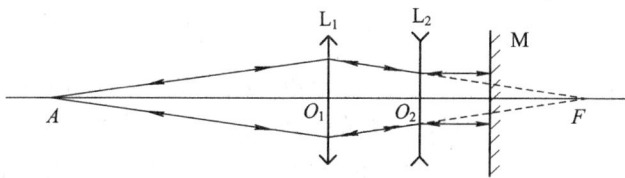

图 3-8-5　自准法测凹透镜焦距光路图

四、实验内容

1. 光学系统的共轴调节

薄透镜成像公式仅在近轴光线的条件下才成立。对于几个光学元件构成的光学系统进行共轴调节是光学测量的先决条件，对几个光学元件组成的光路，应使各光学元件的主光轴重合，才能满足近轴光线的要求。习惯上把各光学元件主光轴的重合称为同轴等高。本实验要求光轴与光具座的导轨平行，调节分两步进行：

（1）粗调。将安装在光具座上的所有光学元件沿导轨靠拢在一起，仔细观察，使各元件的中心等高，且与导轨垂直。

（2）细调。对单个透镜可以利用成像的共轭原理进行调整。实验时，为使物的中心、像的中心和透镜光心达到"同轴等高"要求，只要在透镜移动过程中，大像中心和小像中心重合就可以了。

对于多个透镜组成的光学系统，则应先调节好与一个透镜的共轴，保持其不再变动，再逐个加入其余透镜进行调节，直到所有光学元件都共轴为止。

2. 测量凸透镜焦距

1）自准法

自准法测透镜焦距光路如图 3-8-1 所示，先对光学系统进行共轴调节，实验中，要求平面镜垂直于导轨。移动凸透镜，直至物屏上得到一个与物大小相等的倒立实像，则此时物屏与透镜间距就是透镜的焦距。为了判断成像是否清晰，可先让透镜自左向右逼近成像清晰的区间，待像清晰时，记下透镜位置；再让透镜自右向左逼近成像清晰的区域，在像清晰时再次记下透镜的位置，取这两次读数的平均值作为成像清晰时透镜位置的读数。重复测量三次，将数据填于表格 3-8-1 中，求平均值。

2）物距像距法

先对光学系统进行共轴调节，然后取物距 $u \approx 2f$，保持 u 不变，移动像屏，仔细寻找像清晰的位置，测出像距 v，重复测量三次，将数据填于表 3-8-2 中，求出 v 的平均值，代入式（3-8-1），求出 $\bar{f}$。

3）共轭法

取物屏、像屏距离为 $D > 4f$，固定物屏和像屏，然后对光学系统进行共轴调节。移动凸透镜，当屏上成清晰放大实像时，记录凸透镜位置 X_1；移动凸透镜，当屏上成清晰缩小实像时，记录凸透镜位置 X_2，则两次成像透镜移动的距离为 $d = |X_2 - X_1|$。记录物屏和像屏之间距离 D，根据式（3-8-3）求出 f，重复测量三次，将数据填于表 3-8-3 中，求出 $\bar{f}$。

3. 测量凹透镜的焦距

1）视差法

按图 3-8-4 放好物屏、带痕玻片和凹透镜。正对透镜看清凹透镜中物的虚像，调整物屏的位置和高低，使虚像的顶端正好处在凹透镜上沿。移动带痕玻片并仔细观察凹透镜内虚像的顶端和凹透镜外玻片刻痕间的相对位置有无变化。当相对位置不变时，即无视差，记录下此时玻片刻痕的位置。重复测量三次，将数据填于表 3-8-4 中，求出 $\bar{f}$。

2）自准法

先对光学系统进行共轴调节，然后把凸透镜放在稍大于两倍焦距处。移动凹透镜和平面反射镜，当物屏上出现与原物大小相同的实像时，记下凹透镜的位置读数。然后去掉凹透镜和平面反射镜，放上像屏，用左右逼近法找到 F 点的位置，重复测量三次，将数据填于表 3-8-5 中，求出 $\bar{f}$。

五、数据处理

（1）测量凸透镜焦距，将数据记录于表 3-8-1～表 3-8-3 中。

表 3-8-1 自准法数据表

物屏位置 $X_0 =$ _____ cm   cm

次数 n	凸透镜位置 X（左→右）	凸透镜位置 X（右→左）	X 的平均值	$f_n = \|X - X_0\|$	Δf
1					
2					
3					
平均值					

$f =$ _____ $\pm$ _____ cm

$E_f =$ _____ %

表 3-8-2 物距像距法数据表

物屏位置 $X_0 =$ _____ cm；透镜位置 $X_1 =$ _____ cm

次数 n	像屏位置 X_2	$V_n = \|X_2 - X_1\|$	f	Δf
1				
2				
3				
平均值				

$f =$ _____ $\pm$ _____ cm

$E_f =$ _____ %

表 3-8-3 共轭法数据表

物屏位置 $X_0 =$ _____ cm；像屏位置 $X_3 =$ _____ cm；$D = \|X_3 - X_0\| =$ _____ cm

次数 n	透镜位置 X_1	透镜位置 X_2	$d = \|X_2 - X_1\|$	$f = \dfrac{D^2 - d^2}{4D}$	Δf
1					
2					
3					
平均值					

（2）测量凹透镜焦距，将数据记录于表 3-8-4 和表 3-8-5 中。

表 3-8-4　视差法数据表　　　　　　　　　　cm

次数 n	物距 u	像距 v	焦距 f	Δf
1				
2				
3				
平均值				

$f=$ _____ $\pm$ _____ cm

$E_f=$ _____ %

表 3-8-5　自准法数据表　　　　　　　　　　cm

次数 n	凹透镜位置 X_1（左→右）	凹透镜位置 X_2（右→左）	平均值	F 点位置（左→右）	F 点位置（右→左）	平均值	f_n	Δf
1								
2								
3								
平均								

$f=$ _____ $\pm$ _____ cm

$E_f=$ _____ %

注：$f_n = -|x_1 - x_2|$

六、问题讨论

（1）用物距像距法测凸透镜焦距时，常取 $u=2f$，此时测量的相对不确定度误差最小。你能证明这个结论吗？

（2）用共轭法测凸透镜焦距时，为什么必须使 $D>4f$？试证明之。

实验 9　单缝衍射的光强分布

光波的波振面受到阻碍时，光绕过障碍物偏离直线而进入几何阴影区，并在屏幕上出现光强不均匀分布的现象叫做光的衍射。研究光的衍射不仅有助于进一步加深对光的波动性的理解，还有助于进一步学习近代光学实验技术，如光谱分析、晶体结构分析、全息照相、光信息处理等。衍射使光强在空间重新分布，利用硅光电池等光电器件测量光强的相对分布是一种常用的光强分布测量方法。

一、实验目的

（1）观察夫琅和费衍射现象。
（2）掌握单缝衍射相对光强的测量方法，并求出单缝宽度。

二、实验仪器

He - Ne 激光器、衍射屏（单缝）、光电探测器和光功率计等。

三、实验原理

1. 夫琅和费衍射

衍射是波动光学的重要特征之一。衍射通常分为两类：一类是满足衍射屏离光源或接收屏的距离为有限远的衍射，称为菲涅耳衍射；另一类是满足衍射屏与光源和接收屏的距离都是无限远的衍射，也就是照射到衍射屏上的入射光和离开衍射屏的衍射光都是平行光的衍射，称为夫琅和费衍射。菲涅耳衍射解决具体问题时，计算较为复杂。而夫琅和费衍射的特点是，只用简单的计算就可以得出准确的结果。在实验中，常用激光器作光源，由于激光器发散角小，可以近似认为是平行光照射在单缝上；其次，当单缝宽度远远小于单缝到接收屏之间的距离时，衍射光可以看做平行光，则基本满足了夫琅和费衍射的条件。

2. 菲涅耳假设和光强度

物理学家菲涅耳假设：波在传播的过程中，从同一波阵面上的各点发出的次波是相干波，经传播而在空间某点相遇时，产生相干叠加，这就是著名的惠更斯-菲涅耳原理。如图 3 - 9 - 1 所示，单缝 AB 所在处的波阵面上各点发出的子波，在空间某点 P 所引起光振动振幅的大小与面元面积成正比，与面元到空间某点的距离成反比，并且随单缝平面法线与衍射光的夹角（衍射角）增大而减小。计算单缝所在处波阵面上各点发出的子波在 P 点引起光振动的总和，就可以得到 P 点的光强度。可见，空间某点的光强，本质上是光波在该点振动的总强度。

设单缝的宽度 $AB = a$，单缝到接收屏之间的距离是 L_2，衍射角为 Φ 的光线会聚到屏上 P 点，并设 P 点到中央明纹中心的距离为 x_k。由图 3 - 9 - 1 可知，从 A、B 出射的光线到 P 点的光程差为

$$BC = a \sin\Phi \qquad\qquad (3 - 9 - 1)$$

式中，Φ 为光轴与衍射光线之间的夹角，称为衍射角。

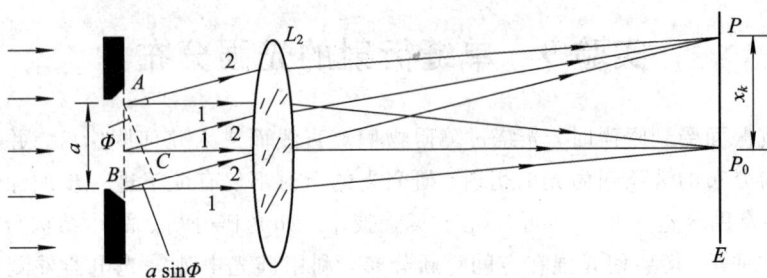

图 3-9-1 单缝衍射示意图

如果子波在 P 点引起的光振动完全相互抵消，光程差是半波长的偶数倍，则在 P 点处将出现暗纹。所以，暗纹形成的条件是

$$a \sin\Phi = 2k\frac{\lambda}{2} \qquad k = \pm 1, \pm 2, \cdots \qquad (3-9-2)$$

在两个第一级（$k=\pm 1$）暗纹之间的区域（$-\lambda < a \sin\Phi < \lambda$）为中央明纹。

由式（3-9-2）可以看出，当光波长的波长一定时，缝宽 a 愈小，衍射角 Φ 愈大，在屏上相邻条纹的间隔愈大，衍射效果也愈显著；反之，a 愈大，各级条纹衍射角 Φ 愈小，条纹向中央明纹靠拢。当 a 无限大，衍射现象消失。

3. 单缝衍射的光强分布

根据惠更斯-菲涅耳原理可以推出，当入射光波长为 λ，单缝宽度为 a 时，夫琅和费单缝衍射的光强分布为

$$\begin{cases} I = I_0 \dfrac{\sin^2 u}{u^2} \\ u = \dfrac{\pi a \sin\Phi}{\lambda} \end{cases} \qquad (3-9-3)$$

式中，I_0 为中央明纹中心处的光强度，u 为单缝边缘光线与中心光线的相位差。

根据上面的光强公式，可得单缝衍射的特征如下：

（1）中央明纹。在 $\Phi=0$ 处，$u=0$，$\dfrac{\sin^2 u}{u^2}=1$，$I=I_0$，对应最大光强，称为中央主极大。中央明纹宽度由 $k=\pm 1$ 的两个暗条纹的衍射角所确定，即中央亮条纹的角宽度为 $\Delta\Phi=\dfrac{2\lambda}{a}$。

（2）暗纹。当 $u=\pm k\pi$，$k=1, 2, 3, \cdots$，即 $\dfrac{\pi a \sin\Phi}{\lambda}=\pm k\pi$ 或 $a \sin\Phi=\pm k\lambda$ 时，有 $I=0$。且任何两相邻暗条纹间的衍射角的差值 $\Delta\Phi=\pm\dfrac{\lambda}{a}$，即暗条纹是以 P_0 点为中心等间隔左右对称分布的。

（3）次级明纹。在两相邻暗纹间存在次级明纹，它们的宽度是中央亮条纹宽度的一半，这些亮条纹的光强最大值称为次极大。其角位置依次是

$$\Phi=\pm 1.43\frac{\lambda}{a}, \quad \Phi=\pm 2.46\frac{\lambda}{a}, \quad \Phi=\pm 3.47\frac{\lambda}{a}, \cdots \qquad (3-9-4)$$

将上述值代入光强公式（3-9-3）中，可求得各级次明纹中心的强度为

$$I = 0.047I_0, \quad I = 0.016I_0, \quad I = 0.008I_0, \cdots \qquad (3-9-5)$$

由上述特征可以看出，各级明纹的光强随着级次 k 的增大而迅速减小，而暗纹的光强亦分布其间，单缝衍射图样的相对光强分布如图 3-9-2 所示。

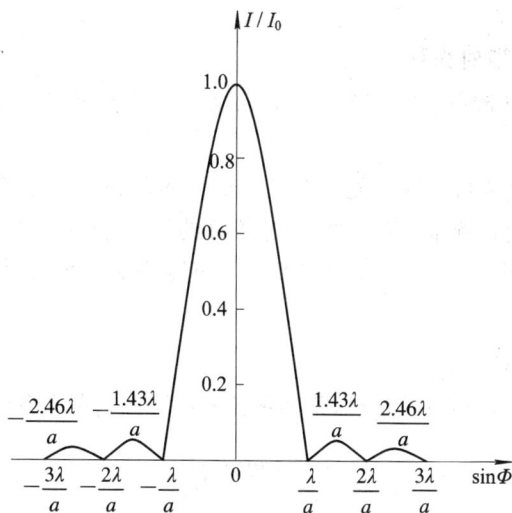

图 3-9-2　单缝衍射相对光强分布曲线

四、实验内容

1. 仪器介绍

实验光源采用波长为 650.0 nm，功率 2 mW 的半导体激光器；光具座的底座长度 100 cm，分度值为 1 mm；探测器采用硅光电池，处于探测器正中央，其前面加有可调狭缝以减小背景光的影响。光功率计分为两挡，其中量程为 200 μW 挡，分辨率为 0.1 μW；量程为 20 μW 挡，分辨率为 0.01 μW。

2. 调整光路

（1）图 3-9-3 是衍射光强的测试系统实验装置图。调整仪器同轴等高，调节探测器与单缝之间的距离，使之大于 80 cm，并记录。

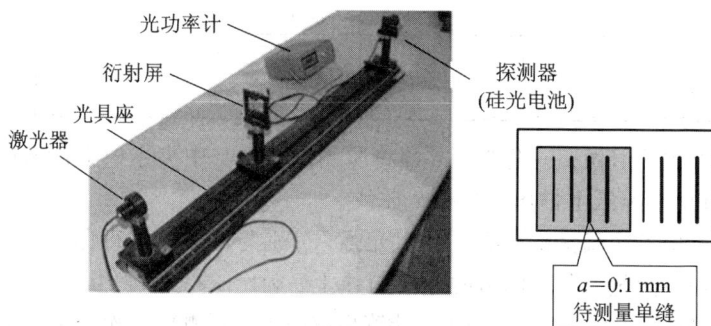

图 3-9-3　衍射光强的测试系统

（2）取下衍射屏，关闭探测器上的可调狭缝，并使探测器底座上的零刻线对齐；调节光源，使在探测器平面上的激光光点处于正中央。

（3）放上衍射屏并左右调整，让激光照射到 0.1 mm 的待测单缝上，这时在探测器处会看到清楚的衍射图样。

3. 测量衍射条纹的相对光强

（1）将探测器上的可调狭缝打开约 1 mm 左右，则进入狭缝的光被探测器接收，并用光功率计 20 μW 挡测量。

（2）调整零点。遮挡光源，调节光功率计上的调零旋钮，使得光功率计上的读数为零。

（3）测量强度。移动探测器，从一侧衍射条纹的第三个暗纹中心开始，记下此时位置读数。每移动 1 mm，读取一次光功率计读数，一直测到另一侧的第三个暗纹中心。注意：移动中途不要改变方向。

4. 单缝宽度 a 的计算

由于单缝宽度远远小于缝到探测器之间的距离，因此衍射角很小，即

$$\Phi \approx \sin\Phi \approx \frac{x_k}{L}$$

则根据暗纹生成条件有

$$a \sin\Phi = 2k\frac{\lambda}{2} = k\lambda \qquad (3-9-6)$$

则

$$a = \frac{k\lambda}{\Phi} = \frac{Lk\lambda}{x_k} \qquad (3-9-7)$$

式中，L 是单缝到探测器之间的距离；x_k 为第 k 级暗条纹相对中央主极大之间的距离；a 是单缝的宽度。

五、数据记录及处理

1. 测量数据记录于表 3-9-1 中。

表 3-9-1 测量单缝衍射光强

x/mm	−20.00	−19.00	−18.00	⋯	20.00
I/μW					

2. 将所测得的 I 值做归一化处理，即将所测的数据与中央主极大值做比较，计算相对光强 I/I_0，在直角坐标纸上描出 $I/I_0 \sim x$ 曲线。

3. 在图中找出各次极大的位置与相对光强，分别与理论值进行比较。

4. 单缝宽度的测量。在所描出的分布曲线上，确定 $k=\pm1, \pm2, \pm3$ 时的暗纹位置 x_k，将 x_k 值与 L 值代入式（3-9-7）中，计算单缝宽度 a，测量三次，求出算术平均值，并与给定值比较。

六、思考题

（1）夫琅和费衍射的条件是什么？实验中是如何满足的？

（2）如果激光器输出的单色光照射在一根头发丝上，将会产生怎样的衍射图样？

实验 10　迈克尔逊干涉仪测量波长

迈克尔逊干涉仪是 1883 年美国物理学家迈克尔逊（A. A. Michelson）和莫雷（E. W. Morley）为研究"以太漂移"实验而设计制造出来的精密光学仪器。这项实验否定了"以太"的存在，并为爱因斯坦发现相对论提供了实验依据。迈克尔逊干涉仪可以高度准确地测定微小长度、光的波长、透明体的折射率等。后来人们利用该仪器原理，研究出了多种专用干涉仪，这些干涉仪在近代物理和近代计量技术中被广泛应用。迈克尔逊因为这一发明荣获了 1907 年的诺贝尔物理奖。

一、实验目的

（1）了解迈克尔逊干涉仪的光学结构及干涉原理和各种干涉现象，学习其调节和使用方法。

（2）学习一种测定激光波长的方法，加深对等倾干涉的理解。

（3）掌握用干涉仪测量固体（玻璃）折射率的方法。

（4）练习用逐差法处理实验数据。

二、实验仪器

1. 所提供仪器

迈克尔逊干涉仪、He - Ne 激光器和透镜等。

2. 迈克尔逊干涉仪的简介

迈克尔逊干涉仪的光路图和结构图如图 3 - 10 - 1 和图 3 - 10 - 2 所示。M_1、M_2 是一对精密磨光的平面反射镜，M_1 的位置是固定的，M_2 可沿导轨前后移动。G_1、G_2 是厚度和折射率都完全相同的一对平行玻璃板，与 M_1、M_2 均成 45°角。G_1 称为分光板，它的一个表面镀有半反射、半透射膜 A，使射到其上的光线分为光强度几乎相等的反射光和透射光。当光照到 G_1 上时，在半透膜上分成相互垂直的两束光，透射光（1）射到 M_1，经 M_1 反射后，透过 G_2，在 G_1 的半透膜上反射后射向 E；由于 G_2 的存在，使得光线（1）和光线（2）在 G_1 和 G_2

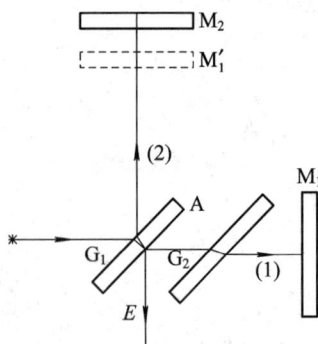

图 3 - 10 - 1　迈克尔逊干涉仪光路图

中的光程相等，G_2 称为补偿板，因此计算这两束光的光程差时，只需计算两束光在空气中的光程差就可以了。当观察者从 E 处向 G_1 看去时，除直接看到 M_2 外还看到 M_1 的像 M_1'。于是(1)、(2)两束光如同从 M_2 与 M_1' 反射来的，因此迈克尔逊干涉仪中所产生的干涉和 $M_1' \sim M_2$ 间"形成"的空气薄膜的干涉等效。

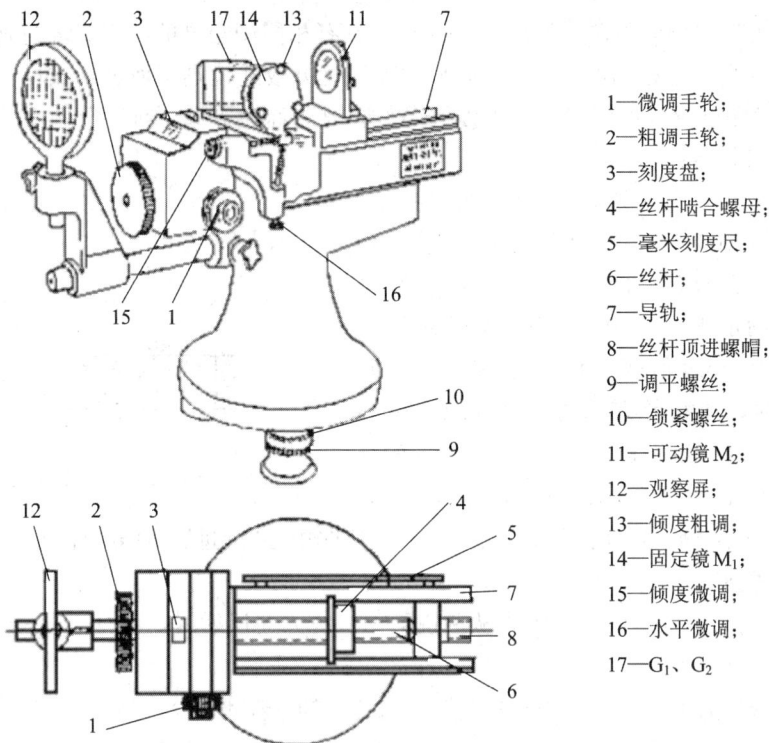

1—微调手轮；
2—粗调手轮；
3—刻度盘；
4—丝杆啮合螺母；
5—毫米刻度尺；
6—丝杆；
7—导轨；
8—丝杆顶进螺帽；
9—调平螺丝；
10—锁紧螺丝；
11—可动镜 M_2；
12—观察屏；
13—倾度粗调；
14—固定镜 M_1；
15—倾度微调；
16—水平微调；
17—G_1、G_2

图 3 - 10 - 2 迈克尔逊干涉仪结构图

反射镜 M_2 的移动采用蜗轮蜗杆传动系统，转动粗调手轮 2 可以实现粗调。M_2 移动距离的毫米数可在机体侧面的毫米刻度尺 5 上读得。通过读数窗口，在刻度盘 3 上可读到 0.01 mm；转动微调手轮 1 可实现微调，微调手轮的分度值为 1×10^{-4} mm，可估读到 10^{-5} mm。M_1、M_2 背面各有 3 个螺钉可以用来粗调 M_1 和 M_2 的倾度，倾度的微调是通过调节倾度微调 15 和水平微调 16 来实现的。

三、实验原理

1. 等倾干涉

如图 3 - 10 - 3 所示，当 M_1' 与 M_2 完全平行时，两者形成厚度均匀的空气薄膜。这时以倾角为 θ 的入射光线经空气薄膜上下表面反射成为光线 1 和 2，光线 2 在薄膜下表面的 B 点反射，经上表面的 C 点出射，光线 1 经上表面直接反射，它们是两束相互平行的相干光。过 C 向 1 做垂线，垂足为 D 点，则 1、2 两条光线的光程差 $\delta = n(AB + BC) - AD$ 由几何关系及反射定律可得

$$\delta = 2nd \, \cos\theta \qquad\qquad (3 - 10 - 1)$$

其中 n 为空气折射率。

两光线干涉的明暗纹条件为

$$\delta = 2d\cos\theta = \begin{cases} k\lambda, & k = 1, 2, \cdots \text{明纹} \\ (2k+1)\dfrac{\lambda}{2}, & k = 0, 1, 2, \cdots \text{暗纹} \end{cases} \qquad (3-10-2)$$

从上式可以看出，当薄膜厚度 d 一定时，具有相同倾角 θ 的入射光经过薄膜上下表面反射后的两束光具有相同的光程差，它们在无限远处或透镜焦平面上形成同一级干涉圆环条纹，不同倾角 θ 对应不同级别的干涉圆条纹，因此称为等倾干涉。等倾干涉条纹是一组明暗相间的同心圆。

由式(3-10-2)可知，用波长为 λ 的单色光照明时，若 M_2 和 M_1' 的间距 d 逐渐增大，则对任一级干涉条纹(例如 k 级)，必定是以减少 $\cos\theta$ 的值来满足式(3-10-2)的，故该级干涉条纹向 θ 变大($\cos\theta$ 值变小)的方向移动，即向外扩展。这时，观察者将看到条纹好像从中心向外"涌出"。且每当光程差 δ 增加 $\lambda/2$ 时，就有一个条纹从中心涌出。反之，如果 M_2 和 M_1' 的

图 3-10-3　干涉光程差示意图

间距 d 逐渐减小，观察者将看到条纹一条一条地向中心"缩进"。且 δ 每减小 $\lambda/2$，就有一个条纹向中心缩进。

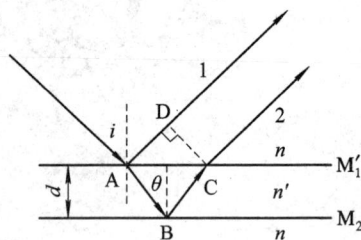

当 $\theta = 0$ 时，也就是两列相干光从两镜面的法线方向反射时，它们有最大光程差

$$\delta_{\max} = 2d$$

其中心条纹级次最高，越向边缘级次越低。由此可知，若此时移动 M_2(即改变 d 大小)，则当 d 每改变 $\lambda/2$ 距离，环心就冒出或缩进一条环纹。若 M_2 移动距离为 Δd，相应冒出或缩进的干涉环条纹数为 N，则有

$$\Delta d = N\frac{\lambda}{2}$$

$$\lambda = \frac{2\Delta d}{N} = \frac{2(l_1 - l_2)}{N} \qquad (3-10-3)$$

式中 l_1、l_2 分别为 M_2 移动前后的位置读数。借此，可用与非定域干涉类似的方法来测定单色光波长及微小长度。

2. 点光源照明——非定域干涉

如图 3-10-4 所示，He-Ne 激光器激光束通过短焦距透镜 L 汇聚成一个强度很高的点光源 S，点光源 S 发出的球面波经过分光板 G_1 分束及平面镜 M_1、M_2 反射后射向观察屏的相干光可以看做是由虚光源 S_1' 和 S_2' 发出的。S' 是 S 的等效光源，是经半反射面 A 所成的虚像。S_1' 是 S' 经 M_1' 所成的虚像。S_2' 是 S' 经 M_2 所成的虚像。S_1' 和 S_2' 发出的两列相干球面波在它们相遇的空间处处都能发生干涉。由图 3-10-4 可知，只要观察屏放在两点光源发出光波的重叠区域内，都可以看到干涉现象，故这种干涉称为非定域干涉。

如果 M_2 与 M_1' 严格平行，且把观察屏放在垂直于 S_1' 和 S_2' 的连线上，就能看到一组明暗相间的同心圆环干涉条纹，其圆心位于 $S_1'S_2'$ 轴线与屏的交点 P_0 处。

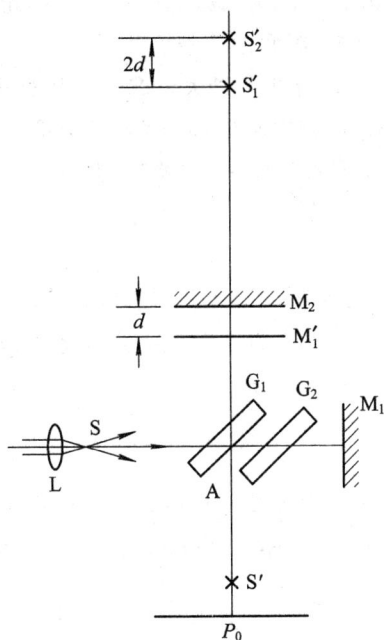

图 3 - 10 - 4　点光源非定域干涉光路图

由图 3 - 10 - 5 可以看出，P_0 处的光程差 $\Delta = 2d$，屏上其他任意点 P' 或 P'' 的光程差近似为

$$\Delta = 2d \cos\varphi \qquad\qquad (3 - 10 - 5)$$

式中，φ 为 S_2' 射到 P'' 点的光线与 M_2 法线之间的夹角。

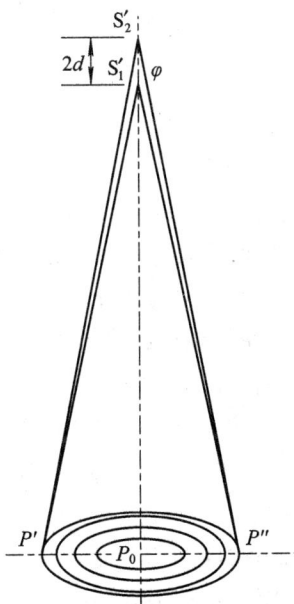

图 3 - 10 - 5　点光源非定域干涉的等倾干涉

由图 3-10-5 还可以看出，以 P_0 为圆心的圆环是从虚光源发出的倾角相同的光线干涉的结果，因此，这种干涉条纹是"等倾干涉条纹"。

由式（3-10-5）可知，$\varphi=0$ 时光程差最大，即圆心 P_0 处干涉环级次最高，越向边缘级次越低。当 d 增加时，干涉环中心级次将增高，条纹沿半径向外移动，即可看到干涉环从中心"冒"出；反之，当 d 减小，干涉环向中心"缩"进去。

由明纹条件

$$2d\cos\varphi = k\lambda$$

可知，当干涉环中心为明纹时，$\Delta=2d=k\lambda$。此时若移动 M_2（改变 d），环心处条纹的级次相应改变，当 d 每改变 $\lambda/2$ 距离，环心就冒出或缩进一条环纹。若 M_2 移动距离为 Δd，相应冒出或缩进的干涉环条纹数为 N，则有

$$\Delta d = N\frac{\lambda}{2}$$

正如前面等倾干涉部分所述，可用此方法测量波长和微小距离。

对明纹条件 $2d\cos\varphi=k\lambda$ 两边求导，可推知相邻两条纹的角间距为

$$\Delta\varphi = -\frac{\lambda}{2d\sin\varphi} \approx -\frac{\lambda}{2d\varphi}$$

当 d 增大时，$\Delta\varphi$ 变小，条纹变细变密；当 d 减小时，$\Delta\varphi$ 增大，条纹变粗变疏。所以离环心近处条纹粗而疏，离环心远处条纹细而密。

3. 扩展光源照明——定域干涉

当用扩展光源照明时，迈克尔逊干涉仪所产生的干涉同样是 M_1' 与 M_2 间空气薄膜产生的干涉。只是干涉条纹将定域于无限远处（等倾干涉）或空气薄膜表面附近（等厚干涉），称为定域干涉。观察时，需要在屏前加凸透镜成像或直接用眼睛观察。

四、测量内容

1. 观察激光的非定域干涉现象

（1）调节干涉仪使导轨大致水平。

（2）调节粗调手轮，使活动镜大致移至导轨 40 mm～45 mm 刻度处。

（3）点亮 He-Ne 激光器，使发射的激光束从分光板中央穿过，并垂直射向反射镜 M_1（此时应能看到有一束光沿原路返回）。从观察屏上可以看到由 M_1、M_2 反射过来的两排光点。精细调节 M_1、M_2 背面的两个螺丝，使两排光点靠近，并使两个最亮的光点重合。这时 M_1 与 M_2 大致垂直（M_1' 与 M_2 大致平行）。

（4）在激光管与分光板间加一短焦距扩束透镜，即能从观察屏上看到一组弧形干涉条纹，如果没有看到，则需要拿下透镜，重复第（3）步。仔细调节倾度微调螺丝，当 M_1' 与 M_2 严格平行时，弧形条纹变成圆形条纹。

（5）转动微调手轮，使 M_2 前后移动，可看到干涉条纹的冒出或缩进。仔细观察，当 M_2 位置改变时，干涉条纹的粗细、疏密与 d 的关系。

2. 利用非定域圆形等倾干涉条纹测量激光波长

（1）调整零点。测量前应先校准手轮刻度的零位：先以逆时针方向转动微调手轮，使

读数准线对准零刻度线；再以逆时针方向转动粗调手轮，使读数准线对准某条刻度线。当然也可以都以顺时针方向转动手轮来校准零位。但应注意，测量过程中的手轮转向应与校准过程中的转向一致。

（2）按原方向转动微调手轮（必须与调零点时的旋转方向相同），即改变 d 值，可以看到一个一个干涉环从环心冒出（或缩进）。当干涉环中心最亮时，记下活动镜位置读数 l_1，然后继续缓慢转动微调手轮，当冒出（或缩进）的条纹数 $N=50$ 时，再记下活动镜位置读数 l_2，反复测量 8 次。

3. 数据处理

（1）测量数据，并记录于表 3 - 10 - 1 中。

表 3 - 10 - 1　迈克尔逊干涉仪测波长数据

n/次	l_1/mm	l_2/mm	$d=\mid l_1-l_2\mid$/mm
1			
2			
3			
4			
5			
6			
7			
8			

（2）由式（3 - 10 - 3）计算波长，并与标准值（$\lambda_0=632.8$ nm）比较，计算相对误差。

（3）计算波长不确定度，表示测量结果。

五、问题讨论

（1）什么条件下可产生等倾干涉条纹？什么条件下可产生等厚干涉条纹？

（2）迈克尔逊干涉仪产生的等倾干涉条纹与牛顿环有何不同？

（3）调节迈克尔逊干涉仪时看到的亮点为什么是两排而不是两个？两排亮点是怎样形成的？

实验 11 光的等厚干涉现象与应用

由光波的叠加原理可知，当频率相同、振动方向相同、相位差恒定的两束简谐光波相遇时，在光波重叠区域，某些点合成光强大于分光强之和，某些点合成光强小于分光强之和，合成光波的光强在空间形成强弱相间、稳定分布的干涉条纹，这种现象称为光的干涉。光波的这种叠加称为相干叠加，能产生相干叠加的两束光称为相干光。

光的干涉是光的波动性的一种重要表现。日常生活中能见到的诸如肥皂泡呈现的五颜六色，雨后路面上油膜的多彩图样等，都是光的干涉现象，都可以用光的波动性来解释。

要产生光的干涉，两束光必须是相干光，即满足相干条件：频率相同、振动方向相同、相位差恒定。实验中获得相干光的方法一般有两种——分波阵面法和分振幅法。分波阵面法是从光源发出的同一波列的波阵面上取出两个次波源，这两个次波源的初相位差是恒定的，因此可以产生干涉。双缝干涉和双棱镜干涉属于分波阵面法。分振幅法是利用透明薄膜的两个表面对入射光的依次反射，将入射光的振幅分割为两部分，这两束光叠加而产生干涉。薄膜等厚干涉和等倾干涉就是此类。

光的干涉在科研、生产和生活中有着广泛的应用，如用来检查光学元件表面的光洁度和平整度，用来测量透镜的曲率半径和光波波长，用来测量微小厚度和微小角度等。通过本实验，学生可以深刻理解等厚干涉现象，并掌握有关干涉测量技术。

一、实验目的

（1）加深对分振幅法实现双光束干涉的理解。

（2）掌握用牛顿环测凸(凹)透镜曲率半径和光波波长的方法。

（3）用劈尖干涉测量微小厚度和测量微小角度。

（4）掌握测量显微镜的使用方法。

（5）学习用逐差法处理数据。

二、实验仪器

测量显微镜、钠光灯、牛顿环仪、劈尖装置。

三、实验原理

如图 3-11-1 所示，将玻璃板 A 和玻璃板 B 二者叠放起来，中间夹有一层空气(即形成了空气劈尖)。设光线 1 垂直入射到厚度为 d 的空气薄膜上。入射光线在 A 板下表面和 B 板上表面分别产生反射光线 2 和 2′，二者在 A 板上方相遇，由于两束光线都是由光线 1 分出来的(分振幅法)，故其频率相同、相位差恒定(与该处空气厚度 d 有关)、振动方向相同，因而会产生干涉。我们现在考虑光线 2 和 2′ 的光程差与空气薄膜厚度的关系。显然，光线 2′ 比光线 2 多传播了一段距离 $2d$。此外，由于反射光线 2′ 是由光密媒质(玻璃)向光疏媒质(空气)反射的，会产生半波损失。故总的光程差还应加上半个波长 $\lambda/2$，即 $\Delta = 2d + \lambda/2$。

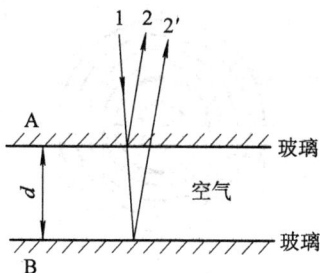

图 3-11-1 等厚干涉的形成

根据干涉条件，当光程差为波长的整数倍时相互加强，出现亮纹；光程差为半波长的奇数倍时互相减弱，出现暗纹。因此有

$$\Delta = 2d + \frac{\lambda}{2} = \begin{cases} 2k \cdot \dfrac{\lambda}{2} & k = 1, 2, 3, \cdots \text{时，出现亮纹} \\ (2k+1) \cdot \dfrac{\lambda}{2} & k = 0, 1, 2, \cdots \text{时，出现暗纹} \end{cases}$$

光程差 Δ 取决于产生反射光的薄膜厚度。同一条干涉条纹所对应的空气厚度相同，故称为等厚干涉。

四、实验内容

1. 利用牛顿环测平凸透镜曲率半径或者测光波波长

1）测量原理

如图 3-11-2 所示，将一块曲率半径很大的平凸透镜的凸面放在一块光学平板玻璃上，则在透镜的凸面和平板玻璃间形成一个上表面为球面，下表面为平面的空气薄层，其厚度从中心接触点到边缘逐渐增加。离接触点等距离的地方，厚度相同，等厚膜的轨迹是以接触点为中心的圆。当用单色平行光垂直照射时，由于空气薄层上、下表面两反射光在平凸透镜的凸面相遇发生干涉，在空气薄层的上表面可以观察到以接触点为中心的明暗相间的同心环形条纹，这些明暗相间的环形条纹称为牛顿环，D_n、D_m 分别为第 n 和第 m 级干涉圆环的直径，如图 3-11-3 所示。因为同一级干涉条纹对应的薄膜厚度相等，所以它是等厚干涉。若用白光照射，则条纹呈彩色。

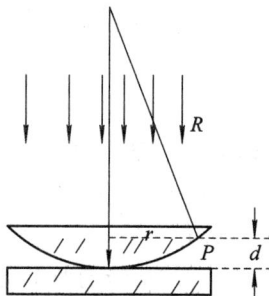

图 3-11-2 牛顿环装置

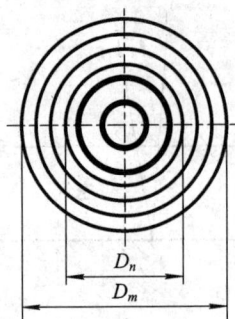

图 3-11-3 牛顿环干涉条纹

当平凸透镜的曲率半径 R 很大时，在 P 点处相遇的两反射光线的几何程差为该处空气间隙厚度 d 的两倍。又因这两条相干光线中一条光线来自光密媒质面上的反射，另一条光线来自光疏媒质上的反射，它们之间有一附加的半波损失，所以在 P 点处得两相干光的总光程差为

$$\Delta = 2d + \frac{\lambda}{2} \qquad\qquad (3-11-1)$$

设透镜 L 的曲率半径为 R，r 为环形干涉条纹的半径，且半径为 r 的环形条纹下面的空气厚度为 d，则由图 3-11-2 中的几何关系可知

$$R^2 = (R-d)^2 + r^2 = R^2 - 2Rd + d^2 + r^2$$

因为 $R \gg d$，故可略去 d^2 项，则可得

$$d = \frac{r^2}{2R} \qquad\qquad (3-11-2)$$

根据牛顿环的明暗纹条件，将式（3-11-2）代入式（3-11-1），有

$$\Delta = \frac{r^2}{R} + \frac{\lambda}{2} = 2m \cdot \frac{\lambda}{2} \qquad m = 1, 2, 3, \cdots \text{（明纹）}$$

$$\Delta = \frac{r^2}{R} + \frac{\lambda}{2} = (2m+1)\frac{\lambda}{2} \qquad m = 0, 1, 2, \cdots \text{（暗纹）}$$

由此可得，牛顿环的明、暗纹半径分别为

$$r_m = \sqrt{mR\lambda} \qquad\qquad \text{（暗纹）}$$

$$r'_m = \sqrt{(2m-1)R \cdot \frac{\lambda}{2}} \qquad \text{（明纹）}$$

式中，m 为干涉条纹的级数，r_m 为第 m 级暗纹的半径，r'_m 为第 m 级明纹的半径。

以上两式表明，当 λ 已知时，只要测出第 m 级亮环（或暗环）的半径，就可计算出透镜的曲率半径 R；相反，当 R 已知时，即可算出 λ。

观察牛顿环时将会发现，牛顿环中心不是一点，而是一个不甚清晰的暗或亮的圆斑。其原因是透镜和平玻璃板接触时，由于接触压力引起形变，使接触处为一圆面；又由于镜面上可能有微小灰尘等存在，从而引起附加的程差。这都会给测量带来较大的系统误差。

我们可以通过测量距中心较远的、比较清晰的两个暗环纹的半径的平方差来消除附加程差带来的误差。假定附加厚度为 a，则光程差为

$$\Delta = 2(d \pm a) + \frac{\lambda}{2} = (2m+1)\frac{\lambda}{2}$$

则

$$d = m \cdot \frac{\lambda}{2} \pm a$$

将 d 代入式(3-11-1)可得

$$r^2 = mR\lambda \pm 2Ra$$

取第 m、n 级暗条纹，则对应的暗环半径为

$$r_m^2 = mR\lambda \pm 2Ra$$

$$r_n^2 = nR\lambda \pm 2Ra$$

将两式相减，得

$$r_m^2 - r_n^2 = (m-n)R\lambda$$

由此可见，$r_m^2 - r_n^2$ 与附加厚度 a 无关。

由于暗环圆心不易确定，故取暗环的直径替换。因而，透镜的曲率半径为

$$R = \frac{D_m^2 - D_n^2}{4(m-n)\lambda} \qquad (3-11-3)$$

由该式可以看出，半径 R 与附加厚度无关，且有以下特点：

(1) R 与环数差 $m-n$ 有关。

(2) 对于 $D_m^2 - D_n^2$，由几何关系可以证明，两同心圆直径平方差等于对应弦的平方差。因此，测量时无须确定环心位置，只要测出同心暗环对应的弦长即可。

本实验中，入射光波长已知($\lambda = 589.3$ nm)，只要测出 (D_m, D_n)，就可求得平凸透镜的曲率半径 R。

2) 测量内容

(1) 接通钠光灯电源，预热使其达到正常亮度。

(2) 转动测微鼓轮使载物台在主尺的初始读数在主尺中央(即 20～25 mm 之间)。并将牛顿环仪放置在载物台上并正对显微镜物镜的下方。

(3) 调节显微镜。调节钠光灯位置和显微镜，使能从目镜中看到清晰的叉丝且分别与 X、Y 轴大致平行，并将目镜固定紧。然后调节显微镜的镜筒使其下降(注意，应该从显微镜外面看，而不是从目镜中看)，当靠近牛顿环时，再自下而上缓慢上移，直到看清楚干涉条纹，且与叉丝无视差。

(4) 测量牛顿环的直径。移动牛顿环仪在载物台上的位置，使十字叉丝位于牛顿环的中心 0 级暗环上。然后旋转测量显微镜的测微鼓轮，使叉丝的交点由中心暗斑向一侧(左或右)移动，同时数出移过去的暗环环数(中心圆斑环序为0)，当数到 23 环时，开始反方向转动测微鼓轮，当移动到 20 暗环时，使竖直叉丝与该暗环的外沿相切，并记下该暗环的位置读数 x_{20}。然后继续沿此方向慢慢转动测微鼓轮并用同样的方法依次记下 19～11 暗环的位置读数 $x_{19} \sim x_{11}$。继续朝同一个方向转动测微鼓轮，使十字叉丝跨过牛顿环的中央 0 级暗斑到另一侧的第 11 级暗环，用和前面同样的方法依次记下 11～20 暗环的位置读数 $x_{11}' \sim x_{20}'$。

注意：使用测量显微镜时，为了避免引起螺距差，测量时必须使测微鼓轮向同一方向旋转，中途不可倒退，至于自右向左，还是自左向右测量都可以。如果在测量过程中，测微鼓轮稍有倒转，全部数据应立即作废，必须重新开始测量。

3）数据处理

（1）将实验数据记录于表 3－11－1 中。

表 3－11－1　测量牛顿环实验数据表

级数/k	暗环位置/mm		D_m/mm	D_m^2/mm²	$D_{m+5}^2 - D_m^2$/mm²
	左	右			
20					
19					
18					
17					
16					
15					
14					
13					$D_{m+5}^2 - D_m^2$ 的平均值为
12					———— mm²
11					

（2）用逐差法进行处理。

（3）计算牛顿环曲率半径 R 的平均值、不确定度 ΔR，并写出测量结果表达式。

2. 用劈尖干涉测量微小长度

1）劈尖干涉原理

将两个光学平玻璃叠合在一起，并在其中一端垫入待测的薄片或者细丝，则两玻璃片间会形成一空气劈尖。当用一束单色平行光垂直照射时，在空气劈尖薄膜上、下两表面反射的两束光发生干涉，形成干涉条纹。其干涉条纹是一簇平行于棱边的，间距相等，宽度相等的明暗相间的直条纹。

如图 3－11－4 所示，设在 P 点处的空气劈尖厚度为 d，则此处相遇的两反射光线的光程差为

$$\Delta = 2d + \frac{\lambda}{2}$$

根据牛顿明、暗纹条件有

$$\begin{cases} \Delta = 2d + \dfrac{\lambda}{2} = (2m+1)\dfrac{\lambda}{2} & m = 0,1,2,\cdots \text{时，为干涉暗纹} \\[2mm] \Delta = 2d + \dfrac{\lambda}{2} = 2m \cdot \dfrac{\lambda}{2} & m = 1,2,3\cdots \text{时，为干涉明纹} \end{cases}$$

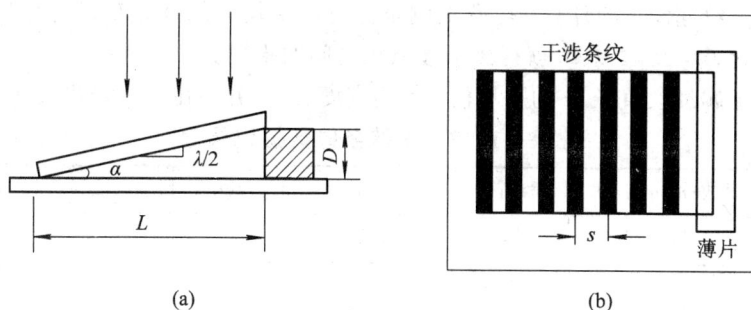

图 3-11-4 劈尖干涉测量厚度示意图

（a）侧视图；（b）俯视图

显然，同一明纹或同一暗纹都对应相同厚度的空气层，因而是等厚干涉。同样易得，若两相邻明条纹（或暗条纹）对应空气层厚度差都等于 $\lambda/2$，则第 m 级暗条纹对应的空气层厚度为 $d_m = m(\lambda/2)$。现在两波片间夹入金属细丝（或薄片），如果由两玻璃板交线处到细金属丝处的劈尖面上共有 N 条干涉条纹，则金属丝直径（或薄片厚度）D 为

$$D = N\frac{\lambda}{2} \tag{3-11-4}$$

如果用 α 表示劈尖形空气隙的夹角，s 表示相邻两暗纹间的距离，L 表示劈尖的长度，则有

$$\alpha \approx \tan\alpha = \frac{\frac{\lambda}{2}}{s} = \frac{D}{L}$$

则金属细丝直径（薄片厚度）为

$$D = \frac{L}{s} \cdot \frac{\lambda}{2} \tag{3-11-5}$$

由上式可见，相邻暗纹间的距离为 s，就可以由已知光源的波长 λ 测定金属细丝直径 D（或薄片厚度），劈尖的 L 由实验室给出。

2）测量内容

（1）调节读数显微镜。先调节目镜到能清楚地看到叉丝且分别与 X、Y 轴大致平行，然后将目镜固定紧。调节显微镜的镜筒使其下降靠近劈尖（注意，应该从显微镜外面看，而不是从目镜中看）。

（2）观察显微镜上的 45° 角半反射镜，调节钠光灯的位置，使得目镜中看到的视场均匀明亮（显微镜载物台下的反射镜调节成 90°）。用调焦鼓轮自下而上调节目镜直至观察到清晰的干涉条纹，移动劈尖使条纹与叉丝的竖线平行，并消除视差。

（3）干涉暗条纹的测量。把显微镜的测量叉丝移动到靠近劈尖边沿的一侧，把叉丝对准任何一条暗纹作为条数"0"，记下相应的数据（在这里测量的是相对差值，所以"0"只是一个参考点），然后依次移动 10 个暗纹，分别记下位置 10 到 70 的数据。接着在相同的位置，重复测量一遍。

3）数据处理

（1）将实验数据记录于表 3-11-2 中。

（2）干涉条纹间距 s 的计算。把两次测量值进行平均并用逐差法进行处理，把处理结果加起来进行平均，再除以 40 就得到干涉条纹之间的距离。

（3）计算金属细丝直径 D 的平均值、不确定度 ΔD，并写出测量结果表达式。

表 3-11-2 干涉条纹数据记录表

k	读数 n_k/mm		$\bar{n}/\mathrm{mm}$	$l_k=\mid n_{k+40}-n_k\mid/\mathrm{mm}$	$\bar{s}=\bar{l}/40/\mathrm{mm}$
0				l_{10}	
10				l_{20}	
20				l_{30}	
30				l_{40}	
40				$\bar{l}$	
50				$\Delta x_y=0.005\ \mathrm{mm}$	
60				$L=\underline{\qquad}\ \mathrm{mm}$	
70					

五、问题讨论

（1）劈尖干涉和牛顿环都是等厚干涉，它们的干涉条纹形状、条纹间距有何不同？厚度增减时条纹怎样移动？间距会变化吗？

（2）怎样用牛顿环来测量单色光在空气中、水中的波长？已知单色光在空气中的速率，如何利用牛顿环测出它在水中的速率？

（3）如果形成空气劈尖的两块玻璃板内表面凹凸不平，这种情况下，空气薄膜的等厚干涉条纹还平行于棱边吗？为什么？若上板为标准平面，如何根据等厚干涉条纹的形状判断下板表面某处是凹还是凸？

（4）在劈尖干涉实验中，干涉条纹虽然是相互平行的直条纹但是彼此间距不等，这是什么原因引起的？如果干涉条纹看起来仍是直的，但彼此不平行，这又是什么原因所致？

实验 12　分光计的调节和使用

分光计是一种能精确测量角度的光学仪器。用它可以测定光线偏转角度，如反射角、折射角、衍射角等，而不少光学量（如光波波长、折射率、光栅常数等）可通过测量相关角度来确定。了解分光计的结构，正确调节分光计，对减小测量误差，提高测量精度都是十分重要的。本实验是通过测量三棱镜的顶角和玻璃的折射率，来学习分光计的调节和使用，为今后使用更复杂的光学仪器打下基础。

一、实验目的

（1）了解分光计的结构，学习正确调节和使用分光计的方法。
（2）用分光计测定三棱镜的顶角。

二、实验仪器

分光计、平面反射镜、三棱镜和汞灯等。

三、实验原理

1. 分光计的结构

分光计主要由平行光管、望远镜、载物台和读数装置四部分组成，其结构如图 3-12-1 所示。平行光管用来发射平行光，望远镜用来接收平行光，载物台用来放置三棱镜、平面镜、光栅等物体，读数装置用来测量角度。

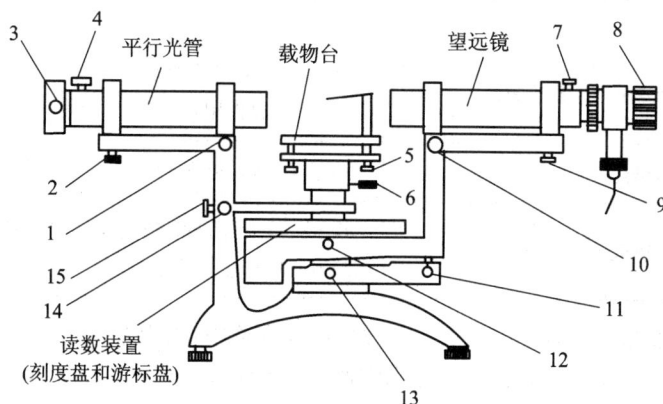

图 3-12-1　分光计结构图

分光计上有许多调节螺丝，它们的代号、名称和功能见表 3-12-1。

分光计的读数装置由刻度盘和游标盘两部分组成。刻度盘分为 360°，最小分度为半度（30′），半度以下的角度可借助游标准确读出。游标等分为 30 格，正好与刻度盘上的 29 小格对齐，因此可知游标上 1 小格为 29′，游标上 1 小格与刻度盘上 1 小格两者之差为 1′。从而可推知游标上 n 小格与刻度盘上 n 小格相差 n'。

表 3 - 12 - 1 分光计调节螺丝的代号、名称及功能说明

代号	名　　称	功　　能
1	平行光管光轴水平调节螺丝	调节平行光管光轴的水平方位(水平面上方位调节)
2	平行光管光轴高低调节螺丝	调节平行光管光轴的倾斜度(铅直面上方位调节)
3	狭缝宽度调节手轮	调节狭缝宽度(0.02~2.00 mm)
4	狭缝装置固定螺丝	松开时,调平行光;调好后锁紧,以固定狭缝装置
5	载物台调平螺丝(3只)	台面水平调节(本实验中,用来调平面镜和三棱镜折射面平行于中心轴)
6	载物台固定螺丝	松开时,载物台可单独转动、升降;锁紧后,使载物台与游标盘固联
7	叉丝套筒固定螺丝	松开时,叉丝套筒可自由伸缩、转动(物镜调焦);调好后锁紧,以固定叉丝套筒
8	目镜视度调节手轮	目镜调焦用(调节8,可使视场中叉丝清晰)
9	望远镜光轴高低调节螺丝	调节望远镜光轴的倾斜度(铅直面上方位调节)
10	望远镜光轴水平调节螺丝(在图后侧)	调节望远镜光轴的水平方位(水平面上方位调节)
11	望远镜微调螺丝(在图后侧)	锁紧13后,调节11可使望远镜绕中心轴缓慢转动
12	刻度盘与望远镜固联螺丝	松开12,两者可相对转动;锁紧12,两者固联,一起转动
13	望远镜止动螺丝(在图后侧)	松开13,可用手大幅度转动望远镜;锁紧13,微调螺丝11才起作用
14	游标盘微调螺丝	锁紧15后,调节14可使游标盘作小幅度转动
15	游标盘止动螺丝	松开15,游标盘能单独大幅度转动;锁紧15,微调螺丝14才起作用

角游标的读法与直游标(如游标卡尺)相似,以游标零线为基准,先读出大数(大于 $30'$ 的部分),再利用游标读出小数(小于 $30'$ 的部分),大数与小数之和即为测量结果。现举两例试读(见图 3 - 12 - 2)。

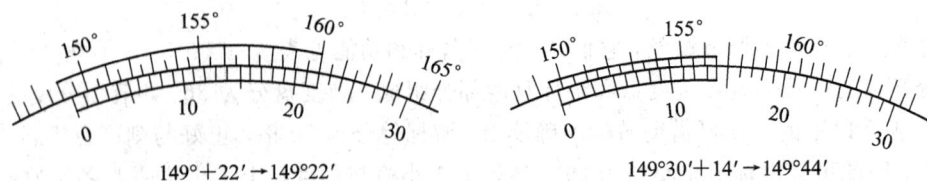

149°+22'→149°22'　　　　149°30'+14'→149°44'

图 3 - 12 - 2 角游标的读数示例

在生产分光计时，难以做到使望远镜、刻度盘的旋转轴线与分光计中心轴完全重合。为消除刻度盘与分光计中心轴偏心而引起的误差，在游标盘同一条直径的两端各装一个读数游标。测量时，两个游标都应读数，然后分别计算出每个游标两次读数之差，取其平均值作为测量结果。用双游标消除偏心误差的原理详见实验 12 附注。

2. 分光计的调整

概括地说，分光计的调整要求是：使平行光管出射平行光；望远镜适合于接收平行光；平行光管和望远镜的光轴等高并与分光计中心轴垂直。

在正式调整前，先目测粗调，使望远镜和平行光管对准，并都对准于分光计的中心轴；将载物台、望远镜和平行光管大致调水平（实际要求与分光计中心轴垂直）。这一步很重要，只有做好粗调，才能按下列步骤进一步细调（否则细调难以进行）。

（1）调整望远镜。

望远镜是由物镜镜筒、叉丝套筒和目镜镜筒三部分组成的。叉丝到目镜和物镜的距离皆可调节。常用的阿贝目镜式望远镜的结构和视场如图 3-12-3 所示。

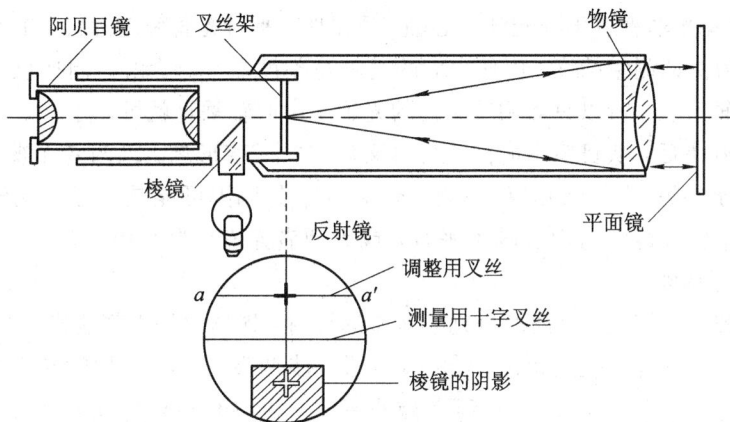

图 3-12-3　阿贝目镜式望远镜的结构和视场

调整望远镜使其达到下面两项要求：

① 用自准法调节望远镜，使之适合于接收平行光。点亮望远镜侧窗的照明灯将叉丝照亮，前后移动目镜使叉丝位于目镜焦平面上，此时叉丝看得很清楚。再按图 3-12-4 所示位置，将平面反射镜置于载物台上（镜面朝望远镜）。然后缓慢转动载物台，同时调节叉丝套筒（改变叉丝与物镜间距），从望远镜中找到由平面镜反射回来的模糊光斑（如果找不到，则粗调没有达到要求，应重调）。找到光斑后进一步细调叉丝套筒，光斑逐渐变成清晰的"十"字形像（它是叉丝平面上小黑"十"字的反射像）。当叉丝位于物镜焦平面上时，叉丝发出的光经过物镜后成为平行光，平行光经平面镜反射再次通过物镜后仍成像于叉丝平面。此时，从目镜中可同时看清叉丝与"十"字形像，且两者无视差。至此，叉丝既落在目镜焦平面上，又落在物镜焦平面上了，望远镜已适合于接收平行光。各镜筒间的相对位置就不应改变了。

要补充说明的是，叉丝套筒在调节过程中应做适当转动，使竖直叉丝平行于分光计中心轴。（怎样鉴别是否已达到了这一要求？）

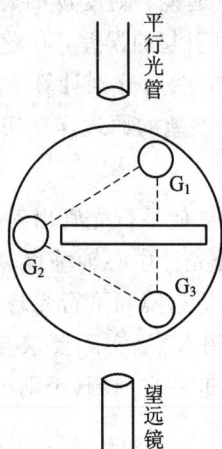

图 3-12-4 平面镜在载物台上的放法

② 使望远镜光轴垂直于分光计中心轴。测量时，平行光管和望远镜分别代表入射光和出射光方向。为保证测量精度，应使它们的光轴与刻度盘平行。由于制造仪器时刻度盘已与分光计中心轴垂直，所以只需调节它们的光轴与中心轴垂直就可以了。

望远镜调好焦后，从目镜中能同时看清叉丝和"十"字形像，且两者无视差。但"十"字形像一般不处于小黑"十"字的对称位置（aa′线）上。其原因可能是望远镜光轴未垂直中心轴，也可能是平面镜镜面与中心轴不平行，或者两者兼有。为使望远镜光轴垂直中心轴，可采用如下方法调整：

首先，检查平面镜正、反两面分别正对望远镜时，视场中是否都能找到"十"字形像（如果找不到或只找到一个，说明粗调不合格，应进一步调整）。然后，用螺丝 9 调节望远镜光轴倾斜度，使"十"字形像到 aa′ 线的距离减小一半，再调载物台螺丝 G_1（或 G_3）使两者重合。把载物台转 180°，使平面镜的反面正对望远镜，再次用"各半调节法"同样调节。如此反复调节，直到平面镜任一面正对望远镜时，视场中的"十"字形像都落在调整叉丝 aa′ 上时为止。此时，望远镜光轴就与中心轴垂直了。

调节过程中，不必刻板地运用"各半调节法"。若发现正反两面的反射像纵向位移较大，则说明平面镜镜面与中心轴明显不平行，应侧重调节螺丝 G_1 或 G_3。如果纵向位移不大，但反射像都远离 aa′ 线，则说明望远镜光轴与中心轴明显不垂直，应侧重调节螺丝 9。

（2）调整平行光管。

① 调整平行光管使之出射平行光。平行光管是由两个可以相对滑动的套筒组成的，外筒上装有一组消色差透镜，内筒外端装有一个宽度可调的狭缝。

调节时，先取下载物台上的平面镜，点亮汞灯使之正照狭缝。然后，一边调节平行光管上狭缝和透镜的间距，一边用调好焦的望远镜对准平行光管观察。当狭缝正好调到透镜焦平面上时，平行光管就出射平行光。由于望远镜已适合于接收平行光，因此平行光射入望远镜后将在叉丝平面成像。这时，从望远镜中能看到清晰的与叉丝无视差的狭缝像。

这就是说，我们是以调好焦的望远镜视场中，能否产生清晰的、无视差的狭缝像作为判据，来判别平行光管出射的是否是平行光的。

② 使平行光管光轴与分光计中心轴垂直。调节螺丝 3 使狭缝像宽约 $1\,mm$，再转动狭缝使狭缝像平行于竖直叉丝。然后调节平行光管光轴水平调节螺丝 1 和高低调节螺丝 2，使狭缝像精确调到视场中心，且被十字叉丝等分。至此，平行光管与望远镜的光轴重合且与分光计中心轴垂直。

四、实验内容

1. 利用分光计测三棱镜的顶角

1）调整分光计

按分光计的调整要求和调节方法，正确调节分光计至正常工作状态。

2）调整三棱镜

要使三棱镜两折射面与分光计中心轴平行（即与已调好的望远镜光轴垂直）。

（1）将三棱镜按图 3-12-5 所示那样平放在载物台上。图中 ABC 表示三棱镜的横截面，AB、AC、BC 是三棱镜的三个侧面。其中，AB、AC 两个侧面是透光的光学表面（称为折射面），侧面 BC 是毛玻璃面（称为底面）。三棱镜两折射面的夹角 α 称为顶角。放置三棱镜时，顶角要靠近载物台中央，折射面要与载物台下调平螺丝的连线垂直。

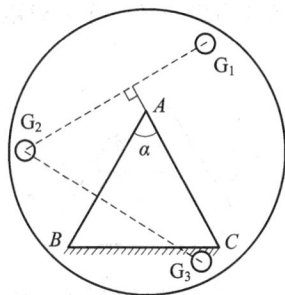

图 3-12-5　三棱镜的放法

（2）转动载物台，使三棱镜的一个折射面正对望远镜。调节载物台调平螺丝，使"十"字形反射像落在调整叉丝 aa' 上。转动载物台使另一折射面正对望远镜，再按上述方法重新调节。来回反复调节几次，直到两个折射面都垂直于望远镜光轴为止。

注意：调节过程中只能调节载物台下的调平螺丝，不能动望远镜下的方位调节螺丝。

3）用反射法测三棱镜顶角

转动载物台，使三棱镜顶角对准平行光管，让平行光管射出的光束照在三棱镜两个折射面上（见图 3-12-6）。将望远镜转至Ⅰ处观测左侧反射光，调节望远镜微调螺丝Ⅱ，使望远镜竖直叉丝对准狭缝像中心线。再分别从两个游标读出左侧反射光的方位角 θ_A、θ_B。然后将望远镜转至Ⅱ处观测右侧反射光，相同方法读出右侧反射光的方位角 θ'_A、θ'_B。则由图 3-12-6 可以证明顶角为

$$\alpha = \frac{\varphi}{2} = \frac{1}{4}(\,|\,\theta_A - \theta'_A\,| + |\,\theta_B - \theta'_B\,|\,)$$

要求测量三次以上，求平均值和不确定度，数据表格自拟。每次测量完后，可以稍微变动载物台位置，再测下一组数据。

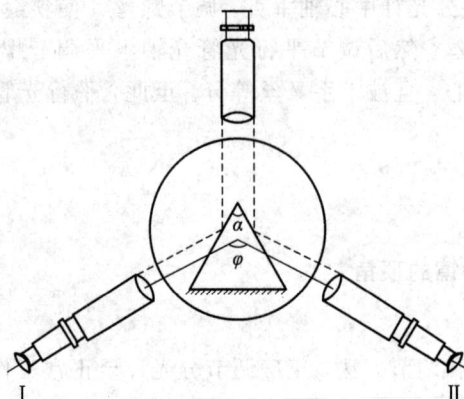

图 3-12-6　用反射法测量三棱镜顶角

2. 利用分光计测量三棱镜玻璃的折射率

1）最小偏向角的概念

如图 3-12-7 所示，光线以入射角 i_1 投射到棱镜的 AB 面上，经棱镜的两次折射后，以角 i_2 从 AC 面出射，出射光线和入射光线的夹角 δ 称为偏向角。δ 的大小随入射角 i_1 而改变。可以证明，当 $i_1 = i_2$ 时，偏向角 δ 为极小值，称为棱镜的最小偏向角 δ_{min}。

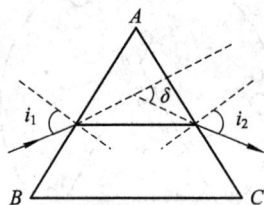

图 3-12-7　最小偏向角示意图

2）最小偏向角测量方法

如图 3-12-8 所示为观察光线的偏向情况，判断折射光线的出射方向的示意图。把待测三棱镜置于已调好的分光计载物台中央，使底边 BC 与入射方向近似平行。先用眼睛沿光线可能的出射方向观察，微微转动载物台，当观察到出射的彩色谱线时，认定一种单色

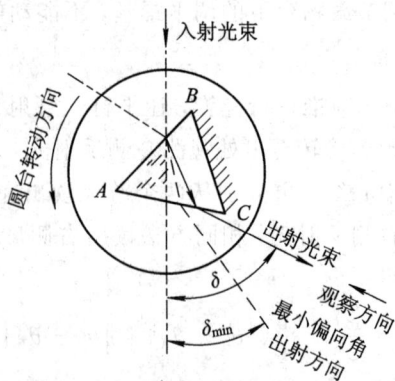

图 3-12-8　极值法测量最小偏向角示意图

谱线（如绿色），再继续转动载物台，注意此单色谱线出射时所对应的偏向角的变化情况，选择能使偏向角减小的方向缓慢转动载物台，即在 AB 面的入射角增大的方向，当看到该谱线移至某一位置后突然反向移动，说明在这个逆转处即为出射光处于最小偏向角的位置。则此时出射光线与原光路（没有放三棱镜时，望远镜直接对准入射光线的位置）之间的夹角即为最小偏向角。此时固定载物台，然后将望远镜的叉丝竖线对准绿色谱线的中间，记下两游标的读数 φ_A 和 φ_B。保持载物台不动，取下三棱镜，转动望远镜直接对准平行光管，使叉丝竖线对准狭缝中心，记下此时两游标的读数 φ_A' 和 φ_B'，则

$$\delta_{\min} = \frac{1}{2} [\, |\, \varphi_A' - \varphi_A \,| + |\, \varphi_B' - \varphi_B \,|\,]$$

即为所测谱线所对应的最小偏向角。

3）测量玻璃棱镜的折射率

假设有一束单色平行光 LD 入射到棱镜上，经过两次折射后沿 ER 方向射出，则入射光线 LD 与出射光线 ER 间的夹角 δ 称为偏向角，如图 3-12-9 所示。

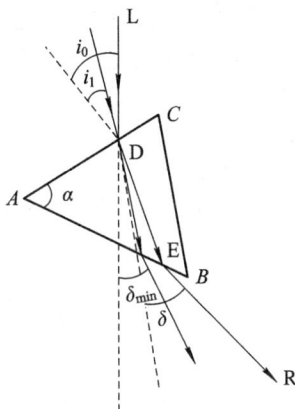

图 3-12-9　折射率的测定

转动三棱镜，改变入射光对光学面 AC 的入射角，出射光线的方向 ER 也随之改变，即偏向角 δ 发生变化。沿偏向角减小的方向继续缓慢转动三棱镜，使偏向角逐渐减小；当转到某个位置时，若再继续沿此方向转动，偏向角又将逐渐增大，此位置时偏向角达到最小值，测出最小偏向角 $\delta_{\min}$。可以证明棱镜材料的折射率 n 与顶角 α 及最小偏向角的关系式为

$$n = \frac{\sin \frac{1}{2}(\delta_{\min} + \alpha)}{\sin \frac{\alpha}{2}}$$

本实验中，利用分光镜测出三棱镜的顶角 α 及最小偏向角 $\delta_{\min}$，即可由上式算出棱镜材料的折射率 n。

五、注意事项

(1) 三棱镜要轻拿轻放，要注意保护光学表面，不要用手触摸折射面。

(2) 用反射法测顶角时，三棱镜顶角应靠近载物台中央放置（即离平行光管远一些），

否则反射光不能进入望远镜。

（3）在计算望远镜转角时，要注意望远镜从Ⅰ向Ⅱ转动过程中刻度盘零点是否经过游标零点，如经过，则应在被经过的游标同一组的两个相应读数中的小数据加上 360°（或大数据减去 360°）后再计算。

六、问题讨论

（1）在载物台上放置三棱镜时，为什么要使折射面垂直于载物台调平螺丝的连线？

（2）不使用汞灯和平行光管，利用望远镜自身产生的平行光来测三棱镜顶角的方法称为自准法。试用自准法测三棱镜顶角，并说明测量原理和方法。

实验 12 附注　双游标消除偏心误差原理

测量时，游标盘、载物台均与分光计整体固联，而望远镜与刻度盘固联并绕自身转轴 O 转动。当望远镜（刻度盘）绕 O 轴转过一个角度时，通过安装在游标盘对径上的两个游标分别测得转角为 φ_A 和 φ_B，而相对于分光计中心轴 O' 来说，转角为 φ。由于 O 轴跟 O' 不一定重合，一般情况下 $\varphi \neq \varphi_A \neq \varphi_B$。

由几何原理可知（见图 3-12-10）

$$\alpha_A = \frac{1}{2}\varphi_B, \quad \alpha_B = \frac{1}{2}\varphi_A$$

而

$$\varphi = \alpha_A + \alpha_B$$

故

$$\varphi = \frac{1}{2}(\varphi_A + \varphi_B) = \frac{1}{2}\left[\,|\,\theta'_A - \theta_A\,| + |\,\theta'_B - \theta_B\,|\,\right]$$

可见，两个游标所测转角的平均值即为望远镜（刻度盘）相对于中心轴实际转过的角度。因此，使用这种双游标读数装置可以消除偏心误差。

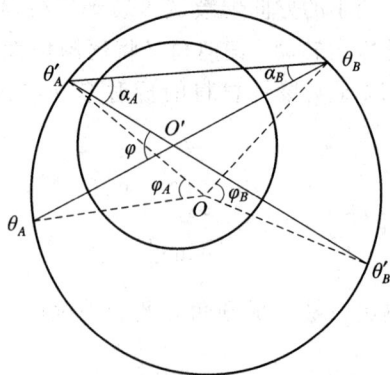

图 3-12-10　消除偏心误差原理图

实验 13　电表的改装与校准

　　电流计表头一般只能测量 μA 级电流和 mV 级电压，若要用它来测量较大的电流和电压，就必须用改装来扩大其量程。磁电式系列多量程表都是用这种方法实现的。电表改装的原理在实际中应用非常广泛。

一、实验目的

　　(1) 掌握一种测定电流表表头内阻的方法。
　　(2) 学会将微安表表头改装成电流表和电压表。
　　(3) 了解欧姆表的测量原理和刻度方法。

二、实验仪器

　　磁电式微安表头、标准电流表、标准电压表、滑线变阻器、电阻箱、电池、开关(单刀单掷和单刀双掷)和导线等。

三、实验原理

1. 将微安表改装成毫安表

　　用于改装的毫安表，习惯上称为"表头"。使表针偏转到满刻度所需要的电流 I_g 称表头的(电流)量程，I_g 越小，表头的灵敏度就越高。表头内线圈的电阻 R_g 称为表头的内阻，其值一般很小。欲用该表头测量超过其量程的电流，就必须扩大它的量程。扩大量程的方法是在表头上并联一个分流电阻 R_s，如图 3-13-1 所示。使超量程部分的电流从分流电阻 R_s 上流过，而表头仍保持原来允许流过的最大电流 I_g。图中，虚线框内由表头和 R_s 组成的整体就是改装后的电流表。

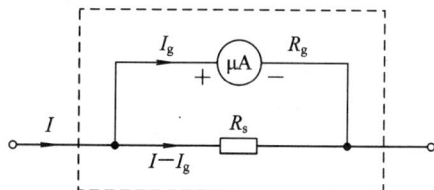

图 3-13-1　改装电流表原理图

　　设表头改装后的量程为 I，根据欧姆定律得

$$(I - I_g)R_s = I_g R_g \tag{3-13-1}$$

所以

$$R_s = \frac{I_g R_g}{I - I_g} \tag{3-13-2}$$

　　若 $I = n I_g$，则

$$R_s = \frac{R_g}{n - 1} \tag{3-13-3}$$

当表头的参量 I_g 和 R_g 确定后，根据所要扩大量程的倍数 n，就可以计算出需要并联的分流电阻 R_s，实现电流表的扩程。如欲将微安表的量程扩大 n 倍，只需在表头上并联一个电阻值为 $\dfrac{R_g}{n-1}$ 的分流电阻 R_s 即可。

2. 将微安表改装成伏特表

微安表的电压量程为 $I_g R_g$，虽然可以直接用来测量电压，但是电压量程 $I_g R_g$ 很小，不能满足实际需要。为了能测量较高的电压，就必须扩大它的电压量程。扩大电压量程的方法是在表头上串联一个分压电阻 R_H，如图 3-13-2 所示。使超出量程部分的电压加在分压电阻 R_H 上，表头上的电压仍不超过原来的电压量程 $I_g R_g$。

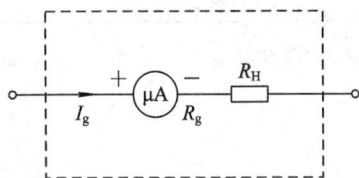

图 3-13-2　改装电压表原理图

设表头的量程为 I_g，内阻为 R_g，欲改成的电压表的量程为 V，由欧姆定律得

$$I_g(R_g + R_H) = V \qquad (3-13-4)$$

所以

$$R_H = \frac{V}{I_g} - R_g \qquad (3-13-5)$$

可见，要将量程为 I_g 的表头改装成量程为 V 的电压表，须在表头上串联一个阻值为 R_H 的附加电阻。同一表头，串联不同的分压电阻就可得到不同量程的电压表。

3. 将微安表改装成欧姆表

将微安表与可变电阻 R_0（阻值大）、R_m（阻值小）以及电池、开关等组成如图 3-13-3 所示电路，就将微安表组装成了一只欧姆表。图中，I_g、R_g 是微安表的量程和内阻，E、r 为电池的电动势和内阻。a 和 b 是欧姆表两表笔的接线柱。

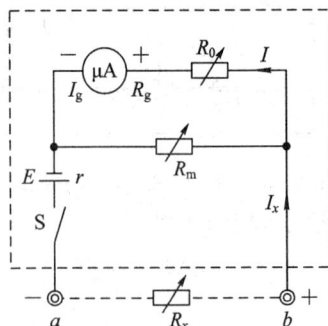

图 3-13-3　改装欧姆表原理图

设 a、b 间由表笔接入待测电阻 R_x 后，通过 R_x 的电流为 I_x，流经微安表头的电流为 I。根据欧姆定律有

$$I_x = \frac{E}{R_x + r + \dfrac{R_m(R_0 + R_g)}{R_m + (R_0 + R_g)}} \approx \frac{E}{R_x + R_m}$$

由

$$R_m \ll R_0 + R_g, \quad r \ll R_x \tag{3-13-6}$$

和

$$I(R_0 + R_g) = (I_x - I)R_m \tag{3-13-7}$$

解得

$$I = \frac{R_m}{R_0 + R_g + R_m}I_x \approx \frac{R_m}{R_0 + R_g} \cdot \frac{E}{R_x + R_m} \quad (R_m \ll R_0 + R_g) \tag{3-13-8}$$

可以看出,当 R_m、R_0、R_g 和 E 一定时,$I \sim R_x$ 之间有一一对应的关系。因此,只要在微安表电流刻度盘上侧标上相应的电阻刻度,就可以用来测量电阻了。根据这种关系绘制的欧姆表刻度如图 3-13-4 所示。

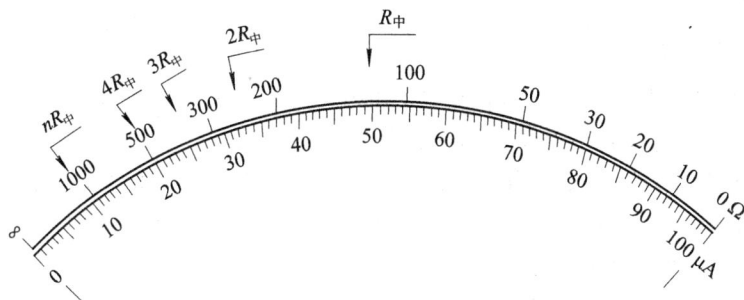

图 3-13-4 欧姆表刻度盘

由式(3-13-8)可以看出,欧姆表有如下特点:

(1) 当 $R_x = 0$(相当于外电路短路)时,适当调节 R_0(零欧调节电阻)可使微安表指针偏转到满刻度,此时

$$I = \frac{E}{R_0 + R_g} = I_g$$

当 $R_x = \infty$(相当于外电路断路)时,$I=0$,微安表不偏转。

可见,在欧姆表刻度尺上,指针偏转最大时示值为 0;指针偏转减小,示值反而变大;当指针偏转为 0 时,对应示值为 ∞。欧姆表刻度值的大小顺序跟一般电表正好相反。

(2) 当 $R_x = r + \dfrac{R_m(R_0 + R_g)}{R_m + (R_0 + R_g)} \approx R_m$ 时,有

$$I = \frac{R_m}{R_x + R_m} \cdot \frac{E}{R_0 + R_g} = \frac{1}{2}I_g$$

即当待测电阻等于欧姆表内阻时,微安表半偏转,指针正对着刻度尺中央。此时,欧姆表的示值习惯上称为中值电阻,亦即 $R_{中} = R_m$。

当 $R_x = 2R_{中}$ 时,$I = I_g/3$

$R_x = 3R_{中}$ 时,$I = I_g/4$

$\vdots$

$R_x = nR_{中}$ 时,$I = I_g/(n+1)$

由此可见，欧姆表的刻度是不均匀的，指针偏转越小处刻度越密。上述分析还说明了为什么欧姆表测量前必须先将 a、b 两端短路以及调节 R_0 使指针偏到满刻度（对准 0 Ω）。

另外，由于欧姆表半偏转时测量误差最小。因此，尽管欧姆表表盘刻度范围为 $0 \sim \infty$，但通常只取中间一段（$1/5R_{中} \sim 5R_{中}$）作为有效测量范围。若待测电阻阻值超出这个范围，可将 R_m 扩大 10 倍、100 倍、……，从而使 $R_{中}$ 也扩大同样的倍数。如图 3-13-4 所示，只要在欧姆表面板上相应标上 $R_x \times 10$、$R_x \times 100$、……等字样，就可以方便地测量出各挡电阻的阻值。测量时选用 $R_x \times 10$ 挡，还是 $R_x \times 100$ 挡或其他挡，应由 R_x 的估计值决定。原则上应尽量使欧姆表指针接近半偏转（R_x 接近 $R_{中}$）为好。

上述欧姆表在理论上能够测量电阻，但实用上还是有问题。因为电池用久了电压会降低，若 a、b 间短路，将 R_0 调小才能使电表满量程，这样中值电阻发生了变化，读数就不准确。因此，实用的欧姆表中一般加入了分流式调零电路，这里不再细述。

四、实验内容

1. 测量表头内阻

本实验用替代法测量表头内阻，电路图如图 3-13-5 所示。测量时，先合上 S_1，再将开关 S_2 扳向"1"端，调节 R_1（粗调）和 R_2（细调），使标准电流表 μA 示值对准某一整数值 I_0（如 80 μA）。然后保持 U_{BC}（R_1 的 C 端）和 R_2 不变，将 S_2 扳向"2"端（以 R_3 代替 R_g）。这时只调节 R_3，使标准电流表 μA 示值仍为 I_0（如 80 μA）。这时，表头内阻正好就等于电阻箱 R_3 的读数。在实验中，要求按表 3-13-1 所示数据测量三次。

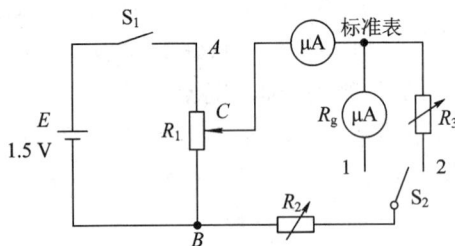

图 3-13-5 替代法测表头内阻电路图

注意：实验过程中，微安表 μA（表头）和标准表 μA 示值不同步并不影响 R_g 的测量。

表 3-13-1 测量表头内阻数据表

$I/\mu A$	60.0	80.0	90.0
R_g/Ω			
$\overline{R}_g/\Omega$			

2. 将 100 μA 的表头改装成量程为 1 mA 的电流表

按图 3-13-6 所示连接好线路。

（1）根据测出的表头内阻 $\overline{R}_g$，求出分流电阻 R_s（计算值）。然后，将电阻箱 R_s 调到该值后，图中的虚线框即为改装的 1 mA 电流表。

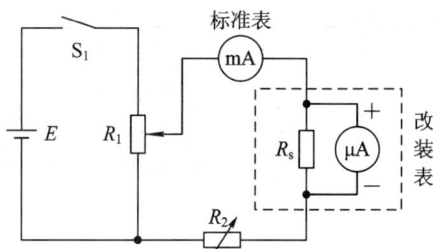

图 3-13-6 校正电流表电路图

（2）校准电流表量程：先调好表头零点（机械零点），然后，调节 R_1 和 R_2 使标准表 mA 示值为 1 mA。这时，改装表 μA 示值应该正好是满刻度值。若有偏离，可反复调节 R_1，R_2（主要改变标准表读数）和 R_s（主要改变表头读数），直到标准表为 1 mA 且改装表刚好满偏为止，这时改装表量程符合要求，此时 R_s 的值才为实验值。否则电流表的改装就没有达到要求。

（3）校正改装表：保持 R_s 不变，调节 R_1 和 R_2 使改装表示值 I_x 按表 3-13-2 的要求（即由 1.00、0.90、…、0.10 mA 变化），也就是表头示值由 100、90、……直减到 10 μA，记下标准表 mA 的相应示值 I_s。

表 3-13-2　电流表校正数据表格

分流电阻 R_s：计算值＝_____Ω；实验值＝_____Ω

I_x/mA	0.10	0.20	0.30	0.40	0.50	0.60	0.70	0.80	0.90	1.00
I_s/mA										
$\Delta I_x = I_s - I_x$/mA										

（4）以改装表示值 I_x 为横坐标，以修正值 $\Delta I_x = I_s - I_x$ 为纵坐标，相邻两点间用直线连接，画出折线状的校正曲线 $\Delta I_x \sim I_x$，如图 3-13-7 所示。

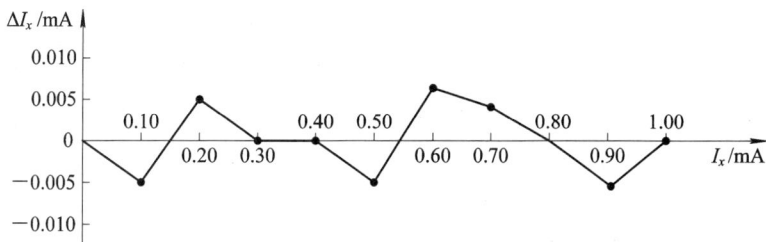

图 3-13-7　电流表校正曲线

3. 将 100 μA 的表头改装成量程为 1 V 的电压表

参照改装电流表的步骤，先求出分压电阻 R_H（计算值），按图 3-13-8 所示接好线路，直到标准表为 1 V 且改装表刚好满偏为止，则此时改装量程即符合要求。记录分压电阻 R_H 的实验值，并保持不变，调节 R_1、R_2，使改装表由满刻度开始逐渐减小直到零（表头 μA 示值由 100、90、……直减到 10 μA）；同时记下改装表（U_x）和标准表（U_s）相应的电压读数，将数据填入表 3-13-3 中。同样画出折线状的电压表校正曲线 $\Delta U_x \sim U_x$。

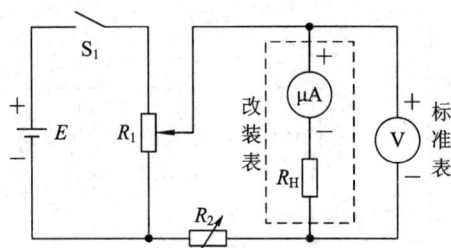

图 3 - 13 - 8　校正电压表电路图

表 3 - 13 - 3　电压表校正数据表格

分压电阻 R_H：计算值＝_____ Ω；　　实验值＝_____ Ω

U_x/V	0.10	0.20	0.30	0.40	0.50	0.60	0.70	0.80	0.90	1.00
U_s/V										
$\Delta U_x=U_s-U_x/V$										

4. 将 100 μA 的表头改装成中值电阻为 120 Ω 的欧姆表(选做)

(1) 按图 3 - 13 - 3 所示连接好电路，此时已组装好欧姆表。组装通电前，应拨好电阻箱 R_0、R_1 的阻值。

(2) 用电阻箱代替 R_x，使 $R_x＝0$ 时，微安表指针对准满刻度值。

(3) 根据表 3 - 13 - 4 所测出的数据，画出欧姆表刻度盘。

表 3 - 13 - 4　改装欧姆表数据表

$R_0＝$ _____ Ω；　　$R_1＝$ _____ Ω

R_x/Ω	0	20	30	40	50	80	120
$I/\mu A$							
R_x/Ω	150	200	300	400	500	1000	∞
$I/\mu A$							

五、问题讨论

(1) 给定一个已知量限为 I_g 的表头，改装成量限为 I 的电流表，试说明其主要方法及步骤。

(2) 将一个量程 $I_g＝100\ \mu A$，内阻 $R_g＝1000\ \Omega$ 的表头，改装成量程为 5 V 和 10 V 的电压表，试画出改装电路图并分别计算附加电阻 R_H 的值。

实验 14　示波管的基本结构——电子束实验

电子射线示波器是常用的电子仪器之一，它可以将电压随时间的变化规律显示在荧光屏上，以便研究它的大小、频率、相位和变化规律，还可以用来显示两个相关的电学量之间的函数关系。因此，示波器已成为测量电学量以及研究可转化为电压变化的其他非电学物理量的重要工具之一。

一、实验目的

（1）研究带电粒子在电场和磁场中偏转的规律。

（2）了解示波管的结构和原理。

（3）掌握测量电子荷质比的一种方法。

（4）了解示波器的结构和工作原理；掌握示波器各个旋钮的作用和使用方法。

（5）学习利用示波器观察电信号的波形，测交直流信号的电压、频率、周期；用李萨如图形测量频率和相位。

二、实验仪器

电子束实验仪、示波器、音频信号发生器、晶体管毫伏表和移相器等。

三、实验原理

在大多数电子束线管中，电子束都在互相垂直的两个方向上偏移，以使电子束能够到达电子接收器的任何位置。通常运用外加电场和磁场的方法实现，如示波管、显像管等器件就是在这个基础上运用相同的原理制成的。

示波管的内部构造如图 3-14-1 所示。

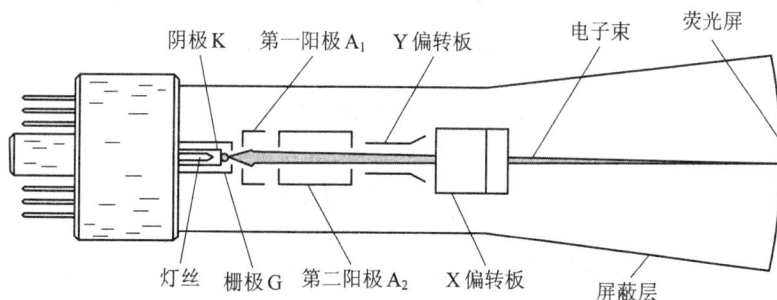

图 3-14-1　示波管的内部构造示意图

本实验可使学生熟悉示波管各电极与电源的连接、加速电压的调节、电子束强度及聚焦的控制方法以及电子束在不同电场作用下加速和偏转的工作原理等。通过测量电子束在不同的加速电压 V_2 及横向电场作用下，偏转量 X、Y 与偏转电压 V_{dx}、V_{dy} 大小之间的变化关系如图 3-14-2 所示，从而得到电子束的横向偏转量随电压大小成线性变化关系，如图 3-14-3 所示。直线的斜率 ε_y 表示电偏转灵敏度的大小；直线的斜率随加速电压 V_2 的大小而变,说明偏转灵敏度与电子的动能大小(或电子的速度大小)有关,由此可计算出示波管的电偏常数 Ke 与示波管内部的几何参数有关的量。

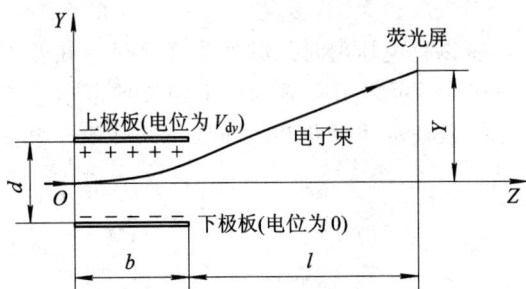

图 3 - 14 - 2 电子束的电偏转

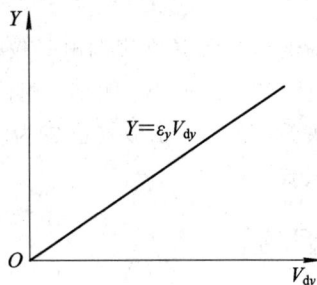

图 3 - 14 - 3 Y~V_{dy} 曲线

1. 电子在横向电场作用下的运动——电子束的电偏转实验

电偏转原理如图 3 - 14 - 4 所示。通常在示波管(又称电子束线管)的偏转板上加上偏转电压 V,当加速后的电子以速度 v 沿 Z 方向进入偏转板后,受到偏转电场 E(Y 轴方向)的作用,使电子的运动轨道发生偏移。假定偏转电场在偏转板 l 范围内是均匀的,电子作抛物线运动,在偏转板外电场为 0,电子不受力,作匀速直线运动。

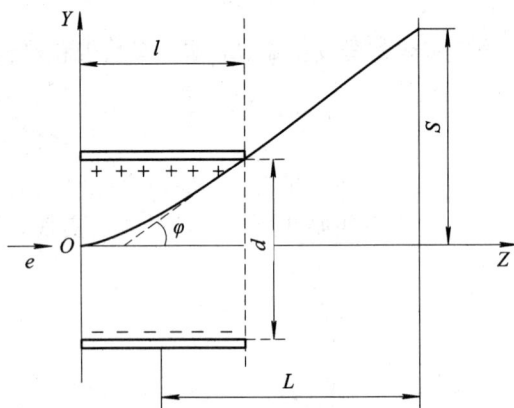

图 3 - 14 - 4 电偏转原理图

在偏转板之内有

$$Y = \frac{1}{2}at^2 = \frac{1}{2}\frac{eE}{m}(\frac{Z}{v})^2 \qquad (3-14-1)$$

式中,v 为电子初速度,Y 为电子束在 Y 方向的偏转距离。电子在加速电压 V_2 的作用下,加速电压对电子所做的功全部转为电子动能,则

$$eV_2 = \frac{mv^2}{2}$$

即

$$v^2 = \frac{2eV_2}{m}$$

若正、负两板所加偏转电压为 V,则

$$E = \frac{V}{d}$$

将其和 $v^2 = \frac{2eV_2}{m}$ 代入式(3-14-1),可得

$$Y = \frac{VZ^2}{4V_2 d} \qquad (3-14-2)$$

电子离开偏转系统时,电子运动的轨道与 Z 轴所成的偏转角 φ 的正切值为

$$\tan\varphi = \frac{\mathrm{d}Y}{\mathrm{d}Z}\bigg|_{Z=l} = \frac{Vl}{2V_2 d} \qquad (3-14-3)$$

设偏转板的中心至荧光屏的距离为 L,电子在荧光屏上的偏离为 S,则

$$\tan\varphi = \frac{S}{L}$$

将其代入式(3-14-3),得

$$S = \frac{VlL}{2V_2 d} \qquad (3-14-4)$$

由上式可知,荧光屏上电子束的偏转距离 S 与偏转电压 V 成正比,与加速电压 V_2 成反比,由于上式中的其他量是与示波管结构有关的常数,故可写为

$$S = \mathrm{Ke}\frac{V}{V_2} \qquad (3-14-5)$$

式中,Ke 为电偏常数。可见,当加速电压 V_2 一定时,偏转距离与偏转电压呈线性关系。为了反映电偏转的灵敏程度,定义

$$\delta_{\text{电}} = \frac{S}{V} = \mathrm{Ke}\left(\frac{1}{V_2}\right) \qquad (3-14-6)$$

式中,$\delta_{\text{电}}$ 称为电偏转灵敏度,单位为毫米/伏。$\delta_{\text{电}}$ 越大,表示电偏转系统的灵敏度越高。

因此电场偏转的特点是:电子束线偏离 Z 轴(即荧光屏中心)的距离与偏转板两端的电压成正比,与加速极的加速电压成反比。

2. 电子在纵向不均匀电场作用下的运动——电子束的电聚焦实验

示波管中电子束静电透镜示意图如图 3-14-5 所示。

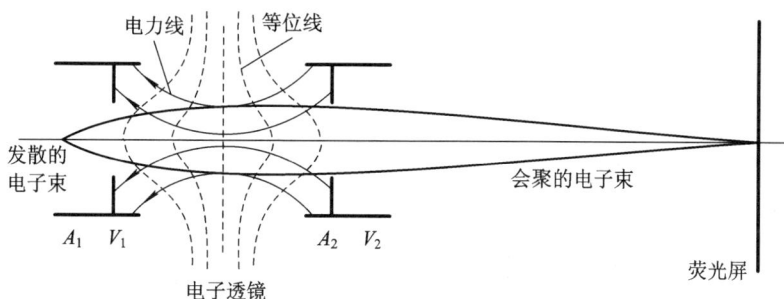

图 3-14-5 电子束静电透镜示意图

从示波管阴极发射的电子在第一阳极 A_1 的加速电场作用下,先会聚于控制栅孔附近一点如图 3-14-6(a)中的 O 点,随后电子束又散射开来。为了在示波管荧光屏上得到一个又亮又小的光点,必须把散射开来的电子束会聚起来,与光学透镜对光束的聚焦作用相

似，由第一阳极 A_1 和第二阳极 A_2 组成电聚焦系统。A_1、A_2 是两个相邻的同轴圆筒，在 A_1、A_2 上分别加上不同的电压 V_1、V_2，当 $V_2 > V_1$ 时，在 A_1、A_2 之间形成一非均匀电场，电场分布情况如图 3-14-6(b) 所示，电场对 Z 轴是对称分布的。

如图 3-14-6(c) 所示，电子束中某个远离轴线的电子沿轨迹 S 进入聚焦电场。在电场的前半区，这个电子受到与电力线相切方向的作用力 F。F 可分解为垂直指向轴线的分力 F_r 与平行于轴线的分力 F_z。F_r 的作用使电子向轴线靠拢，F_z 的作用使电子沿 Z 轴得到加速度。电子到达电场后半区时，受到的作用力 F' 可分解为相应的 F_r' 和 F_z' 两个分量。F_z' 分力仍使电子沿 Z 轴方向加速，而 F_r' 分力却使电子离开轴线。但因为在整个电场区域中电子都受到同方向的沿 Z 轴的作用力（F_z 和 F_z'），由于在后半区的轴向速度比在前半区的大得多。因此，在后半区电子受 F_r' 的作用时间短得多。这样，电子在前半区受到的拉向轴线的

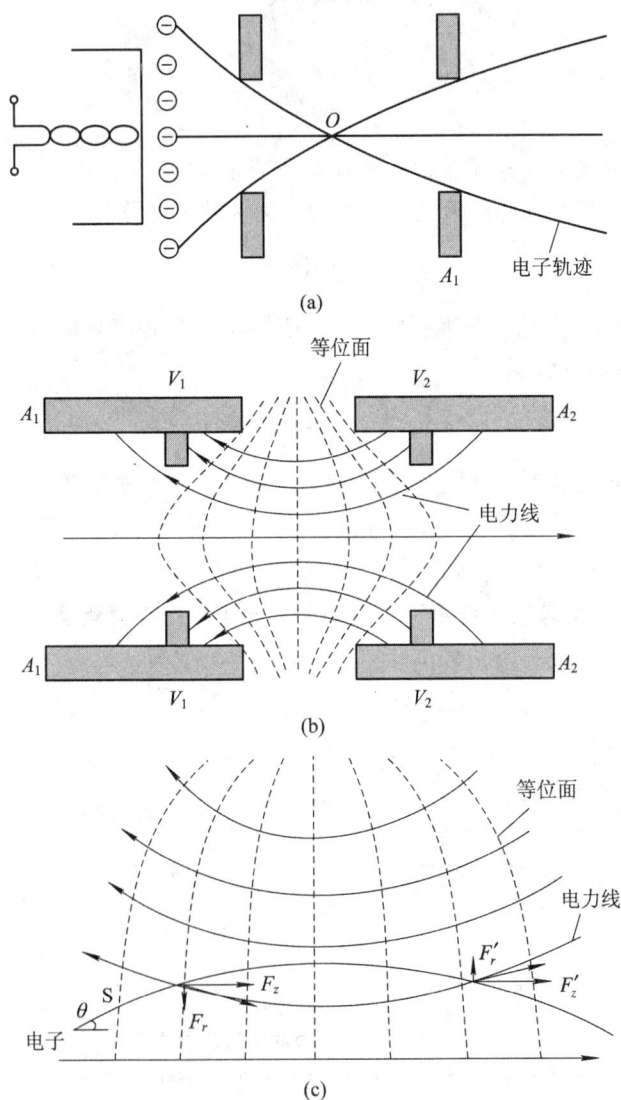

(a)

(b)

(c)

图 3-14-6 电子束的电聚焦原理图

(a) 电子会聚；(b) 电场分布情况；(c) 电子运动轨迹

作用大于在后半区受到离开轴线的作用，因此总效果是使电子向轴线靠拢，最后会聚到轴上某一点。调节阳极 A_1 和 A_2 的电压可以改变电极间的电场分布，使电子束的会聚点正好与荧光屏重合，这样就实现了电聚焦。

如果 V_1 和 V_2 的电势调节适当，电子就会加速飞过电子枪，并受到指向轴线的中心会聚力，因而由交叉点散射的电子束在荧光屏上会聚成一个非常细小的光斑，常称为聚焦的光。理论与实验证明，不管亮度如何，聚焦的条件都是 $G = \dfrac{V_2}{V_1} \approx$ 常数。

若 $V_2 > V_1$，则 $G > 1$，这样的聚焦称为正向聚焦，若 $V_2 < V_1$，即 $G < 1$，加速电压 V_2 和聚焦电压 V_1 调节恰当也可聚焦，称为反向聚焦，但是光点较暗。实验中可以找到电子枪的加速电压 V_2 和聚焦电压 V_1 之间有两种不同的组合，都可以使电子束在荧光屏上聚焦。

3. 电子在横向磁场作用下的运动——电子束的磁偏转实验

磁偏转原理如图 3-14-7 所示。

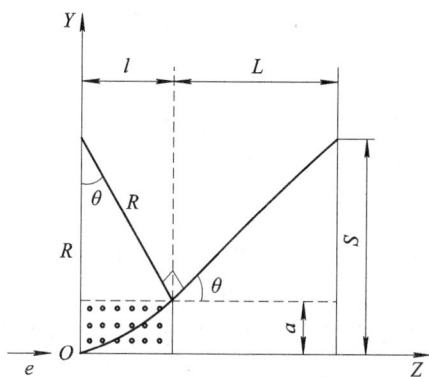

图 3-14-7　磁偏转原理图

通常在示波管的电子枪和荧光屏之间加上一均匀横向偏转磁场，假定在 l 范围内是均匀的，在其他范围都为零。当电子以速度 v 沿 Z 方向垂直射入磁场 B 时，将受到洛仑兹力的作用在均匀磁场 B 内电子作匀速圆周运动，轨道半径为 R，电子穿出磁场后，将沿切线方向作匀速直线运动，最后打在荧光屏上，由洛仑兹力定律和牛顿第二定律可得

$$f = evB = m\frac{v^2}{R}$$

因此

$$R = \frac{mv}{eB}$$

电子离开磁场区域与 Z 轴偏斜了 θ 角度，由图 3-14-7 中的几何关系得

$$\sin\theta = \frac{l}{R} = \frac{leB}{mv}$$

电子束离开磁场区域时，距离 Z 轴的距离 a 为

$$a = R - R\cos\theta = R(1 - \cos\theta) = \frac{mv}{eB}(1 - \cos\theta)$$

电子束在荧光屏上离开 Z 轴的距离为

$$S = L \cdot \tan\theta + a$$

如果偏转角度足够小，则可取下列近似：

$$\sin\theta = \tan\theta = \theta, \quad \cos\theta = 1 - \frac{\theta^2}{2}$$

则总偏转距离为

$$S = L \cdot \theta + R\left(1 - 1 + \frac{\theta^2}{2}\right) = L \cdot \theta + \frac{R\theta^2}{2}$$

$$= L \cdot \theta + \frac{mv}{eB} \cdot \frac{\theta^2}{2} = L \cdot \frac{leB}{mv} + \frac{mv}{eB} \cdot \frac{1}{2}\left(\frac{leB}{mv}\right)^2$$

$$= L\frac{leB}{mv} + \frac{l^2 eB}{2mv}$$

$$= \frac{leB}{mv}\left(L + \frac{l}{2}\right) \tag{3-14-7}$$

又因为电子在加速电压 V_2 的作用下，加速场对电子所做的功全部转变为电子的动能，则

$$eV_2 = \frac{1}{2}mv^2$$

即

$$v = \sqrt{\frac{2eV_2}{m}}$$

代入式(3-14-7)，得

$$S = \frac{leB}{\sqrt{2meV_2}}\left(L + \frac{1}{2}l\right) \tag{3-14-8}$$

上式说明，磁偏转的距离与所加磁感应强度 B 成正比，与加速电压的平方根成反比。

由于偏转磁场是由一对平行线圈产生的，所以有

$$B = KI$$

式中 I 是励磁电流，K 是与线圈结构和匝数有关的常数。代入式(3-14-8)，得

$$S = \frac{KleI}{\sqrt{2meV_2}}\left(L + \frac{1}{2}l\right) \tag{3-14-9}$$

由于式中除加速电压 V_2 外其他量都是常数，故可写成

$$S = \text{Km} \cdot \frac{I}{\sqrt{V_2}} \tag{3-14-10}$$

Km 为磁偏常数。可见，当加速电压一定时，位移与励磁电流呈线性关系。为了描述磁偏转的灵敏程度，定义

$$\delta_{磁} = \frac{S}{I} = \text{Km}\frac{1}{\sqrt{V_2}} \tag{3-14-11}$$

式中，$\delta_{磁}$ 称为磁偏转灵敏度，单位为毫米/安培。同样，$\delta_{磁}$ 越大，磁偏转的灵敏度越高。

结果表明，在加速电压一定的条件下，偏转量与励磁电流成线性关系。但直线的斜率即磁偏转灵敏度 δ 随加速电压的变化规律与静电偏转情况下是不同的。静电偏转灵敏度与加速电压成反比，磁偏转情况下它与加速电压的平方根成反比。

4. 电子束的磁聚焦

将示波管的第一阳极 A_1、第二阳极 A_2、水平偏转板以及垂直偏转板连接在一起，相对

于阴极板加一电压 V_A，这样电子一进入 A_1 后，就在零电场中作匀速运动，这时来自交叉点发散的电子束将不再会聚，而在荧光屏上形成一个面积很大的光斑。下面介绍用磁聚焦的方法使电子束聚焦的原理。

在示波管外套一载流长螺线管，在 Z 轴方向即产生一均匀磁场 B，电子离开电子束交叉点进入第一阳极 A_1 后，即在一均匀磁场 B（电场为零）中运动，如图 3-14-8 所示。v 可分解为平行于 B 的分量 $v_{/\!/}$ 和垂直于 B 的分量 $v_\perp$，磁场对 $v_{/\!/}$ 分量没有作用力，$v_{/\!/}$ 分量使电子沿 B 方向作匀速直线运动；$v_\perp$ 分量受洛仑兹力的作用，使电子绕 B 轴作匀速圆周运动。因此，电子的合成运动轨道是螺旋线（见图 3-14-8），螺旋线的半径为

$$R = \frac{mv_\perp}{eB} \tag{3-14-12}$$

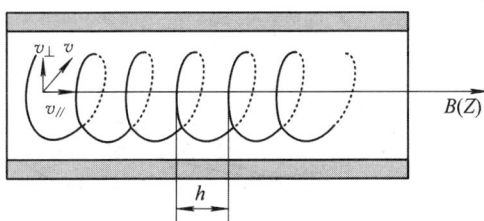

图 3-14-8 电子在纵向磁场中的运动

电子作圆周运动的周期为

$$T = \frac{2\pi R}{v_\perp} = \frac{2\pi m}{eB} \tag{3-14-13}$$

从式（3-14-13）看出，T 与 $v_\perp$ 无关，即在同一磁场下，不同速度的电子绕一周所需的时间是相等的，只不过速度快的电子绕的圆周大，速度慢的电子绕的圆周小而已。

螺旋线的螺距为

$$h = Tv_{/\!/} = \frac{2\pi m}{eB} v_{/\!/} \tag{3-14-14}$$

根据理论分析，R 与磁场大小 B 成反比。电子束在荧光屏上光点的位置（直角坐标的 X、Y 或极坐标的 r、θ）会随纵向磁场 B 的大小而改变，其轨迹为一螺线形，如图 3-14-9 所示。可以通过实验进行验证。

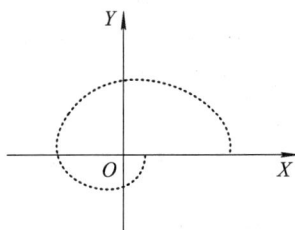

图 3-14-9 荧光屏上电子随磁场 B 变化的轨迹

在示波管中，由电子束交叉点射入均匀磁场中的一束电子流中，各电子与 Z 轴的夹角 θ 是不同的，当夹角 θ 都很小时，则

$$v_{/\!/} = v\cos\theta \approx v, \quad v_\perp = v\sin\theta \approx v\theta$$

由于 $v_\perp$ 不同，在磁场的作用下，各电子将沿不同半径的螺旋线前进，但由于各电子的

$v_{/\!/}$ 分量近似相等，其大小由阳极所加的电压 V_2 决定，因为

$$\frac{1}{2}mv_{/\!/}^2 = eV_2$$

即

$$v_{/\!/} = \sqrt{\frac{2eV_2}{m}} \qquad (3-14-15)$$

所以各螺旋线的螺距是相等的。这样，由同一点 O 出发的各电子沿不同半径的螺旋线，经过同一距离 h 后，又重新会聚在轴线上的同一点，如图 3-14-10 所示。调节磁场 B 的大小，使 $l/h = n'$ 为一整数（l 是示波管中电子束交叉点到荧光屏的距离），会聚点就正好与荧光屏重合形成亮点，这就是磁聚焦的原理。

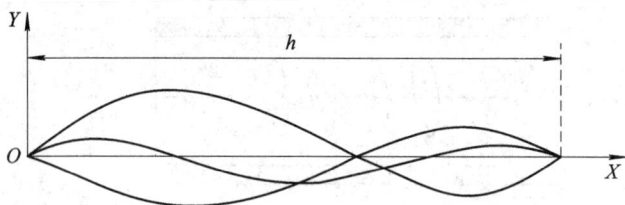

图 3-14-10 电子沿不同半径发出的螺旋线

5. 电子荷质比 e/m 的测定

利用磁聚焦系统，调节磁场 B，当螺旋线的螺距 h 正好等于示波管中电子束交叉点到荧光屏之间的距离 l 时，在屏上将得到一个亮点（聚焦点）。这时

$$l = h = \frac{2\pi m v_{/\!/}}{eB} = \frac{2\pi m}{eB}\sqrt{\frac{2eV_2}{m}}$$

即得

$$\frac{e}{m} = \frac{8\pi^2 V_2}{l^2 B^2} \qquad (3-14-16)$$

式中 l、B 由每台实验仪器给出数据。其中聚焦线圈中的平均磁场为

$$B = \frac{1}{2}\mu_0 nI(\cos\alpha - \cos\beta) \qquad (3-14-17)$$

式中，I 为流过磁聚焦线圈的电流，n 为单位长度螺线管的匝数，B 的单位为特斯拉（T）。为了减小 I 的测量误差，可利用三次聚焦时对应的励磁电流求平均 $\bar{I}$，因为第一次聚焦时的电流为 I_1，二次聚焦的电流为 $2I_1$，即磁场强一倍，相应电子在示波管内绕 Z 轴转两圈。同理，三次聚焦的电流 I_3 应为 $3I_1$，…… 所以有

$$\bar{I} = \frac{I_1 + I_2 + I_3 + \cdots}{1 + 2 + 3 + \cdots} \qquad (3-14-18)$$

将 $\bar{I}$ 代入实验仪器给出的 B 计算式中，求出 B。再将 V_2、l、B 值代入式（3-14-16）中，即可求出不同加速电压 V_2 时的电子荷质比 e/m，并与理论值相比较。

四、实验内容

1. 电子在横向电场作用下的运动（电偏转）

（1）接通仪器的右下角电源开关（打开面板上右下角开关）。

（2）将聚焦选择开关"点线"置于"点"（POINT）聚焦位置，将"E、M"开关置于"E"位置，辉度控制（栅极电压）V_G 处在适当位置，调节适当的加速电压 V_2 和聚焦电压 V_1，使示波管屏上光点聚成一个细点，光点不要太亮，以免烧坏荧光物质。

（3）将"高压测量转换"开关置于加速电压"V_2"挡，记录此时的加速电压值。

（4）将"电压电流测量转换"开关分别置于"V_{dx}"和"V_{dy}"挡，调节"V_{dx}"和"V_{dy}"电位器，使"V_{dx}"和"V_{dy}"均"0"伏，调节仪器面板中上部的"X、Y 辅助调零"电位器，使光点处于"坐标板刻度盘"的中心点。

（5）将"电压电流测量转换"开关置"V_{dx}"处，测量不同加速电压 V_2（V_2 均为负值）时（至少三组）的 $D-V_{dx}$ 数据，记入表 3-14-1。要求第一组 V_2 取最大值，相邻两组 V_2 相差尽量不超过 50 V。加速电压"V_2"和 X 偏转电压"V_{dx}"从仪器面板上的"电压显示"数字表中分别读出，D 从坐标板刻度盘上读出。（坐标板上每格（方格）5 mm。）电子束聚焦亮点不要太亮，否则容易烧毁示波管的荧光物质。

表 3-14-1　X 轴方向电偏转测量数据表　　　　　　　　　　　　V

	D/mm		—20	—15	—10	—5	0	5	10	15	20
1	V_2	V_{dx}									
2	V_2	V_{dx}									
3	V_2	V_{dx}									

（6）用最大 V_2 值和最小 V_2 值的两组数据在同一个坐标系中作 $D-V_{dx}$ 曲线，并从图中求出两条直线的斜率，此斜率 $\varepsilon_x=\Delta D/\Delta V_{dx}$ 即为电偏转灵敏度。比较偏转灵敏度 ε_x 和加速电压 V_2 的对应关系。要求计算过程及比较结果均在坐标纸上完成。

（7）将"V_{dx}"调到"0"伏，然后将"电压电流测量转换"开关置于"V_{dy}"挡，测 $D-V_{dy}$ 数据记入表 3-14-2，并做同样的数据处理。

表 3-14-2　Y 轴方向电偏转测量数据表格　　　　　　　　　　V

	D/mm		—20	—15	—10	—5	0	5	10	15	20
1	V_2	V_{dx}									
2	V_2	V_{dx}									
3	V_2	V_{dx}									

2. 电子在纵向不均匀电场作用下的运动（电聚焦——选作）

（1）调节适当的加速电压 V_2 和聚焦电压 V_1，使示波管屏上光点聚成一个细点。

（2）记录此时的加速电压 V_2 和 V_1。

（3）改变加速电压 V_2 和聚焦电压 V_1，再使示波管屏上光点聚成一个细点（相对比较小），记录此时的加速电压 V_2 和聚焦电压 V_1 于表 3-14-3 中，算出聚焦条件：

$$G=\frac{V_2}{V_1}\approx 常数$$

表 3－14－3　电聚焦数据表　　　　　　　　V

	V_2	V_1	$G=V_2/V_1$
1			
2			
3			
平均		

3．电子在横向磁场作用下的运动（磁偏转）

（1）接通仪器面板右下角的"恒流源"开关。

（2）仿电偏转第（4）、（5）操作。

（3）"电压电流测量转换"开关置于"200 mA"挡。

（4）将"恒流源电流调节"电位器逆时针旋到底，此时"电流显示"为"0"（面板右上角数字表中显示），再调节"X、Y辅助调零"电位器，使光标处于"坐标板刻度盘"中心处。然后顺时针缓慢调节"恒流源电流调节"电位器，记录相应的电流值 I_m 和偏移距离 D。将数据记入表 3－14－4 中。

（5）测完正向（0～20 mm）或负向（－20～0 mm）后，将电流仍调为 0，改变示波管左侧中部的"换向"开关，即可将流过磁偏转线圈 A 和 B 的电流换向。测出相反方向的数据，并记入数据表 3－14－4。

表 3－14－4　磁偏转测量数据表　　　　　　　　mA

	D/mm		－20	－15	－10	－5	0	5	10	15	20
1	V_2	I_m									
2	V_2	I_m									
3	V_2	I_m									

（6）用最大 V_2 值和最小 V_2 值的两组数据在同一个坐标系中作 D-I_m 曲线，并从图中求出两条直线的斜率，即磁偏转灵敏度 δ。比较偏转灵敏度 δ 和加速电压 V_2 的对应关系。要求计算过程及比较结果均在坐标纸上完成。

五、问题讨论

（1）在计算电偏转灵敏度的过程中，能得出 ε 与 V_2 有什么关系？

（2）在电聚焦实验中，由于 $V_2>V_1$，因此 $G>1$，这样的聚焦称为正向聚焦；若 $V_2<V_1$，即 $G<1$，加速电压 V_2 和聚焦电压 V_1 调节恰当也可聚焦，称为反向聚焦，但是光点较暗，为什么？

（3）偏转量的大小与光点的亮度是否有关？为什么？

实验 15　声 速 的 测 量

声波是一种在弹性介质中传播的纵波。声速则是描述声波在媒质中传播特性的一个基本物理量。测量声速最简单的方法之一就是利用声速与振动频率 f 和波长 λ 之间的关系，即 $v = f\lambda$ 求出。超声波是频率为 $2 \times 10^4 \sim 2 \times 10^9$ Hz 的机械波，它具有波长短，易于定向发射等特点，所以应用非常广泛，如医用 B 超、超声洗牙机、超声探测器、超声碎石机、超声驱蚊机、超声测距仪等。

一、实验目的

(1) 学会用共振干涉法和位相法测量超声波在空气中的传播速度。
(2) 学会使用示波器和信号发生器。
(3) 加强对驻波及振动合成等理论的理解。

二、实验仪器

声速测量仪、示波器和信号发生器等。

三、实验原理

实验用的共振干涉法和位相比较法，通过测量其频率 f 和波长 λ 来计算声速。

1. 实验装置

声速测量仪主要由支架、游标卡尺和两只超声波压电换能器组成，如图 3 - 15 - 1 所示。两只超声波压电换能器的位置分别与游标卡尺的主尺和游标相对定位，所以两只超声压电换能器相对位置间距离的变化量可在游标卡尺上直接读出。两只超声换能器，一只为发射超声波换能器（电声转换），另一只为接收超声波换能器（声电转换），其结构完全相同。发射器的平面端面用来产生平面超声波，接收器的平面端面则为超声波的接收面。

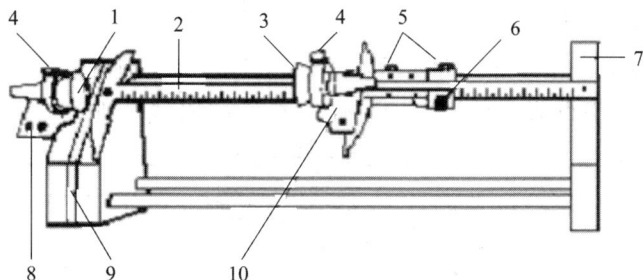

1—发射换能器；2—游标卡尺主尺；3—接收换能器；4—换能器固定螺丝；5—游标锁定螺丝；
6—游标细调螺丝；7—支架；8—信号输入插孔；9—减震片；10—信号输出插孔

图 3 - 15 - 1　声速测量仪结构简图

超声波压电换能器工作在超声范围，能保持实验室安静，而且发射的是单方向的平面超声波，方向性强，超声波的声强随距离的增加衰减较小。

实验仪所用支架的结构采用了减震措施，能有效地隔离两超声换能器间通过支架而产生的机械振动耦合，从而避免了由于超声波在支架中传播而引起的测量误差。

2. 共振干涉法(驻波法)

共振干涉法实验装置如图 3-15-2 所示。实验时，将信号发生器输出的正弦电压信号接到发射超声换能器上，发射超声发射换能器通过电声转换，将电压信号变为超声波，以超声波形式发射出去。接收换能器通过声电转换，将声波信号变为电压信号后，送入示波器观察。

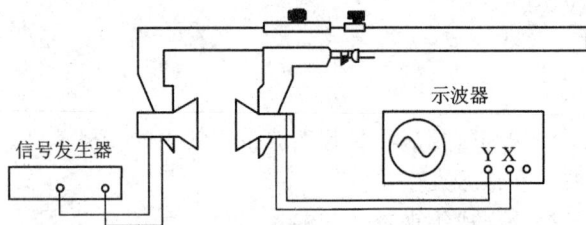

图 3-15-2 共振干涉法实验线路图

由声波传播理论可知，从发射换能器发出一定频率的平面声波，经过空气传播，到达接收换能器。如果接收面和发射面严格平行，即入射波在接收面上垂直反射，则入射波与反射波相互干涉形成驻波。此时，两换能器之间的距离恰好等于其声波半波长的整数倍。

在声驻波中，波腹处声压最小，波节处声压最大。接收换能器的反射界面处为波节，声压效应最大。因此，可从接收换能器端面声压的变化来判断超声波驻波是否形成。

移动卡尺游标，改变两只换能器端面的距离，在一系列特定的距离上，媒质中将出现稳定的驻波共振现象，此时，l 等于半波长的整数倍，只要我们监测接收换能器输出电压幅度的变化，记录下相邻两次出现最大电压数值时卡尺的读数(两读数之差的绝对值等于超声波波长的二分之一)，则根据公式 $V = f\lambda$，就可算出超声波在空气中的传播速度。其中，超声波的频率由信号发生器直接读出。为提高测量精度，应充分使用整个卡尺行程，尽可能多的取得产生驻波时的卡尺读数，然后将所得的数据用逐差法进行处理，最后得到更为准确的声波波长。

3. 位相比较法(行波法)

位相比较法接线如图 3-15-3 所示，声波波源振动时，将带动周围的空气质点振动。发射面向前运动时，使得前面的空气变得稠密；发射面向后运动时，使前面的空气变得稀

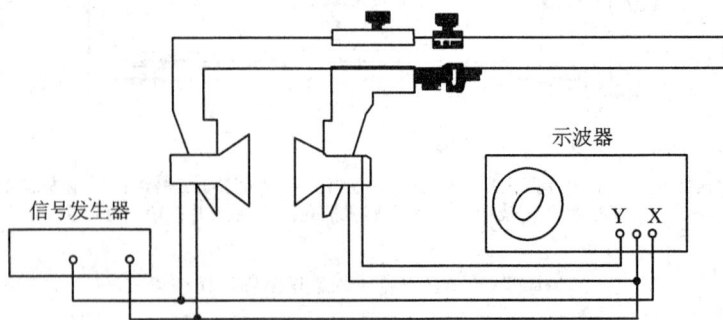

图 3-15-3 位相比较法实验线路图

疏。通过空气质点间的相互作用,这种疏密状态由声波波源向外传播,形成波动过程。在声波传播方向上,所有质点的振动位相逐一落后,各点的振动位相又随时间变化,但它们的振动频率与声源相同。因此,声场中任一点与声源间的位相差不随时间变化。声波波源和接收点存在着位相差,而这位相差则可以通过比较接收换能器输出的电信号与发射换能器输入的正弦交变电压信号的位相关系中得出,并可利用示波器的李萨如图形来观察。

位相差 φ 和角频率 ω、传播时间 t 之间有如下关系:

$$\varphi = \omega \cdot t \qquad (3-15-1)$$

同时有:$\omega = \dfrac{2\pi}{t}$,$t = \dfrac{l}{v}$,$\lambda = Tv$(式中 T 为周期)。代入上式得

$$\varphi = \frac{2\pi l}{\lambda} \qquad (3-15-2)$$

当 $l = \dfrac{n\lambda}{2}(n=1,2,3,\cdots)$ 时,可得 $\varphi = n\pi$。

由上式可知,当接收点和波源的距离变化等于一个波长时,则接收点和波源的位相差也正好变化一个周期(即 $\Phi = 2\pi$)。

实验时,通过改变发射器与接收器之间的距离,观察到相位的变化。当相位差改变 π 时,相应距离 l 的改变量即为半个波长。根据波长和频率即可求出波速。

四、实验内容

1. 用共振干涉法测声速

(1)首先调整两只换能器固定卡环上的紧固螺丝,使两只换能器的平面端面与卡尺游标滑动方向相垂直,保持换能器位置固定。按图 3-15-2 所示接好电路(注意:所有仪器一定要共地)。

(2)调节信号发生器的输出电压和频率($f=35$ kHz 左右),使换能器在谐振频率附近工作。调整时可通过观察屏上正弦波幅度的变化,微调信号发生器输出信号频率,直至屏上的正弦波幅度最大。调节示波器,使屏上正弦波幅度适中。

(3)移动卡尺游标,逐渐加大两只换能器的间距,观察示波器屏上正弦波形幅度的周期性变化。当每出现一次波形幅度最大数值时,读取并记录卡尺指示数。为了准确得到接收声压最强的位置,可利用游标卡尺上的微动螺丝,仔细调整接收器位置。

(4)测量数据,按表 3-15-1 记录测量数据并作数据处理。

表 3-15-1 测 量 数 据 表

$f = \underline{\hspace{4cm}}$ kHz

i	L_i/mm	$\lambda_i = \dfrac{1}{3}|L_{i+6} - L_i|$
1		
2		

i	L_i/mm	$\lambda_i = \dfrac{1}{3}\,|\,L_{i+6}-L_i\,|$
3		
4		
5		
6		
7		
8		
9		
10		
11		
12		

实验结果：v(实验值)＝_____ m/s

2. 用位相比较法测声速

位相比较法测声速的实验装置如图 3 - 15 - 3 所示。将两只换能器的正弦电压信号分别输入到示波器的"X 轴"和"Y 轴"，荧光屏上便显示出两个相同频率的垂直振动的合成图形。当接收器从发射器附近慢慢移开时，接收器与发射器间的位相差随移动的距离变化，荧光屏上的图形也相应地周期性变化，如图 3 - 15 - 4 所示。在移动接收器的同时，注意观察屏上图形的变化。每当屏上出现斜直线图形时，从游标卡尺上直接读出反向点和同向点的位置。

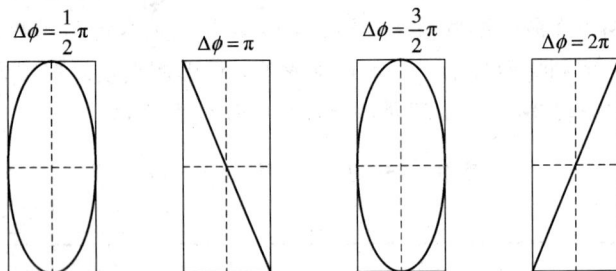

图 3 - 15 - 4　反向点和同相点的判断图形

（1）由于发射端信号比接收端强，而一般示波器 Y 轴灵敏度比 X 轴高，因此，通常 Y 轴接接收端信号，X 轴接发射端信号。

（2）将示波器"扫描范围"旋钮扳到"X - Y"位置。适当调节示波器，使荧光屏上的李萨如图形能便于观察。如果图形效果不好，可调节 X 轴和 Y 轴的衰减旋钮。

（3）移动接收器，逐渐改变两只换能器的间距，观察荧光屏上李萨如图形的变化。每当屏上呈现出正、负斜率的直线图形时，从游标卡尺上读出该位置的数值并记录。

（4）记下室温 t℃，根据声速的理论公式计算 t℃时声速的理论值：

$$v = v_0 \sqrt{\frac{T}{T_0}} = v_0 \sqrt{1 + \frac{t}{273.15}}$$

式中：$T = (t+273.15)$K；$v_0 = 331.45$ m/s（$T_0 = 273.15$ K 时的声速）。v 的单位为 m/s。

（5）数据处理，按表 3-15-2 记录测量数据并作数据处理。

表 3-15-2　测量数据表

$f=$ ＿＿＿＿＿＿ kHz；室温 $t=$ ＿＿＿＿＿＿ ℃；$v_{理论值}=$ ＿＿＿＿＿＿ m/s

i	L_i/mm	$\lambda_i = \frac{1}{3} \mid L_{i+6} - L_i \mid$
1		
2		
3		
4		
5		
6		
7		
8		
9		
10		
11		
12		

测量结果：$v_{实验值}=$ ＿＿＿＿＿＿＿＿ m/s

相对误差：$E = \left| \dfrac{v - v_{实验值}}{v} \right| \times 100\% =$ ＿＿＿＿＿＿ %

五、注意事项

（1）实验前应仔细阅读有关示波器和信号发生器的使用说明。

（2）信号发生器的输出端严禁"短路"。

（3）信号发生器的量程选用"100 K"挡。

实验 16　灵敏电流计特性的研究

灵敏电流计也叫检流计，是磁电式仪表。它和其他磁电式仪表一样都是根据载流线圈在磁场中受力矩作用而偏转的原理制成的，只是在结构上有些不同。普通电表中的线圈安装在轴承上，用弹簧游丝来维持平衡，用指针来指示偏转。而灵敏电流计则是用极细的金属悬丝代替轴承，且将线圈悬挂在磁场中的，由于悬丝细而长，反抗力矩很小，所以当有极弱的电流流过线圈时，就会使它有明显的偏转。因而它比一般的电流表要灵敏得多，可以测量 10^{-11} A～10^{-6} A 范围的微弱电流和 10^{-6} V～10^{-3} V 范围的微小电压。电流计的另一种用途是平衡指零，即根据流过电流计的电流是否为零来判断电路是否平衡。

一、实验目的

（1）了解灵敏电流计的结构和工作原理。
（2）了解灵敏电流计的三种运动状态。
（3）测定灵敏电流计的临界电阻、电流常数和内阻。

二、实验仪器

AC15/4 型直流复射式检流计、电池、电压表、滑线电阻器、标准电阻、电阻箱两个、单刀开关两个和导线等。

三、实验原理

1. 灵敏电流计的结构

灵敏电流计主要由三部分组成。各部分具体部件如图 3-16-1 和图 3-16-2 所示。

图 3-16-1　灵敏电流计基本结构

（1）磁场部分：在永久磁铁的 N 极和 S 极之间安装一个柱形软磁铁，使磁极与软磁铁柱缝隙里的磁场分布呈均匀辐射状。

（2）偏转部分：一个用细导线绕制的矩形线圈悬挂于磁隙间，并能以悬丝为轴转动。悬丝是能导电的青铜薄带，具有良好的扭转弹性，悬丝的扭力矩很小（普通电表采用宝石轴承加游丝式结构，轴承存在较大的摩擦力矩）。上、下悬丝各与线圈的导线两端连接。

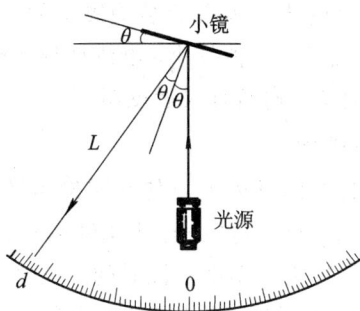

图 3-16-2 灵敏电流计的镜尺系统

（3）读数部分：一个小反射镜固定在悬丝线圈骨架下面，用来把光源射来的光反射到标尺上，形成一个光标进行读数，其等效指针长度达 1 m 以上。

由于用扭力矩很小的悬丝代替了普通电表的一般游丝，减少了轴承摩擦，用光学指示替代了机械指针，使得电流计的灵敏度提高了几个数量级。

2. 灵敏电流计的工作原理

如图 3-16-1 所示，当有电流 I_g 流过线圈时，根据电磁学原理，线圈所受的磁力矩为

$$M_B = NSBI_g \tag{3-16-1}$$

式中，N 和 S 为线圈匝数和截面积；B 为磁极与铁芯间隙中的磁感应强度。同时，线圈偏转过程中受到悬丝产生的扭力矩（恢复力矩）的作用，其大小为

$$M_\theta = -D\theta \tag{3-16-2}$$

式中，D 为悬丝的弹性扭转系数；负号表示线圈偏转角 θ 转向与 M_θ 相反。

当线圈最后静止下来时，偏转角为 θ_0，则有

$$M_{\theta_0} = -D\theta_0$$

此时，$M_B + M_{\theta_0} = 0$，即 $NBSI_g = D\theta_0$。故有

$$I_g = \frac{D}{NBS}\theta_0 = K\theta_0 \tag{3-16-3}$$

可见，线圈偏转角 θ_0 和线圈通过的电流 I_g 成正比。由线圈偏转角 θ_0 就可以确定 I_g 的大小。

线圈偏转角 θ_0 可由前面所述的光源投射到小镜上，再反射到标尺上的光标所移动的距离 d 和标尺与小镜的距离 L（见图 3-16-2）求得。由光的反射定律，标尺上读数 d 与 θ_0 的关系是

$$d = L \cdot 2\theta_0 \quad \text{或} \quad \theta_0 = \frac{d}{2L}$$

其中，L 为标尺与反射镜间距离，代入式（3-16-3）有

$$I_g = \frac{D}{2LNBS} \cdot d = K_i d \tag{3-16-4}$$

式中，$K_i = \dfrac{D}{2LNBS}$ 为电流计常数。

式（3-16-4）表明，通过电流计的电流 I_g 与标尺上的读数 d 成正比。电流计给定，电流计常数就确定了。

灵敏电流计的电流常数是由电流计本身的结构决定的，单位是安/分度，表示光标每偏转1分度(1 mm)所对应的电流值。K_i值越小，电流计越灵敏，K_i的倒数$1/K_i=S$称为灵敏电流计的电流灵敏度，即S越大，电流计灵敏度越高。

3. 灵敏电流计的三种运动状态

当外加电流通过灵敏电流计或断开外电流使线圈发生转动(实际上，无论什么原因使得电流计的线圈发生转动)时，由于线圈具有转动惯量和转动动能，它不可能立刻就停止在平衡位置上，而是要在平衡位置附近摆动一段时间才能稳定。摆动时间的长短直接影响测量的速度。为此有必要了解影响线圈运动状态的各种因素。灵敏电流计工作时，总是由其内阻R_g与外电路电阻$R_外$构成闭合回路，线圈在磁场中转动时就会产生感应电流。根据楞次定律，这个感应电流产生的电磁力矩是一个阻力矩——电磁阻尼力矩。电磁阻尼力矩阻碍线圈运动，其大小除了与电流计的结构有关之外，还与电流计回路的总电阻有关，即

$$M \propto \frac{1}{R_g + R_外} \tag{3-16-5}$$

可见，控制$R_外$(电流计回路除内阻R_g外的总电阻)的大小，就可控制电磁阻尼力矩M的大小，从而控制线圈的运动状态。图3-16-3所示是电流计的三种运动状态关系曲线图。

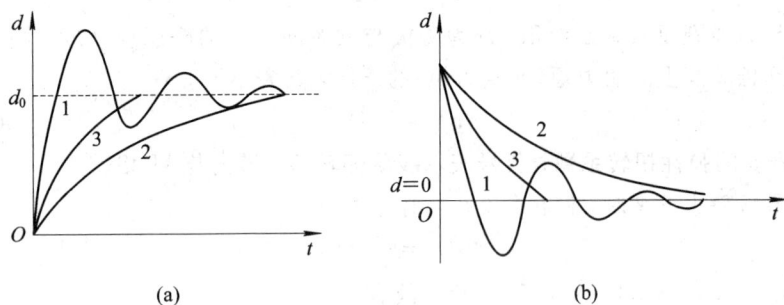

1—欠阻尼状态；2—过阻尼状态；3—临界阻尼状态

图 3-16-3 三种阻尼状态图
(a) 接通电流时；(b) 断开电流时

(1) 欠阻尼状态：当$R_外$较大时，感应电流较小，电磁阻力矩M较小，线圈偏离平衡位置后就会在平衡位置附近来回振动，振幅逐渐衰减，经过较长时间才能停在平衡位置。$R_外$越大，M越小，线圈振动次数越多，回到平衡位置所需的时间就越长。

(2) 过阻尼状态：当$R_外$较小时，感应电流较大，电磁阻尼力矩M较大，线圈偏离平衡位置后会缓慢地回到平衡位置，但不会越过平衡位置。(利用此特性，将一个开关与电流计并联，当电流计光标运动到平衡位置附近时，将开关按下，电流计光标即可迅速停在平衡位置，这样便于调节。这个开关叫阻尼开关。灵敏电流计面板上的"短路"挡，就是这样的阻尼开关装置，冲击电流计实验中，安装在墙上的"S_3"开关也起这一作用。)

(3) 临界阻尼状态：当$R_外$适当时，线圈偏离平衡位置后能很快正好回到平衡位置而又不发生振动。临界阻尼状态的外电阻称为电流计的临界阻尼电阻R_c。

显然，电流计工作在临界状态时，最有利于观察和读数。

四、实验内容

1. 灵敏电流计的使用方法和注意事项

本实验所用的 AC 15/4 型直流复射式检流计的结构及面板如图 3 - 16 - 4 和图 3 - 16 - 5 所示。

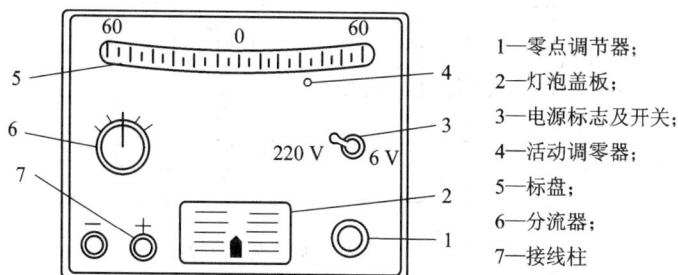

1—零点调节器；
2—灯泡盖板；
3—电源标志及开关；
4—活动调零器；
5—标盘；
6—分流器；
7—接线柱

图 3 - 16 - 4　直流复射式检流计面板图

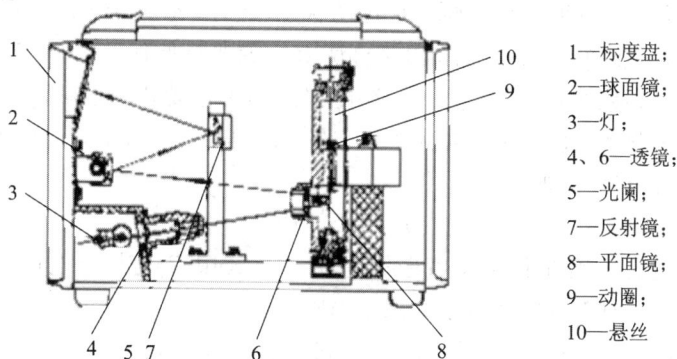

1—标度盘；
2—球面镜；
3—灯；
4、6—透镜；
5—光阑；
7—反射镜；
8—平面镜；
9—动圈；
10—悬丝

图 3 - 16 - 5　AC15/4 型检流计内部结构图

其使用方法和注意事项分述如下：

（1）待测电流由面板左下角标有"＋"和"－"的两个接线柱接入，一般可以不考虑正负（正负不同，光标的偏转方向不同，但不影响测量）。检流计电源插口在仪器背面，有 AC 220 V 和 AC 6 V 两种。本实验采用 AC 220 V，严禁插入 AC 6 V，否则会损毁检流计。

（2）实验时，先接通电源，看到光标后将分流器旋钮从"短路"挡转到"×0.01"挡，看光标是否指"0"。若光标不指"0"，应使用零点调节器和标盘活动调零器把光标调到"0"点。若找不到光标，先检查仪器的小灯泡是否发光，若小灯泡是亮的，则轻拍检流计，观察光标偏在哪边。若偏在左边，则逆时针旋转零点调节器；若偏在右边，则顺时针旋转零点调节器，使光标露出并调零。

（3）测量时，检流计的"分流器"应从最低灵敏度挡（×0.01 挡）开始，依次为×0.1 挡、×1 挡，最后为"直接"挡。或者直接把"分流器"旋钮转到指定的挡位"直接"挡上，对检流计进行调节。当实验结束时，必须将分流器置于"短路"挡，以防止线圈或悬丝受到机械振动而损坏。

2. 观察电流计的三种运动状态，测定外临界电阻 R_c

按图 3-16-6 所示接好电路，图中，直流电源 E 电压大约 5 V～6 V，S_1 和 S_2 为单刀开关，R_0 为滑线电阻，R_1 和 R 为电阻箱，R_s 为标准电阻。V 为电压表（选用 3 V 量程），G 为灵敏电流计。"分流器"旋拨到"直接"挡。合上 S_1，调 R_0 使电压表指示数为零。R_1 取 5 kΩ 左右。

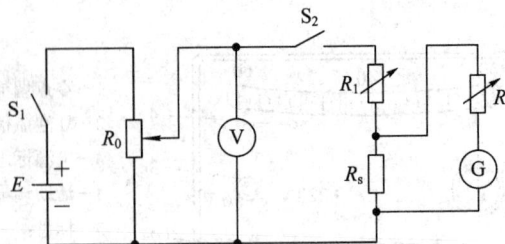

图 3-16-6　灵敏电流计实验电路图

按照电流计铭牌上给出的外临界电阻 R_c 的数值，取 $R=2R_c$。合上 S_2，调节 R_0 使电压值增加，使电流计光标偏转大于 15 mm，将 S_2 突然断开，观察光标返回（不一定回零）的运动方式（是否有震荡），判断它属于哪一种运动状态（此时，应处于欠阻尼运动状态）。

由大到小调节电阻箱 R 的阻值，同时再调 R_0，使光标始偏转大于 15 mm。每调一次，断开 S_2，观察光标回到平衡位置（不一定必须是零）时的运动状态。调节 R 直到光标能迅速回到平衡位置，又没有震荡，这时电流计处于临界阻尼状态。记录此时电阻箱的阻值 R（实际测量出的外临界电阻），则

$$R_c = R + R_s \qquad (3-16-6)$$

用测量值与电流计铭牌上的 R_c 值进行比较。（上式中 R_s 为标准电阻（$R_s=0.1\ \Omega$），有关标准电阻的结构、原理及使用方法详见本书附录。）

分别取 $R=0$ 和 $R=R_c/4$，合上 S_2，调节 R_0 仍使电流计光标偏转大于 15 mm，将 S_2 断开，观察光标回到平衡位置时的过阻尼运动状态。

3. 测定电流计的内阻和电流常数

实验线路如图 3-16-6 所示。合上 S_1 和 S_2，当电压表读数为 U 时，标准电阻上的电压为

$$U_s \approx \frac{R_s}{R_1+R_s}U \approx \frac{R_s}{R_1}U \qquad (R_1 \gg R_s) \qquad (3-16-7)$$

此时通过电流计的电流为

$$I_g = \frac{U_s}{R+R_g} \approx \frac{R_s U}{R_1(R+R_g)} \qquad (3-16-8)$$

将其代入式（3-16-4）得

$$K_i = \frac{R_s U}{R_1(R+R_g)d} \qquad (3-16-9)$$

对 R_g 和 K_i 可采用定偏法进行测量：R 初值取 500 Ω；调 R_0 使电压 U 取最大值（3 V）；调 R_1 使电流计偏转 $d=30$ mm 左右；此后 R_1 保持不变，只改变 R 和 U（通过 R_0 改变）的值，使电流计的偏转保持不变（$d=30$ mm 左右）；记录 R_i 和 U_i 的对应值，共测 10 组数据。将测量数据记入表 3-16-1 中。

表 3 - 16 - 1 测 量 数 据 表

外临界电阻 $R_c =$ _____ Ω(理论值); $R_c =$ _____ Ω(实验值)

标准电阻 $R_s =$ _____ Ω; $R_1 =$ _____ Ω; $d =$ _____ mm

序号	1	2	3	4	5	6	7	8	9	10
R_i/Ω	500	450	400	350	300	250	200	150	100	50
U_i/V										

五、数据记录

求 R_g 和 K_i,把式(3-16-9)改写成

$$R = \frac{R_s}{K_i R_1 d} U - R_g \qquad (3-16-10)$$

用所测得的各组 R、U 的数据,以 U 为横坐标,R 为纵坐标,作 $R \sim U$ 关系曲线,如图 3-16-7 所示。图线在 R 轴上的截距 OA 就是内阻 R_g,由图线斜率 $K = \dfrac{\Delta R}{\Delta U} = \dfrac{R_s}{K_i R_1 d}$ 可求出电流计常数 K_i。

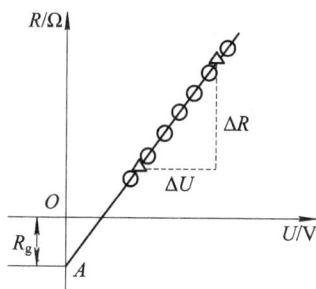

图 3 - 16 - 7 $R \sim U$ 图

六、问题讨论

(1) 提高灵敏电流计灵敏度的两种主要方法是什么?它和普通电表的结构有何区别?

(2) 如何改变灵敏电流计的阻尼状态?灵敏电流计在什么阻尼状态下工作最方便?

七、注意事项

(1) 直流电源 E 为桌面前方的两个接线柱(红"正"、黑"负"),电压为 5~6 V。

(2) 滑线电阻 R_0 采用分压式接法。

(3) 电阻箱 R_1 和 R 均连接"0"和"99999"两个接线柱,无正负极性,无须估读。

(4) 电压表用"3V"量程(满格 120 格为 3 V),连接"V"和"一"(左上角)两个接线柱,勿换量程,禁超量程!

(5) 标准电阻 R_s(0.1 Ω)不考虑正负极性,两个大旋钮为电流端(分别连电源和 R_1),两个小旋钮为电位端(与电流计和 R 并联)。

(6) 观察电流计运动状态时,无须调零。仅关注光标运动到静止的过程中是否有来回

震荡以及所用时间的长短。

（7）测量电流计常数 K_i 时必须准确调零。调零必须同时满足以下四个条件：

① 线路全部连接好；② 开关全部断开；③ R 取 500 Ω 左右；④ 电流计的分流器旋至"直接"挡。

（8）观察电流计阻尼状态和测量电流计常数 K_i 时，分流器均置于"直接"挡（最高灵敏度）。

（9）实验结束待老师签字确认后，将电流计的分流器旋至"短路"挡（保护电流计），将照明电源开关扳向"6V"（右边），拆除导线，归整仪器。

实验 17 用惠斯登电桥测量电阻

电桥法是测量电阻的常用方法,利用桥式电路制成的各种电桥是采用比较法进行测量的仪器。电桥法实质上是将被测量电阻与标准电阻进行比较来确定被测电阻值的。电桥分为直流电桥和交流电桥两大类,直流电桥分为单臂电桥和双臂电桥,单臂电桥又称惠斯登电桥,主要用于测量中值电阻($10\ \Omega\sim10^6\ \Omega$)。电桥法具有测试灵敏、准确度高、使用方便等特点,已被广泛地应用与电工技术和非电量的测量中。

一、实验目的

(1) 掌握用惠斯登电桥测量电阻的原理和方法。
(2) 了解金属导体电阻随温度变化的规律。
(3) 学会用作图法(或最小二乘法)处理实验数据,以及求导体的电阻温度系数的方法。

二、实验仪器

QJ23 型箱式惠斯登电桥、恒温水浴锅、待测电阻、温度计和导线等。

三、实验原理

1. 惠斯登电桥的电路原理

测电阻的方法很多,其中最常用的是伏安法和电桥法两种。用伏安法测电阻时,除了因电压表、电流表准确度不高带来的误差外,还由于电表内阻和电路本身的影响,也不可避免地会带来误差。1843 年惠斯登设计了一种电桥电路,无需电压表、电流表,从而大大地提高了电阻的测量精度。

惠斯登电桥的电路原理如图 3-17-1 所示,四个电阻 R_1、R_2、R_s 和 R_x 联成一个四边形 $abcd$,每条边称为电桥的一个"桥臂"。在对角 a 和 c 之间接上工作电源 E,在对角线 bd 之间再接上检流计 G。电桥的"桥"就是指 bd 这条对角线而言的,它的作用是将桥两端的电位直接进行比较。电源接通后,bd 两点的电位一般并不相同,因此检流计中有电流通过,指针必然偏转。测量时,若适当调节桥臂电阻,可使桥上没有电流通过($I_g=0$),检流计指零,此时称为电桥平衡。

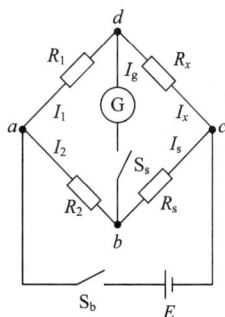

图 3-17-1 惠斯登电桥原理

电桥平衡时，有

$$U_b = U_d, \quad I_1 = I_x, \quad I_2 = I_s$$

于是

$$U_{ad} = I_1 R_1 = U_{ab} = I_2 R_2$$
$$U_{cd} = I_1 R_x = U_{cb} = I_2 R_s$$

将上述两式相除，可得四个桥臂电阻的关系为

$$\frac{R_1}{R_x} = \frac{R_2}{R_s}$$

因此，待测电阻 R_x 可表示为

$$R_x = \frac{R_1}{R_2} R_s = M R_s \qquad (3-17-1)$$

式（3-17-1）称为电桥的平衡条件。式中，R_1、R_2 称为比例臂电阻，其比值 M 称为倍率，R_s 称为比较臂电阻。若 M（或 R_1、R_2）和 R_s 已知，则待测电阻 R_x 就可由式（3-17-1）求出。

调节电桥平衡有两种方法：对滑线式电桥，保持 R_s 不变，通过调节 R_1/R_2 的比值使电桥平衡；对箱式电桥，保持 R_1/R_2 不变，通过调节 R_s 使电桥平衡。

用电桥法测电阻的突出优点是：

（1）用电桥法测电阻，只要检流计足够灵敏，且选用标准电阻作为桥臂，通过与标准电阻相比较，即可确定待测电阻是标准电阻的多少倍。由于制造高精度的电阻并不困难，所以采用电桥法测电阻可达到很高的准确度。

（2）电桥电路中，不用电压表、电流表，只用一只检流计作指零装置，且并不要求提供读数，只要检流计灵敏度足够高即可。对准确度高低并无苛求。

2. 电桥的灵敏度

电桥的平衡是由检流计是否指零来判断的。因此，测量的准确度与电桥的灵敏度有关。

电桥平衡后，调节比较臂电阻，使 R_s 变动 ΔR_s，此时检流计指针如果偏离平衡位置 Δd 格，则电桥灵敏度定义为

$$S = \frac{\Delta d}{\Delta R_s} \qquad (3-17-2)$$

可见，S 在数值上等于 R_s 变化单位阻值时，检流计指针的偏转格数。检流计指针偏转越大，电桥越灵敏（S 越大），对电桥平衡的判断就越准确，测量结果也就更准确。

S 的定义式可改写为

$$S = \frac{\Delta d}{\Delta R_s} = \frac{\Delta d}{\Delta I_g} \cdot \frac{\Delta I_g}{\Delta R_s} = S_i S_1 \qquad (3-17-3)$$

式中，S_i 为检流计的电流灵敏度；S_1 为电桥电路灵敏度。可见，电桥灵敏度不仅与检流计有关，还与电路参数有关。适当加大电桥的工作电压，合理配置桥臂电阻，都能提高电桥的灵敏度。

本实验所用 QJ23 型惠斯登电桥，其内部电路如图 3-17-2(a) 所示，面板布局如图 3-17-2(b) 所示。

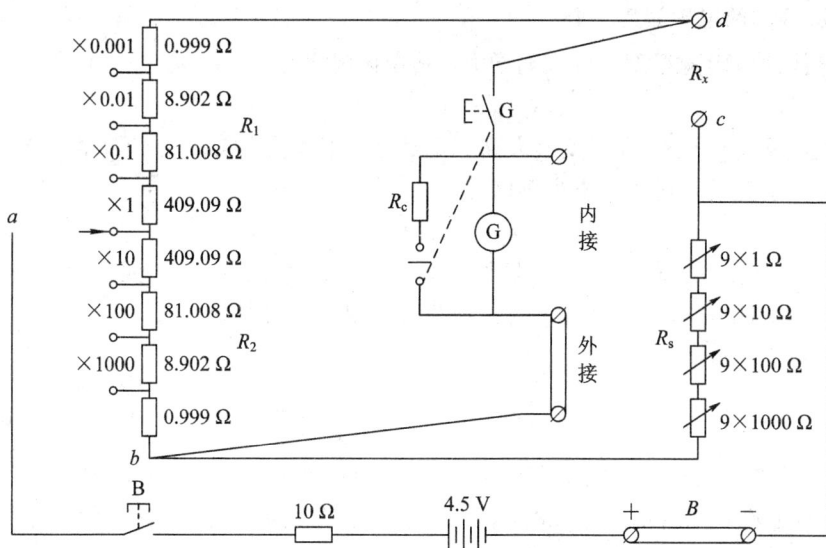

(a)

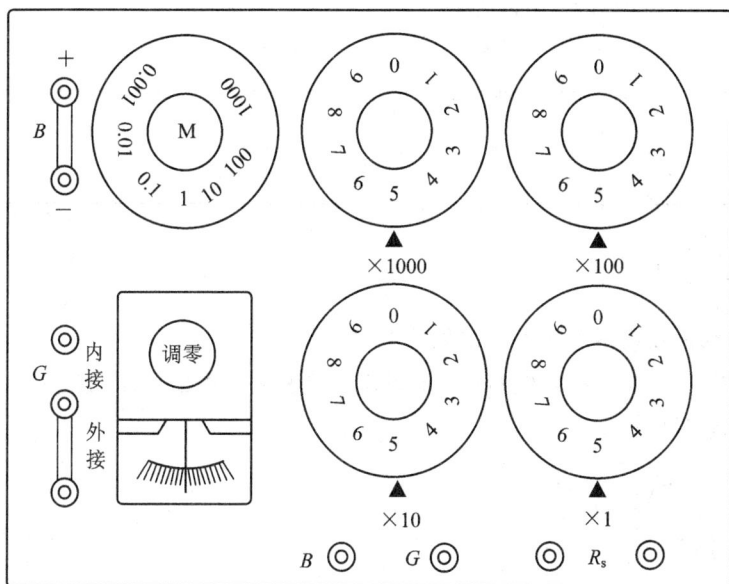

(b)

图 3-17-2 QJ23 型电桥

(a) QJ23 型电桥电路图；(b) QJ23 型电桥面板

电桥的结构形式基本类同，只是将四个十进位电阻器串联成 R_s，R_1、R_2 也由八个特定阻值的标准电阻组成。通过调节 a 点位置使倍率 M 分成 7 挡(×0.001、×0.01、×0.1、×1、×10、×100、×1000)。测量时，应根据被测电阻的阻值选取倍率，以保证 R_s 有四位读数。该电桥的测量范围为 $1\ \Omega \sim 9.999 \times 10^6\ \Omega$，基本量限为 $10\ \Omega \sim 9999\ \Omega$。在基本量限以内，用内部电源和检流计时，该电桥的准确度等级为 0.2 级。测量时仪器的允许误差为

$$\Delta R_x = 0.2\% \cdot R_{\max}$$

式中，$R_{\max}$ 为电桥读数的满刻度值。该电桥还可以外接电源和检流计，以提高其灵敏度。

— 133 —

3．金属导体的电阻温度系数

金属导体的电阻随温度的升高而增大，其变化规律为

$$R_t = R_0(1 + \alpha t + \beta t^2 + \gamma t^3 + \cdots)$$

对于纯金属，β 很小。在温度不太高、温度变化不太大（0℃～100℃）的情况下，R 与 t 的关系是近似线性的，其经验公式简化为

$$R_t = R_0(1 + \alpha t) = R_0 + R_0 \alpha t \qquad (3-17-4)$$

式中，R_t 和 R_0 分别表示 t℃与 0℃时导体的电阻值，单位为 Ω；α 称为电阻温度系数，单位为℃（实际上，利用导体电阻与温度的这种关系可制成电阻温度计）。

式(3-17-4)可改写为

$$\alpha = \frac{R_t - R_0}{t} \cdot \frac{1}{R_0} = \frac{1}{R_0} \cdot \frac{\Delta R}{\Delta t} \qquad (3-17-5)$$

可见，α 在数值上等于温度每变化 1℃度时，电阻值相对于 0℃阻值的变化率。严格说来，电阻温度系数 α 是与温度有关的，但在 0℃～100℃的温度范围内，α 的变化很小，可以近似看做不变。因此，可根据测定的一系列 R_t 与 t 的对应值，将 $R_t \sim t$ 图线连成一直线，该直线的斜率为 $R_0 \alpha$，截距为 R_0，从而求出 α 值。

我们将某些纯金属电阻温度系数列于下表，以供参考。

金属	金	银	铜	铁	铝
$\alpha_{公认值}/(\times 10^{-4}/℃)$	40	40	43	60	42

四、实验内容

1．用箱式电桥测铜线圈在不同温度下的电阻值

（1）按图 3-17-3 安置好仪器。先用万用表粗测铜线圈的电阻值，然后用两根短导线将它连到电桥 R_x 接线柱上。

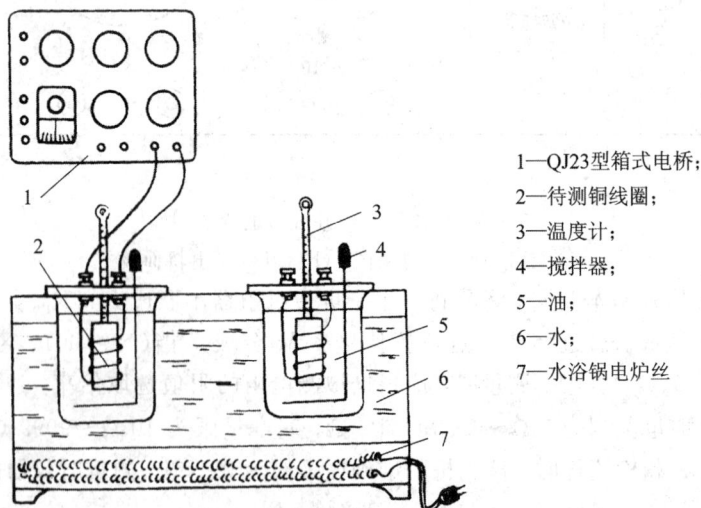

1—QJ23型箱式电桥；
2—待测铜线圈；
3—温度计；
4—搅拌器；
5—油；
6—水；
7—水浴锅电炉丝

图 3-17-3　实验装置示意图

（2）按电桥底板说明的使用方法调整好仪器。根据铜线圈电阻粗测值，选用适当的倍率，测出室温下铜线圈的电阻值。

（3）接通水浴锅电源，并顺时针旋转"温度调节"旋钮，使大小指示灯都亮，此时水浴锅电炉丝通电加热。当油温升高 3℃～4℃ 时，再按逆时针方向慢慢旋转"温度调节"旋钮，使小指示灯刚能熄灭。同时不断地轻轻搅动搅拌器，待油温基本稳定后，随即测出并记录 R、t 的对应值。然后再顺时针旋转"温度调节"旋钮，使电炉丝通电加热。大约每升高 5℃ 左右测量一次，至少测七组 R、t 的对应值。

（4）测量完后，应将电桥面板上接线片"B"断开，并用接线片"G"将检流计两端短路。

2. 求出 α 值及相对误差

根据所测定实验数据，用作图法（或最小二乘法）求出 α 值，并与公认值进行比较，求出相对误差：$E_\alpha = \dfrac{|\alpha - \alpha_{公认}|}{\alpha_{公认}} = \underline{\hspace{3cm}}$ ％。

五、问题讨论

（1）试说明图 3-17-2(b)所示的电桥电路中，电阻 R_s 在电桥使用过程中起什么作用？

（2）设计一个方案，在没有检流计的情况下，如何用电桥法测微安表内阻？

（3）当电桥平衡后，若将电源与检流计的位置对换，电桥是否仍保持平衡？为什么？

实验18　组装式直流双臂电桥测量低电阻

用惠斯登电桥测量中等阻值电阻时，忽略了导线电阻和接触电阻的影响，但在测量 1 Ω以下的低电阻时，各引线的电阻和端点的接触电阻相对被测电阻来说是不可忽略的。一般情况下，附加电阻约为 10^{-5} Ω～10^{-2} Ω。为了避免附加电阻的影响，本实验引入了四端引线法，组成了双臂电桥（又称为开尔文电桥），这是一种常用的测量低电阻的方法，已广泛的应用于科技测量中。

一、实验目的

（1）了解四端引线法的意义及双臂电桥的结构。
（2）学习使用双臂电桥测量低电阻。
（3）学习测量导体的电阻率。

二、实验仪器

DH6105 型组装式双臂电桥、检流计、被测电阻、换向开关、通断开关和导线等。

三、实验原理

1. 四端引线法

测量中等阻值的电阻，伏安法是比较容易实现的方法，惠斯顿电桥法是一种精密的测量方法，但在测量低电阻时都发生了困难。这是因为电路中存在引线本身的电阻和引线端点接触电阻。图 3-18-1 所示为伏安法测电阻的线路图，待测电阻 R_x 两侧的接触电阻和导线电阻以等效电阻 r_1、r_2、r_3、r_4 表示。通常电压表内阻较大，因而 r_1 和 r_4 对测量的影响不大，而 r_2 和 r_3 与 R_x 串联在一起，所以被测电阻实际应为 $r_2+R_x+r_3$。若 r_2 和 r_3 数值与 R_x 为同一数量级，或超过 R_x 时，显然不能用此电路来测量 R_x。

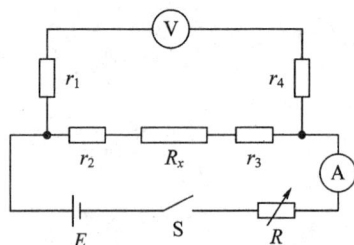

图 3-18-1　伏安法测电阻

若在设计测量电路时改为如图 3-18-2 所示的电路，将待测低电阻 R_x 两侧的接点分为两个电流接点 $C-C$ 和两个电压接点 $P-P$，$C-C$ 在 $P-P$ 的外侧。显然，电压表测量的是 $P-P$ 之间一段低电阻两端的电压，消除了 r_2 和 r_3 对 R_x 测量的影响。这种测量低电阻或低电阻两端电压的方法叫做四端引线法，它被广泛应用于各种测量领域中。例如，为了研究高温超导体在发生正常超导转变时的零电阻现象和迈斯纳效应，必须测定临界温度

T_c，而该临界温度正是用通常的四端引线法，通过测量超导样品电阻 R 随温度 T 的变化而确定的。低值标准电阻正是为了减小接触电阻和接线电阻而设有四个端钮。

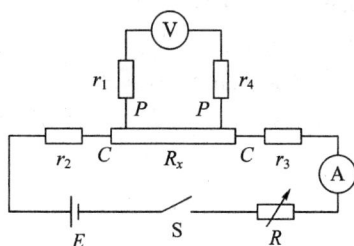

图 3-18-2　双臂电桥测低电阻

2. 双臂电桥测量低电阻

用惠斯登电桥测量电阻时，在测出的 R_x 值中，实际上含有接线电阻和接触电阻（统称为 R_j）的成分（一般为 $10^{-4}\ \Omega \sim 10^{-3}\ \Omega$ 数量级），通常可以不考虑 R_j 的影响。但当被测电阻达到较小（如几十欧姆以下）时，R_j 所占的比重就明显增大了。

因此，需要从测量电路的设计上来考虑。双臂电桥正是把四端引线法和电桥的平衡比较法结合起来精密测量低电阻的一种电桥。

如图 3-18-3 所示电路中，R_1、R_2、R_3、R_4 为桥臂电阻。R_N 为比较用的已知标准电阻，R_x 为被测电阻。R_N 和 R_x 采用四端引线的接线法，电流接点 C_1、C_2 位于外侧；电位接点 P_1、P_2 位于内侧。

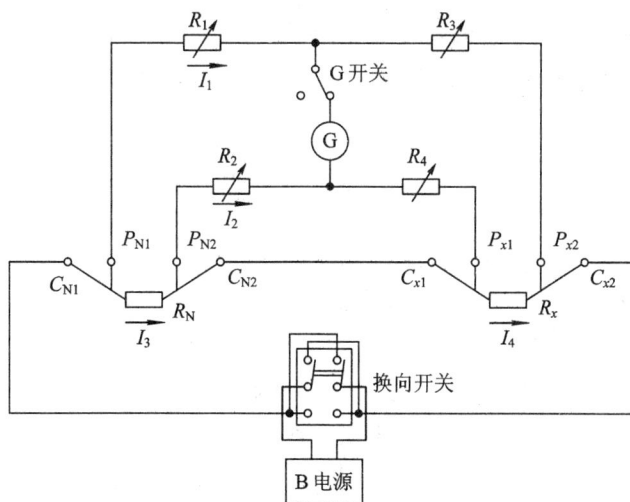

图 3-18-3　双臂电桥法测电阻

测量时，接上被测电阻 R_x，然后调节各桥臂电阻值，使检流计指示逐步为零，即 $I_G = 0$，这时，$I_3 = I_4$ 时，根据基尔霍夫定律可写出以下三个回路方程：

$$I_1 R_1 = I_3 \cdot R_N + I_2 R_2$$

$$I_1 R_3 = I_3 \cdot R_x + I_2 R_4$$

$$(I_3 - I_2)r = I_2(R_2 + R_4)$$

式中，r 为 C_{N2} 和 C_{x1} 之间的线电阻。将上述三个方程联立求解，可得

$$R_x = \frac{R_3}{R_1}R_N + \frac{rR_2}{R_3 + R_2 + r}\left(\frac{R_3}{R_1} - \frac{R_4}{R_2}\right)$$

由此可见，用双臂电桥测电阻时，R_x 的结果由等式右边的两项来决定，其中第一项与单臂电桥相同，第二项称为更正项。为了便于测量和计算，使双臂电桥求 R_x 的公式与单臂电桥相同，所以实验中可设法使更正项尽可能做到为零。在双臂电桥测量时，通常可采用同步调节法，令 $R_3/R_1 = R_4/R_2$，使得更正项能接近零。在实际的使用中，通常使 $R_1 = R_2$、$R_3 = R_4$，则上式变为

$$R_x = \frac{R_N}{R_1}R_3$$

在这里必须指出，在实际的双臂电桥中，很难做到使 R_3/R_1 与 R_4/R_2 完全相等，所以 R_x 和 R_N 电流接点间的导线应使用较粗且导电性能良好的导线，以使 r 值尽可能小。这样，即使 R_3/R_1 与 R_4/R_2 两项不严格相等，但由于 r 值很小，更正项仍能趋近于零。

为了更好地验证这个结论，可以人为地改变 R_1、R_2、R_3 和 R_4 的值，使 $R_1 \neq R_2$、$R_3 \neq R_4$、并与 $R_1 = R_2$，$R_3 = R_4$ 时的测量结果相比较。

双臂电桥所以能测量低电阻，其主要原因可总结为以下两点：

(1) 单臂电桥测量小电阻之所以误差大，是因为用单臂电桥测出的值，包含有桥臂间的引线电阻和接触电阻，且当接触电阻与 R_x 相比不能忽略时，测量结果就会有很大的误差。而双臂电桥电位接点的接线电阻与接触电阻位于 R_1、R_3 和 R_2、R_4 的支路中，如果在实验中设法令 R_1、R_2、R_3 和 R_4 都不小于 100 Ω，那么接触电阻的影响就可以略去不计。

(2) 双臂电桥电流接点的接线电阻与接触电阻的一端包含在电阻 r 里，由于 r 存在于更正项中，对电桥平衡不产生影响；另一端则包含在电源电路中，对测量结果也不会产生影响。因此，当满足 $R_3/R_1 = R_4/R_2$ 条件时，基本上消除了 r 的影响。

四、实验内容

1. 直流双臂电桥的调节

(1) 按如图 3 - 18 - 3 所示电路接线。将可调标准电阻、被测电阻按四端连接法与 R_1、R_2、R_3、R_4 连接，注意：C_{N2}、C_{x1} 之间要用粗、短导线连线。

(2) 打开专用电源和检流计的电源开关，通电后等待 5 分钟，使调节指零仪指针指在零位上。测量未知电阻时，为保护指零仪指针不被损坏，指零仪的灵敏度调节旋钮应放在最低位置，使电桥初步平衡后再增加指零仪灵敏度。在改变指零仪灵敏度或环境等因素变化时，有时会引起指零仪指针偏离零位，所以在测量之前，应随时调节指零仪指零。

(3) 估计被测电阻值大小，选择适当的 R_1、R_2、R_3、R_4 阻值，注意 $R_1 = R_2$，$R_3 = R_4$ 的条件。先按下"G"开关按钮，再正向接通换向开关，接通电桥的电源 B，调节步进盘和滑线读数盘，使指零仪指针指在零位上，电桥平衡。记录此时 R_1、R_2、R_3、R_4 和 R_N 的阻值。则

$$R_{x1} = \frac{R_3}{R_1 \times R_N} \quad (\text{步进盘读数} + \text{滑线盘读数})$$

注意：测量低电阻时，工作电流较大，由于存在热效应，会引起被测电阻的变化，所以电源开关不应长时间接通，应该间歇使用。

(4) 如需更高的测量精度，则保持测量线路不变，再反向接通换向开关，重新微调滑

线读数盘，使指零仪指针重新指在零位上，电桥平衡。这样做的目的是减小接触电势和热电势对测量的影响。记录 R_1、R_2、R_3、R_4 和 R_N 的阻值。则

$$R_{x2} = \frac{R_3}{R_1 \times R_N} \quad （步进盘读数＋滑线盘读数）$$

被测电阻按下式计算：

$$R_x = \frac{R_{x1} + R_{x2}}{2}$$

（5）保持以上测量线路不变，调节 R_2 或 R_4，使 $R_1 \neq R_2$ 或 $R_3 \neq R_4$，测量 R_x 值，并与 $R_1 = R_2$、$R_3 = R_4$ 时的测量结果相比较。

2. 测量金属丝的电阻

（1）测量一段金属丝的电阻 R_x。按图 3-18-3 所示连接好电路。调节 R_1、R_2、R_3、R_4，使 $R_1 = R_2$、$R_3 = R_4$，正向接通工作电源 B，按下"G"按钮进行粗调，调节 R_N 电阻，使检流计指示为零，双臂电桥调节平衡。记下 R_1、R_2、R_3、R_4 和 R_N 的阻值。然后，反向接通工作电源 B，使电路中电流反向，重新调节电桥平衡，记下 R_1、R_2、R_3、R_4 和 R_N 的阻值。进而计算出 R_x。

（2）记录金属丝的长度 L。

（3）用螺旋测微计测量金属丝的直径 d，在不同部位测量五次，求平均值。根据公式 $\rho = \pi d^2 R_x / 4L$，计算金属丝的电阻率。

（4）改变金属丝的长度，重复上述步骤，并比较两次测量结果。

五、注意事项

（1）测量带有电感电路的直流电阻时，接通时，应先接通电源 B，再按下"G"开关按钮；断开时，应先断开"G"开关按钮，再断开电源 B，以免反冲电势损坏指零电路。

（2）在测量 0.1 Ω 以下阻值时，C_1、P_1、C_2、P_2 接线柱到被测量电阻之间的连接导线电阻应为 0.005 Ω～0.01 Ω；测量其他电阻值时，联接导线电阻应小于 0.05 Ω。

（3）使用完毕后，应断开电源 B，松开"G"开关按钮，关断交流电。如长期不用，应拔出电源线以确保用电安全。

（4）若仪器长期搁置不用，在接触处可能会产生氧化，造成接触不良，所以使用前应该来回转动 R_N 开关数次。

六、思考题

（1）双臂电桥与惠斯登电桥有哪些异同？

（2）双臂电桥怎样消除附加电阻的影响？

（3）如果待测电阻的两个电压端引线电阻较大，对测量结果有无影响？

（4）如何提高测量金属丝电阻率的准确度？

实验 18 附注 实验仪器的技术参数

（1）桥臂电阻：R_1、R_2、R_3、R_4。其阻值为 100 Ω、1 kΩ、10 kΩ，精度为 0.02%。

(2) 可变标准电阻：R_N 有 C_1、P_1、P_2、C_2 四个引出端，由 10×0.01 Ω 和 10×0.001 Ω 组成。其中，10×0.001 Ω 是一个 100 分度的滑线盘，分辨率为 0.0001 Ω。

(3) 电源：1.5 V 输出，随负载阻抗的变化而变化，最大电流为 1.5 A，由指针式 2 A 电流表指示输出电流大小。

(4) 电流换向开关，具有正向接通、反向接通和断开三挡功能。

(5) 检流计开关，用于控制检流计的通和断。

(6) 检流计，用于指示电桥是否平衡，其灵敏度可调。在测量 0.01 Ω～11 Ω 范围内，在规定的电压下，当被测量电阻变化允许一个极限误差时，指零仪的偏转大于等于一个分格，就能满足测量准确度的要求。灵敏度不要过高，否则不易平衡，且测量电阻的时间过长。

(7) 被测电阻：四端接法，配有不同的金属试材，并带有长度指示，可用于测量金属的电阻率。

(8) 总有效量程：0.0001 Ω～11 Ω，量程可以自由设置。典型的整数倍的有效量程如下表所示：

量程因素	有效量程/Ω	测量精度/％
×100	1～11	0.2
×10	0.1～1.1	0.2
×1	0.01～0.11	0.5
×0.1	0.001～0.011	1
×0.01	0.0001～0.0011	5

实验 19　电阻伏安特性及电源外特性的测量

若流过元件的电流随两端电压的增加而线性增加，两者的比值为一常数，其伏安特性是一条直线，则这种元件称为线性电阻，如碳膜电阻、金属膜电阻、线绕电阻等。若元件两端的电压与流过元件的电流值之比不是常数，则这种元件称为非线性电阻，如白炽灯、热敏电阻、二极管等。非线性电阻伏安特性所反映的规律，必然与一定的物理过程相联系，利用电阻特性研制成的各种传感器、换能器，在压力、温度、光强等物理量的检测和自动控制方面有十分广泛的应用。

一、实验目的

(1) 学习测量线性和非线性电阻元件伏安特性的方法，并绘制其特性曲线。
(2) 学习测量电源外特性的方法。
(3) 掌握运用伏安法判定电阻元件类型的方法。
(4) 学习使用直流电压表、电流表，掌握电压、电流的测量方法。

二、实验仪器

直流恒压源恒流源、数字万用表、各种电阻 11 只、白炽灯泡 1 只(12 V/3 W)及灯座、稳压二极管(2CW56)、电位器(470 Ω/2 W)、短接桥和连接导线及九孔插件方板等。

三、实验原理

1. 电阻元件

1) 伏安特性

二端电阻元件的伏安特性是指元件的端电压与通过该元件电流之间的函数关系。通过一定的测量电路，用电压表、电流表可测定电阻元件的伏安特性，由测得的伏安特性可了解该元件的性质。通过测量得到元件伏安特性的方法称为伏安测量法(简称伏安法)。根据测量所得数据，画出该电阻元件的伏安特性曲线。

2) 线性电阻元件

线性电阻元件的伏安特性满足欧姆定律，可表示为 $U = IR$。其中，R 为常量，它不随其电压或电流的改变而改变。其伏安特性曲线是一条过坐标原点的直线，具有双向性，如图 3 - 19 - 1(a)所示。

3) 非线性电阻元件

非线性电阻元件不遵循欧姆定律，它的阻值 R 随着其电压或电流的改变而改变。其伏安特性是一条过坐标原点的曲线，如图 3 - 19 - 1(b)所示。

4) 测量方法

在被测电阻元件上施加不同极性和幅值的电压，测量出流过该元件中的电流，或在被测电阻元件中通入不同方向和幅值的电流，测量该元件两端的电压，便得到被测电阻元件

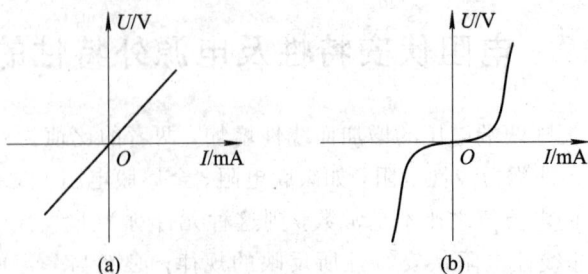

图 3-19-1 伏安特性曲线

(a) 线性电阻的伏安特性曲线；(b) 非线性电阻的伏安特性曲线

的伏安特性。

2. 直流电压源

1) 直流电压源

理想的直流电压源输出固定幅值的电压，而它的输出电流大小取决于它所连接的外电路。因此它的外特性曲线是平行于电流轴的直线，如图 3-19-2(a) 中实线所示。实际电压源的外特性曲线如图 3-19-2(a) 虚线所示。在线性工作区它可以用一个理想电压源 U_s 和内电阻 R_s 相串联的电路模型来表示，如图 3-19-2(b) 所示。图 3-19-2(a) 中角 θ 越大，说明实际电压源内阻 R_s 值越大。实际电压源的电压 U 和电流 I 的关系式为

$$U = U_s - R_s \cdot I \tag{3-19-1}$$

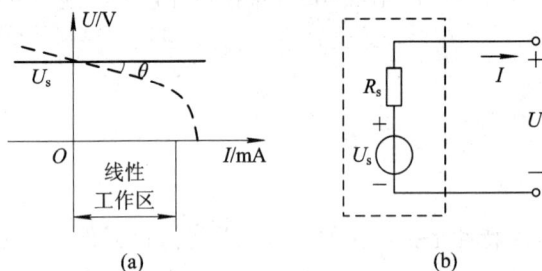

图 3-19-2 电压源外特性

2) 测量方法

将电压源与一可调负载电阻串联，改变负载电阻的阻值，测量出相应的电压源电流和端电压，便可以得到被测电压源的外特性。

3. 直流电流源

1) 直流电流源

理想的直流电流源输出固定幅值的电流，而其端电压的大小取决于外电路，因此它的外特性曲线是平行于电压轴的直线，如图 3-19-3(a) 中实线所示。实际电流源的外特性曲线如图 3-19-3(a) 中虚线所示。在线性工作区它可以用一个理想电流源 I_s 和内电导 G_s ($G_s = 1/R_s$) 相并联的电路模型来表示，如图 3-19-3(b) 所示。图 3-19-3(a) 中的角 θ 越大，说明实际电流源内电导 G_s 值越大。实际电流源的电流 I 和电压 U 的关系式为

$$I = I_s - U \cdot G_s \tag{3-19-2}$$

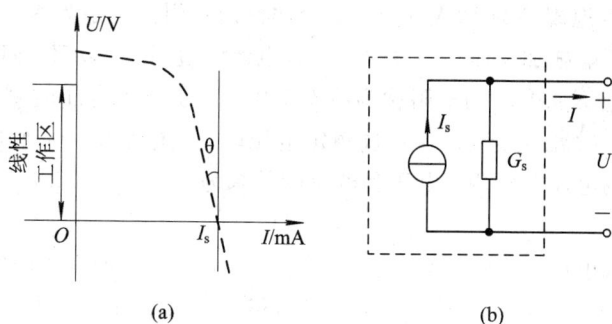

图 3 - 19 - 3 电流源外特性

2）测量方法

电流源外特性的测量方法与电压源外特性的测量方法一样。

四、实验步骤

1. 测量线性电阻元件的伏安特性

（1）按图 3 - 19 - 4 所示接线，取 $R_L = 47 \ \Omega$，U_s 用直流稳压电源，先将稳压电源输出电压旋钮置于零位。

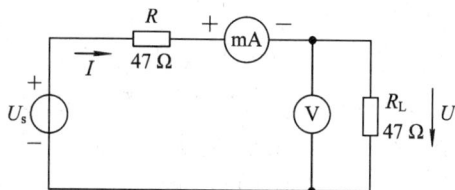

图 3 - 19 - 4 线性电阻元件的实验线路

（2）调节稳压电源输出电压旋钮，使电压 U_s 分别为 0 V、1 V、2 V、3 V、4 V、5 V、6 V、7 V、8 V、9 V、10 V，并测量对应的电流值和负载 R_L 两端电压 U，数据记入表 3 - 19 - 1 中。然后断开电源，将稳压电源输出电压旋钮置于零位。

表 3 - 19 - 1 线性电阻元件实验数据

U_s/V	0	1	2	3	4	5	6	7	8	9	10
I/mA											
U/V											
$R = \dfrac{U}{I}/\Omega$											

（3）根据测得的数据，在坐标平面上绘制出 $R_L = 47 \ \Omega$ 电阻的伏安特性曲线。

2. 测量非线性电阻元件的伏安特性（钨丝灯电阻伏安特性测量）

通过本实验了解钨丝灯电阻随施加电压增加而增加的特性，并了解钨丝灯的使用情况。实验仪所用灯泡中的钨丝和家用白炽灯泡中钨丝同属一种材料，但钨丝的粗细和长短不同。

本实验的钨丝灯泡规格为 12 V/0.1 A。金属钨的电阻温度系数为 $4.8×10^{-3}$ Ω/℃，为正温度系数。灯泡两端施加电压后，钨丝上就有电流流过，产生功耗，灯丝温度上升，致使灯泡电阻增加。灯泡不加电时的电阻称为冷态电阻，施加额定电压时测得的电阻称为热态电阻。由于钨丝点亮时温度很高，当超过额定电压时，钨丝会烧断，所以使用时不能超过额定电压。在一定的电流范围内，电压和电流的关系为

$$U = KI^n \qquad\qquad (3-19-3)$$

式中，U 为灯泡两端电压；I 为灯泡流过的电流；K、n 为与灯泡有关的常数。

为了求得常数 K 和 n，可以通过二次测量所得的 U_1、I_1 和 U_2、I_2 得到

$$U_1 = KI_1^n \qquad\qquad (3-19-4)$$
$$U_2 = KI_2^n \qquad\qquad (3-19-5)$$

将式(3-19-4)除以式(3-19-5)可得

$$n = \frac{\lg(U_1/U_2)}{\lg(I_1/I_2)} \qquad\qquad (3-19-6)$$

将式(3-19-6)代入式(3-19-4)可得

$$K = U_1 I_1^{-n} = U_1 I_1^{-\dfrac{\lg\dfrac{U_1}{U_2}}{\lg\dfrac{I_1}{I_2}}} \qquad\qquad (3-19-7)$$

注意：一定要控制好钨丝灯泡的两端电压，严禁超过额定电压！

灯泡电阻在端电压 12 V 范围内，大约为几欧到一百多欧姆，电压表在 20 V 挡内阻为 1 MΩ，远大于灯泡电阻，而电流表在 200 mA 挡时内阻为 10 Ω 或 1 Ω(因万用表不同而不同)，与灯泡电阻相比，其值小得不多，因此，宜采用电流表外接法测量，测量电路图如图 3-19-5 所示。接线前应确认电压源的输出已经调到最小。按表 13-9-2 规定的过程，逐步增加电源电压，但不得超过 12 V。将相应的电流数据记录于表 3-19-2 中。

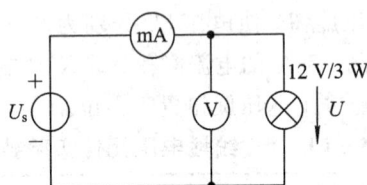

图 3-19-5 钨丝灯泡伏安特性测试电路

表 3-19-2 钨丝灯泡伏安特性测试数据表

U_s/V	0	1	2	3	4	5	6	7	8	9	10	11	12
灯泡电流 I/mA													
灯泡电阻计算值/Ω													
灯泡电压 U/V													

在坐标纸上画出钨丝灯泡的伏安特性曲线，并将电阻计算值也标注在坐标图上。

选择两组数据，按式(3-19-6)和式(3-19-7)计算出 K、n 这两个数值。由此写出式(3-19-3)，并进行多点验证。从"灯泡电压"里选择大、中、小三组电压，与式(3-19-3)

所求出的相应电压进行对比验证。

3. 测量直流电压源的伏安特性

(1) 按图 3-19-6 所示电路接线,将直流稳压电源视作直流电压源,取 $R=100\ \Omega$。

(2) 稳压电源的输出电压调节为 $U_s=10\ V$,改变电阻 R_L 的值(R_L 由 6 个固定电阻替代),使其分别为 $100\ \Omega$、$47\ \Omega$、$20\ \Omega$、$10\ \Omega$、$5.1\ \Omega$、$1\ \Omega$,测量其相对应的电流 I 和直流电压源端电压 U,记于表 3-19-3 中。

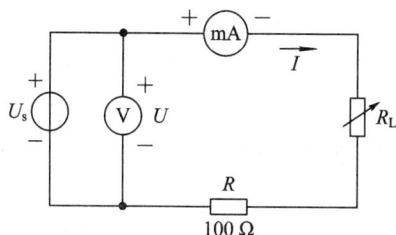

图 3-19-6　电压源实验线路

表 3-19-3　电压源实验数据表

R_L/Ω	100	47	20	10	5.1	1
I/mA						
U/V						

4. 测量实际直流电压源的伏安特性

(1) 按图 3-19-7 所示电路接线,将直流稳压电源 U_s 与电阻 R_0(取 $47\ \Omega$)相串联来模拟实际直流电压源,如图中虚线框内所示,取 $R=100\ \Omega$。

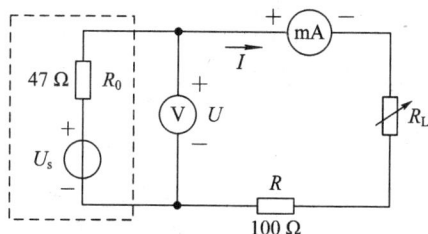

图 3-19-7　实际电压源实验线路

(2) 将稳压电源输出电压调节为 $U_s=10\ V$,改变电阻 R_L 的值(R_L 由 6 个固定电阻替代),使其分别为 $100\ \Omega$、$47\ \Omega$、$20\ \Omega$、$10\ \Omega$、$5.1\ \Omega$、$1\ \Omega$,测量其相对应的实际电压源端电压 U 和电流 I,记入表 3-19-4 中。

表 3-19-4　实际电压源实验数据

R_L/Ω	100	47	20	10	5.1	1
I/mA						
U/V						

(3) 在一张图(一个坐标平面内)中画出以上两组数据的两条伏安特性曲线。

5. 测量直流电流源的伏安特性

(1) 按图 3-19-8 所示电路接线，R_L 为可变负载电阻。

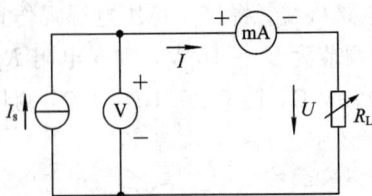

图 3-19-8　电流源实验线路

(2) 调节直流稳电源的输出电流为 $I_s = 25$ mA，改变 R_L 的值分别为 300 Ω、200 Ω、100 Ω、50 Ω、20 Ω（其中 300 Ω 采用 200 Ω 与 100 Ω 串联，50 Ω 采用两个 100 Ω 并联），测量对应时电流 I 和电压 U，记入表 3-19-5 中。

表 3-19-5　电流源实验数据

R_L/Ω	300	200	100	50	20
I/mA					
U/V					

(3) 根据测得的数据在坐标平面上绘制电流源的伏安特性曲线。

6. 测量实际直流电流源的伏安特性

(1) 按图 3-19-9 所示电路接线，R_L 为负载电阻，取 $R_0 = 1$ kΩ，将 R_0 与电流源并联来模拟实际电流源，如图中虚线框内所示。

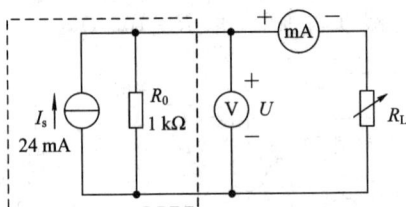

图 3-19-9　实际电流源实验线路

(2) 调节电流源输出电流 $I_s = 25$ mA，改变 R_L 的值分别为 300 Ω、200 Ω、100 Ω、50 Ω、20 Ω，测量对应的电流 I 和电压 U，记入表 3-19-6 中。

表 3-19-6　实际电流源实验数据

R_L/Ω	300	200	100	50	20
I/mA					
U/V					

(3) 根据测得的数据在坐标平面上绘制实际电流源的伏安特性曲线。

五、注意事项

(1) 电流表应串接在被测电流支路中，电压表应并接在被测电压两端，要注意直流仪表"＋"、"－"端钮的接线，并选取适当的量程。

（2）使用测量仪表前，应注意对量程和功能的正确选择。

（3）直流稳压电源的输出端不能短路。

（4）实验中用到的 R_L 可以用 470 Ω/2 W 的电位器代替，通过调节电位器接入不同的 R_L 值（用万用表测出），并记下各测量数据。

六、分析和讨论

（1）比较 47 Ω 电阻与白炽灯的伏安特性曲线，可得出什么结论？

（2）试通过钨丝灯泡的伏安特性曲线解释为什么在开灯的时候灯泡容易烧坏？

（3）在电子振荡器电路中，经常利用正温度系数的灯泡作为振荡器电压稳定的自动调节元件，参考图 3-19-10 所示电路，试从钨丝灯伏安特性说明该振荡器稳幅原理。

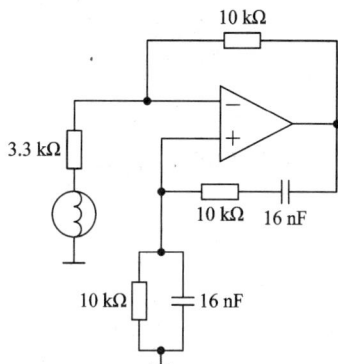

图 3-19-10 钨丝灯稳幅的 1 kHz 振荡电路

（4）根据不同的伏安特性曲线的性质区分电阻的性质？

（5）通过元件伏安特性曲线分析欧姆定律对哪些元件成立？对哪些元件不成立？

（6）比较直流电压源和实际直流电压源的伏安特性曲线，从中可得出什么结论？

（7）比较直流电流源和实际直流电流源的伏安特性曲线，从中可得出什么结论？

（8）稳压电源串联电阻构成的电压源，它的输出电压与输出电流之间有什么关系？能否写出伏安特性方程式？

（9）选取表 3-19-6 中的任一组实验结果，按式（3-19-2）计算出 R_s、G_s，并和实验参数进行比较。

实验 19 附注一 二极管伏安特性曲线的研究

一、实验目的

通过对二极管伏安特性的测试，掌握锗二极管和硅二极管的非线性特性，从而为以后正确设计使用这些器件打下技术基础。

二、伏安特性描述

对二极管施加正向偏置电压，则二极管中就有正向电流通过(多数载流子导电)。随着正向偏置电压的增加，开始时，电流随电压变化很缓慢，而当正向偏置电压增至接近二极管导通电压时(锗管为 0.2 V 左右，硅管为 0.7 V 左右)，电流急剧增加。二极管导通后，电压的少许变化都会使电流的变化很大。

对上述二种器件施加反向偏置电压时，二极管处于截止状态，当其反向电压增加至该二极管的击穿电压时，电流将猛增，二极管被击穿。因此，在二极管使用中应竭力避免出现击穿现象，这很容易造成二极管的永久性损坏。所以，在测试二极管反向特性时，应串入限流电阻，以防因反向电流过大而损坏二极管。

二极管伏安特性曲线如图 3 - 19 - 11 和图 3 - 19 - 12 所示。

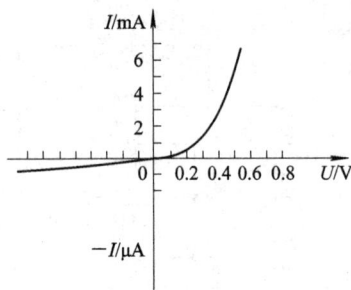

图 3 - 19 - 11　锗二极管伏安特性

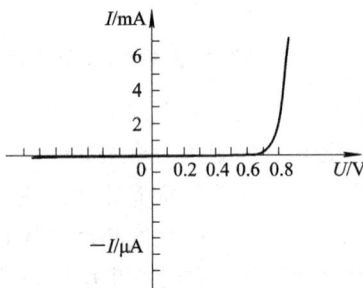

图 3 - 19 - 12　硅二极管伏安特性

三、实验设计

1) 反向特性测试电路

二极管的反向电阻值很大，采用电流表内接测试电路可以减少测量误差。测试电路如图 3 - 19 - 13 所示，电阻选取 510 Ω。

2) 正向特性测试电路

二极管在正向导通时，呈现的电阻值较小，宜采用电流表外接测试电路。测试电路如图 3 - 19 - 14 所示。图中，电源电压在 0 V～10 V 内调节，变阻器开始设置为 510 Ω。调节电源电压，以得到所需电流值。

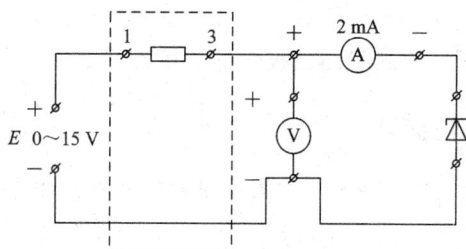

图 3-19-13 二极管反向特性测试电路

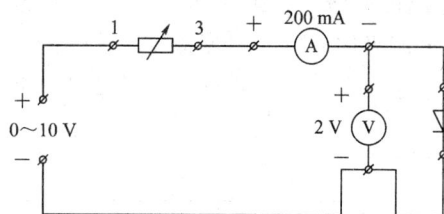

图 3-19-14 二极管正向特性测试电路

将数据记录于表 3-19-7 和表 3-19-8 中。

表 3-19-7 反向伏安曲线测试数据表

U/V							
$I/\mu A$							
电阻计算值/$k\Omega$							

表 3-19-8 正向伏安曲线测试数据表

I/mA							
U/V							
电阻计算值/$k\Omega$							
电阻偏差($\Delta R/R$)							

注意：实验时二极管的正向电流不得超过 20 mA。

四、实验讨论

（1）二极管反向电阻和正向电阻差异如此大，其物理原理是什么？

（2）在制定表 3-19-8 时，考虑到二极管正向特性严重非线性，电阻值变化范围很大，所以在表中增加"电阻偏差"一栏，并与电阻计算值比较，讨论其误差产生过程。

实验 19 附注二 稳压二极管反向伏安特性实验

一、实验目的

（1）通过稳压二极管反向伏安特性非线性的强烈反差，进一步熟悉并掌握电子元件伏安特性的测试技巧。

（2）通过本实验，掌握二端式稳压二极管的使用方法。

二、稳压二极管伏安特性描述

2CW56 属于硅半导体稳压二极管，其正向伏安特性类似于 1N4007 型二极管，其反向特性变化很大。当 2CW56 两端电压反向偏置时，其电阻值很大，反向电流极小，其值小于 0.5 μA。随着反向偏置电压的增加，大约到 7 V～8.8 V 时，会出现反向击穿（有意掺杂而成），并产生雪崩效应，其电流迅速增加。电压少许变化，将引起电流的巨大变化。但只要在线路中，对"雪崩"产生的电流采取有效的限流措施，其电流有少许变化，二极管二端电压仍然是稳定的（变化很小）。这就是稳压二极管的使用基础，其应用电路如图 3 - 19 - 15 所示。

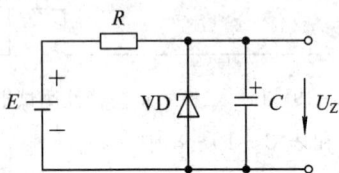

图 3 - 19 - 15　稳压二极管应用电路

图中，E 为供电电源，如果二极管稳压值为 7 V～8.8 V 时，则要求 E 为 10 V 左右；C 为电解电容，对稳压二极管产生的噪声进行平滑滤波；U_Z 为稳压输出电压；R 为限流电阻。若 2CW56 硅稳压二极管工作电流选择 8 mA，考虑负载电流为 2 mA，通过 R 的电流为 10 mA，则计算 R 值为

$$R = \frac{E - U_Z}{I} = \frac{10 - 8}{0.01} = 200 \ \Omega$$

2CW56 硅稳压二极管的反向偏置为 0 V～7 V 左右时阻抗很大，宜采用电流表内接测试电路。反向偏置电压进入击穿段，稳压二极管内阻较小（估计为 $R = \frac{8}{0.008} = 1 \ k\Omega$），这时宜采用电流表外接测试电路。其测试电路图如图 3 - 19 - 16 所示。

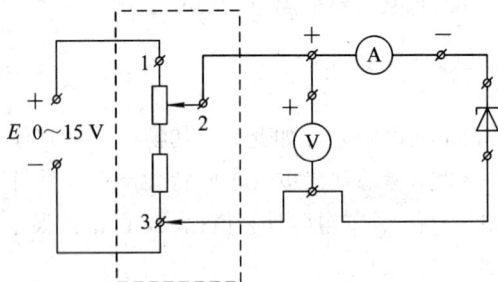

图 3 - 19 - 16　稳压二极管反向伏安特性测试电路

三、实验步骤

将电源电压调至零，并按图 3 - 19 - 16 所示电路接线。按电流表内接法，将电压表

"＋"端接于电流表"＋"端；变阻器旋到 1000 Ω，然后慢慢地增加电源电压，记下电压表对应数据。

当观察到电流开始增加，并有迅速加快的趋势时，说明 2CW56 已开始进入反向击穿过程，这时将电流表改为外接式，按表 3-19-9 继续慢慢地将电源电压增加至 10 V。为了继续增加 2CW56 工作电流，可以逐步地减少变阻器电阻。为了得到整数电流值，可以辅助微调电源电压。

表 3-19-9　2CW56 硅稳压二极管反向伏安特性测试数据表

电流表接法		测　量　数　据						
内接式	U/V							
	$I/\mu A$							
外接式	I/mA							
	U/V							

将上述数据在坐标纸上画出 2CW56 伏安特性曲线，参考图如图 3-19-17 所示(可利用计算机作图)。

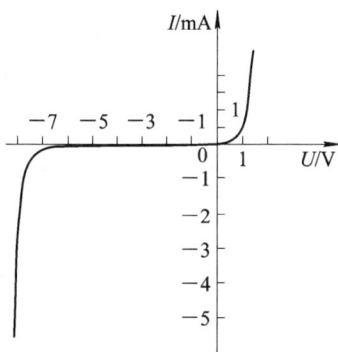

图 3-19-17　2CW56 伏安曲线参考图

四、思考题

(1) 在测试稳压二极管反向伏安特性时，为什么会分两段分别采用电流表内接电路和外接电路？

(2) 稳压二极管的限流电阻值如何确定？(提示：根据要求的稳压二极管动态内阻确定工作电流，由工作电流再计算限流电阻大小。)

(3) 选择工作电流为 8 mA，供电电压为 10 V 时，限流电阻是多少？供电电压为 12 V 时，限流电阻又是多大？

实验 19 附注三　电流表外接和内接对测量元件伏安特性的影响

电流表外接和内接测量电路如图 3-19-18 和图 3-19-19 所示。当电流表内阻为 0，电压表内阻无穷大时，两种测试电路都不会带来附加测量误差。被测电阻 $R=U/I$。

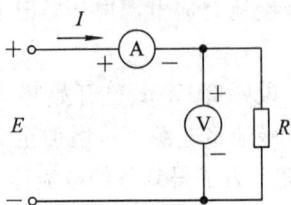

图 3-19-18 电流表外接测量电路

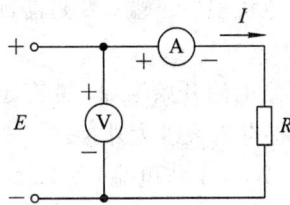

图 3-19-19 电流表内接测量电路

实际上，电流表具有一定的内阻，记为 R_I；电压表也具有一定的内阻，记为 R_U。因为 R_I 和 R_U 的存在，如果简单地用 $R=U/I$ 计算电阻器电阻值，必然带来附加测量误差。为了减少这种附加误差，测量电路可以粗略地按下述办法选择：

（1）当 $R_U \gg R$，且 R_I 和 R 相差不大时，宜选用电流表外接电路，此时 R 为估计值。

（2）当 $R \gg R_I$，且 R_U 和 R 相差不大时，宜选用电流表内接电路。

（3）当 $R \gg R_I$，$R_U \gg R$ 时，必须先用电流表内接和外接电路作测试而定。

测试方法如下：先按电流表外接电路接好测试电路，调节直流稳压电源电压，使两表指针都指向较大的位置，保持电源电压不变，记下两表值为 U_1，I_1；然后，将电路改成电流表内接式测量电路，记下两表值为 U_2，I_2。将 U_1、U_2 和 I_1、I_2 比较，如果电压值变化不大，而 I_2 较 I_1 有显著的减少，说明 R 是高值电阻，此时宜选择电流表内接式测试电路。反之，若电流值变化不大，而 U_2 较 U_1 有显著的减少，说明 R 为低值电阻，此时宜选择电流表外接测试电路。

当电压值和电流值均变化不大时，有两种测试电路均可选择。（思考：什么情况下会出现这种情况？）

在实际应用中，也可以这样判断：比较 $\lg \dfrac{R}{R_I}$ 和 $\lg \dfrac{R_U}{R}$ 的大小，比较时，R 取粗测值或已知的约值。如果前者大，则选电流表内接法；后者大，则选择电流表外接法。

如果要得到测量准确值，就必须按式(3-19-8)和式(3-19-9)予以修正。即

电流表内接测量时，

$$R = \frac{U}{I} - R_I \qquad (3-19-8)$$

电流表外接测量时，

$$\frac{1}{R} = \frac{I}{U} - \frac{1}{R_U} \qquad (3-19-9)$$

上述两式中，R 为被测电阻阻值，U 为电压表读数值，I 为电流表读数值，R_I 为电流表内阻值；R_U 为电压表内阻值。

实验 20　用电流场模拟静电场

　　模拟法本质上是用一种易于实现、便于测量的物理状态或过程模拟不易实现、不便测量的状态和过程。应用时，要求这两种状态或过程有一一对应的两组物理量，且满足相似的数学形式及边界条件。

　　一般情况下，模拟可分为物理模拟和数学模拟。对一些物理场的研究主要采用物理模拟(即保持同一物理本质的模拟)，例如，用光测弹性模拟工件内部应力的分布等。数学模拟也是一种研究物理场的方法，它是把不同本质的物理现象或过程，用同一数学方程来描绘。对一个稳定的物理场，若它的微分方程和边界条件一旦确定，则其解是唯一的。对两个不同本质的物理场，如果描述它们的微分方程和边界条件相同，则它们的解是一一对应的，只要对其中一种易于测量的场进行测绘，并得到结果，那么与它对应的另一个物理场的结果也就知道了。由于稳衡电流场易于实现测量，所以就用稳衡电流场来模拟与其具有相同数学形式的其他物理场。

　　模拟法是实验和测量难以直接进行，尤其是在理论难以计算时采用的一种方法，它在工程设计中有着广泛的应用。

一、实验目的

　　(1) 学习用模拟方法来测绘具有相同数学形式的物理场。
　　(2) 描绘出分布曲线及场量的分布特点。
　　(3) 加深对各物理场概念的理解。
　　(4) 初步学会用模拟法测量和描绘二维静电场。

二、实验仪器

　　GVZ-4 型导电微晶静电场描绘仪(见图 3-20-1)，各种模拟电极等。

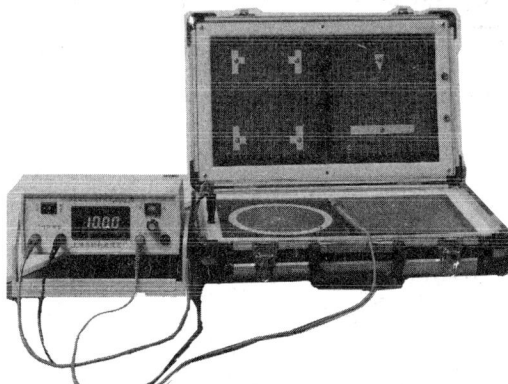

图 3-20-1　GVZ-4 型导电微晶静电场描绘仪

三、实验原理

1. 模拟长同轴圆柱形电缆的静电场

稳恒电流场与静电场是两种不同性质的场，但是它们两者在一定条件下具有相似的空间分布，即两种遵守规律在形式上相似，都可以引入电位 U，电场强度 $\boldsymbol{E} = -\nabla U$，都遵守高斯定理。

对于静电场，电场强度在无源区域内满足以下积分关系：

$$\oint_S \boldsymbol{E} \cdot \mathrm{d}\boldsymbol{s} = 0 \qquad \oint_C \boldsymbol{E} \cdot \mathrm{d}\boldsymbol{l} = 0 \qquad (3-20-1)$$

对于稳恒电流场，电流密度矢量 $\boldsymbol{J}$ 在无源区域内也满足类似的积分关系：

$$\oint_S \boldsymbol{J} \cdot \mathrm{d}\boldsymbol{s} = 0 \qquad \oint_L \boldsymbol{J} \cdot \mathrm{d}\boldsymbol{l} = 0 \qquad (3-20-2)$$

由此可见，$\boldsymbol{E}$ 和 $\boldsymbol{J}$ 在各自区域中满足同样的数学规律，在相同边界条件下，具有相同的解析解。因此，我们可以用稳恒电流场来模拟静电场。

模拟的条件是要保证电极形状一定，电极电位不变，空间介质均匀，在任何一个考察点，均应有"$U_{稳恒} = U_{静电}$"或"$E_{稳恒} = E_{静电}$"。下面具体讨论这种等效性。

1）同轴电缆及其静电场分布

如图 3-20-2(a) 所示，在真空中有一半径为 r_a 的长圆柱体 A 和一内半径为 r_b 的长圆筒形导体 B，它们同轴放置，分别带有等量异号电荷。由高斯定理知，在垂直于轴线的任一截面 S 内，都有均匀分布的辐射状电场线，这是一个与坐标 Z 无关的二维场。在二维场中，电场强度 E 平行于 XY 平面，其等位面为一簇同轴圆柱面。因此只要研究 S 面上的电场分布即可。

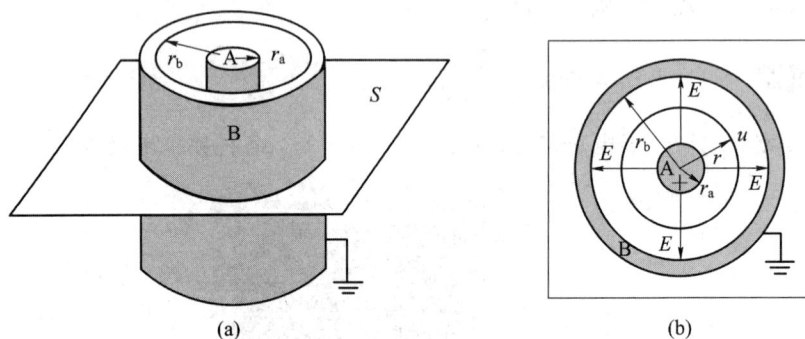

(a)   (b)

图 3-20-2　同轴电缆及其静电场分布

（a）同轴电缆；（b）同轴电缆静电场的横向剖面

由静电场中的高斯定理可知，距轴线的距离为 r 处（见图 3-20-2(b)）的各点电场强度为

$$E = \frac{\lambda}{2\pi\varepsilon_0 r} \qquad (3-20-3)$$

式中，λ 为柱面各单位长度的电荷量。

距轴线的距离为 r 处的电位为

$$U_r = U_a - \int_{r_a}^{r} \boldsymbol{E} \cdot \mathrm{d}\boldsymbol{r} = U_a - \frac{\lambda}{2\pi\varepsilon_0} \ln \frac{r}{r_a} \tag{3-20-4}$$

设 $r = r_b$ 时，$U_b = 0$，则有

$$\frac{\lambda}{2\pi\varepsilon_0} = \frac{U_a}{\ln \dfrac{r_b}{r_a}} \tag{3-20-5}$$

代入式(3-20-4)，得

$$U_r = U_a \frac{\ln(r_b/r)}{\ln(r_b/r_a)} \tag{3-20-6}$$

$$E_r = -\frac{\mathrm{d}U_r}{\mathrm{d}r} = \frac{U_a}{\ln(r_b/r_a)} \cdot \frac{1}{r} \tag{3-20-7}$$

2）同柱圆柱面电极间的电流分布

若上述圆柱形导体 A 与圆筒形导体 B 之间充满了电导率为 σ 的不良导体，A、B 与电源电流正、负极相连接（见图 3-20-3），则 A、B 间将形成径向电流，建立稳恒电流场 E_r'。可以证明，不良导体中的电场强度 E_r' 与原真空中的静电场 E_r 是相等的。

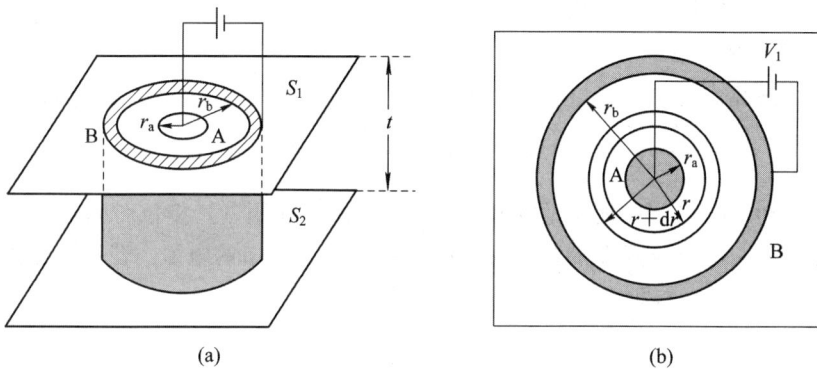

图 3-20-3　同轴电缆的模拟模型

(a) 同轴电缆模拟电场装置；(b) 横向剖面

取厚度为 t 的圆柱形同轴不良导体片为研究对象，设材料电阻率为 $\rho(\rho = 1/\sigma)$，则任意半径 r 到 $r + \mathrm{d}r$ 的圆周间的电阻为

$$\mathrm{d}R = \rho \cdot \frac{\mathrm{d}r}{s} = \rho \cdot \frac{\mathrm{d}r}{2\pi r t} = \frac{\rho}{2\pi t} \cdot \frac{\mathrm{d}r}{r} \tag{3-20-8}$$

则半径为 r 到 r_b 之间的圆柱片的电阻为

$$R_{r_b} = \frac{\rho}{2\pi t} \int_r^{r_b} \frac{\mathrm{d}r}{r} = \frac{\rho}{2\pi t} \ln \frac{r_b}{r} \tag{3-20-9}$$

总电阻（半径 r_a 到 r_b 之间圆柱片的电阻）为

$$R_{r_a r_b} = \frac{\rho}{2\pi t} \ln \frac{r_b}{r_a} \tag{3-20-10}$$

设 $U_b = 0$，则两圆柱面间所加电压为 U_a，径向电流为

$$I = \frac{U_a}{R_{r_a r_b}} = \frac{2\pi t U_a}{\rho \ln(r_b/r_a)} \tag{3-20-11}$$

距轴线 r 处的电位和电场强度分别为

$$U'_r = IR_{r_r} = U_a \frac{(\ln r_b / \ln r)}{\ln(r_b/r_a)} = \frac{U_a}{\ln(r_b/r_a)} (\ln r_b - \ln r) \qquad (3-20-12)$$

$$E'_r = -\frac{dU'_r}{dr} = \frac{U_a}{\ln(r_b/r_a)} \cdot \frac{1}{r} \qquad (3-20-13)$$

由以上分析可见，$U_r = U'_r$，$E_r = E'_r$，其分布函数完全相同。为什么这两种场的分布相同呢？我们可以从电荷产生场的观点加以分析。在导电介质中是没有电流通过的，其中任一体积元(宏观小，微观大，其内仍包含大量原子)内正、负电荷数量相等，没有净电荷，呈电中性。当有电流通过时，单位时间内流入和流出该体积元内的正或负电荷数量相等。这就是说，真空中的静电场和有稳衡电流通过时导电介质中的场都是由电极上的电荷产生的。事实上，真空中电极上的电荷是不动的，在有电流通过的导电介质中，电极上的电荷一边流失，一边由电源补充，在动态平衡下保持电荷的数量不变。所以这两种情况下电场分布是相同的。

2. 模拟飞机机翼周围的速度场(选做)

稳恒电流场和飞机机翼周围的速度场具有相同的数学模拟，即它们可以由同一个微分方程来描述，并且具有相同的边界条件。

1) 无旋稳恒电流场

设在导电微晶中有稳恒电流分布，即电流密度 **J** 不随时间而变化。按照散度的定义：

$$\nabla \cdot \mathbf{J} = \lim_{\Omega \to 0} \frac{1}{\Omega} \left[\oint_S \mathbf{J} \cdot ds \right] \qquad (3-20-14)$$

式中，s 是闭合曲面，Ω 是 s 所围的体积。上式右边的曲面积分是单位时间里从 Ω 流出的总电量，从而上式右边的极限表示单位时间内从单位体积流出的电量。若我们考虑的区域无电流源，则此项为零，亦即

$$\nabla \cdot \mathbf{J} = 0 \qquad (3-20-15)$$

既然电流密度是无旋的，必定存在势 φ，有

$$\mathbf{J} = -\nabla \varphi \qquad (3-20-16)$$

由式(3-20-15)和式(3-20-16)得 $\nabla \cdot (\nabla \varphi) = 0$，这就是拉普拉斯方程，在二维直角坐标系中可记作

$$\frac{\partial^2 \varphi}{\partial x^2} + \frac{\partial^2 \varphi}{\partial y^2} = 0 \qquad (3-20-17)$$

2) 流体的二维无旋稳衡流场

飞机机翼周围的空气流动可以看做是无旋稳衡流场，我们来研究它的数学模拟。把流体的速度分布记作 **u**。按照散度的定义，有

$$\nabla \cdot \mathbf{u} = \lim_{\Omega \to 0} \left[\frac{1}{\pi} \oint_S \mathbf{u} \cdot d\boldsymbol{\sigma} \right] \qquad (3-20-18)$$

上式右边是从单位体积流出的流量。若我们考虑的区域里没有流体的源，则此项为零，即 $\nabla \cdot \mathbf{u} = 0$。

既然流动是无旋的，必然存在速度势 U，有

$$\mathbf{u} = -\nabla U \qquad (3-20-19)$$

又由式(3-20-18)和式(3-20-19)可得到拉普拉斯方程 $\nabla \cdot (\nabla U) = 0$，在二维直角

坐标系中表示为

$$\frac{\partial^2 U}{\partial x^2} + \frac{\partial^2 U}{\partial y^2} = 0 \qquad\qquad (3-20-20)$$

从上面分析可知，稳恒电流场和飞机机翼周围的速度场具有相同的数学模拟，所以我们可以用稳恒电流来模拟机翼周围的速度场。

3. 模拟条件

模拟方法的使用有一定的条件和范围，不能随意推广，否则将会得到荒谬的结论。用稳恒电流场模拟静电场的条件可以归纳为下列三点：

（1）稳恒电流场中的电极形状应与被模拟的静电场中的带电体几何形状相同。

（2）稳恒电流场中的导电介质是不良导体，且电导率分布均匀并满足 $\sigma_{电源} \gg \sigma_{电介质}$，才能保证电流场中的电极（良导体）的表面也近似是一个等位面。

（3）模拟所用电极系统与模拟电极系统的边界条件相同。

4. 测绘方法

场强 E 在数值上等于电位梯度，方向指向电位降落的方向。考虑到 E 是矢量，而电位是标量，从实验测量来讲，测定电位比测定场强容易实现，所以可先测绘等位线，然后根据电场线与等位线相互垂直的原理，画出电场线。这样就可由等位线的间距确定电场线的疏密和指向，将抽象的电场形象地反映出来。

四、实验内容

GVZ-4 型导电微晶静电场描绘仪（包括固定在箱体内的导电微晶四种电极板以及单笔探针）参见图 3-20-1，其同心圆采用极坐标，其他电极采用直角坐标，电极已直接制作在导电微晶上，并将电极引线直接接到外接线柱上，电极间制作有导电率远小于电极且各向均匀的导电介质。接通直流电源（10 V）就可以进行实验。在导电微晶上用测试笔找到测点后，再在记录纸上找到对应的位置并标记。移动测试笔在导电微晶上找出若干电位相同的点，由此即可描绘出等位线。

静电场专用稳压电源输出红色电线连接描绘箱体上的"＋"（红）端，黑连接线用黑色电线同样连在箱体上的"－"（黑）端。另外，电源上探针测量用红色测量笔连接，然后即可测量。

开启开关，指示灯亮。先将在左上方的校正测量开关置于校正位置，将电压调节到10 V。然后将校正测量开关置于测量位置。当测试笔在导电微晶上找到所需电压时，用铅笔在记录纸上记下该位置。

1. 描绘同轴电缆的静电场分布

利用图 3-20-3(b)所示的模拟模型，将导电微晶上内、外两电极分别与直流稳压电源的正、负极相连接，电压表正、负极分别与测试笔及电源负极相连接，移动测试笔测绘同轴电缆 1 V～7 V 的等位线簇。要求相邻两等位线间的电位差为 1 V，以每条等位线上各点到原点的平均距离 r 为半径画出等位线的同心圆簇。然后根据电场线与等位线正交原理，再画出电场线，并指出电场强度方向，得到一张完整的电场分布图。在坐标纸上作出相对电位 $\dfrac{U_r'}{U_a}$ 和 $\ln r$ 的关系曲线，并与理论结果曲线比较。

2. 描绘一个平行线电极模型形成的静电分布

平行线电极模型如图 3-20-4 所示。

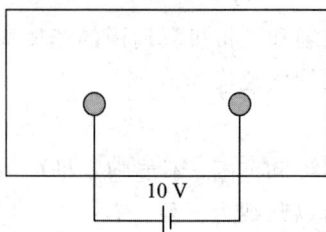

图 3-20-4 平行线电极模型

将电流电压调到 10 V，从 3 V 开始，测试笔开始在导电微晶上方找到等位点后，在记录纸上留下一个对应的标记，从而测出一系列等位点，间隔 1 V，测 3 V～8 V 共 6 条等位线，每条等势线上找 10 个以上的点，在电极端点附近应多找几个等位点。画出等位线，再做出电场线。做电场线时要注意：电场线与等位线正交；导体电极表面是等位面，电场线垂直于导体表面；电场线发自正电荷而中止于负电荷，疏密表示出场强的大小，并根据电极正负画出电场线方向。

五、注意事项

由于导电微晶边缘处电流只能沿边流动，因此等位线必然与边缘垂直，使该处的等位线和电力线严重畸变，这就是用有限大的模拟模型去模拟无限大的空间电场时必然会受到的"边缘效应"的影响。如果减小这种影响，则要使用"无限大"的导电微晶进行实验，或者人为地将导电微晶的边缘切割成电力线的形状。

六、问题讨论

（1）如果电源电压 U_a 增加一倍，等位线和电力线的形状是否发生变化？电场强度和电位分布是否发生变化？为什么？

（2）导电介质的电导率 $\sigma_{电介质}$ 的大小对测量的电压有何影响？

（3）在同轴电缆模型中，u'_r 与 $\ln r$ 之间是否满足线性关系？为什么？

实验 21　用电位差计测量未知电动势

电位差计是通过与标准电势源(一般为饱和型或不饱和型标准电池)的电压进行比较来测定未知电动势的仪器。由于电路设计中采用补偿法原理,使被测电路在实际测量时通过的电流强度为零,从而可以达到非常高的测量准确度。电位差计被广泛地应用在计量和其他精密测量中。虽然随着科学技术的进步,高内阻、高灵敏度仪表的不断出现,在许多测量场合都可以由新型仪表逐步取代电位差计的作用,但电位差计这一典型的物理实验仪器所采用的补偿法原理是一种十分可贵的实验方法和手段。它不仅在历史上有着十分重要的意义,至今仍然是值得借鉴的好方法。

一、实验目的

(1)学习"补偿法"在实验测量中的应用。
(2)掌握电位差计的工作原理及其进行测量的基本方法。
(3)学习对实验电路参数的估算及校准的方法。

二、实验仪器

FB325 型十一线电位差计、FB204/A 标准电势、待测电势、直流稳压电源、AC5/2 检流计、滑线变阻器、双刀双掷及单刀双掷开关、专用接线(若干)等。

三、实验原理

1. 补偿法原理

补偿法是一种准确测量电动势(电压)的有效方法。如图 3-21-1 所示,设 E_0 为一连续可调的标准电源电动势(电压),而 E_x 为待测电动势,调节 E_0 使检流计 G 示零(即回路电流 $I=0$),则 $E_x=E_0$。上述过程的实质是用已知标准电动势(电压)与待测的电动势(电压)进行比较,当检流计指示电路中的电流为零时,电路达到平衡补偿状态,此时被测电动势与标准电动势相等,这种方法称为补偿法。补偿法的基本思想如同用一把标准的米尺来与被测物体(长度)进行比较,测量其长度是一样的,但其比较判别的手段不同,补偿法用示值为零来判定。

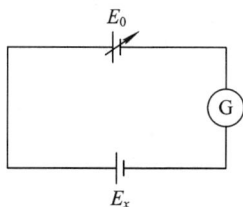

图 3-21-1　补偿法原理图

电动势连续可调的标准电源很难找到，那么怎样才能简单地获得连续可调的标准电动势（电压）呢？简单的设想是：让一阻值连续可调的标准电阻上流过一恒定的工作电流，则该电阻两端的电压便可作为连续可调的标准电动势。

2. 电位差计原理

电位差计就是一种根据补偿法思想设计的测量电动势（电压）的仪器。

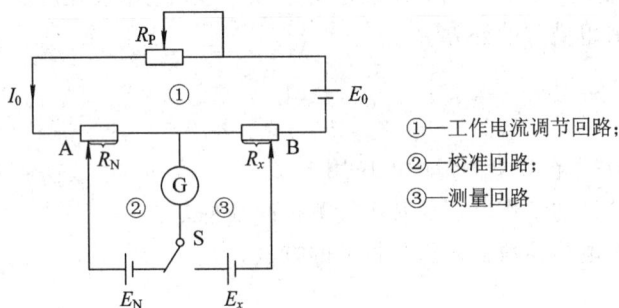

图 3-21-2 是一种直流电位差计的原理图。它由三个基本回路构成：

① 工作电流调节回路，由工作电源 E、限流电阻 R_P、标准电阻 R_N 和 R_x 组成；

② 校准回路，由标准电池 E_N、平衡指示仪 G、标准电阻 R_N 组成；

③ 测量回路，由待测电动势 E_x、检流计 G、标准电阻 R_x 组成。

图 3-21-2 电位差计原理图

通过测量未知电动势 E_x 的两个操作步骤，可以清楚地了解电位差计的原理。

（1）"校准"：图中，开关 S 拨向标准电动势 E_N 侧，取 R_N 为一预定值（对应标准电势值 $E_N = R_N \times I_0 = 1.0186$ V），调节 R_P 使平衡指示仪 G 示零，使工作电流回路内的 R_x 中流过一个已知的"标准"电流 I_0，且 $I_0 = \dfrac{E_N}{R_N}$。

（2）"测量"：将开关 S 拨向未知电动势 E_x 一侧，保持 I_0 不变，调节滑动触头 B，使检流计示零，则 $E_x = I_0 \cdot R_x = \dfrac{R_x}{R_N} E_N$。被测电压与补偿电压极性相反且大小相等，因而互相补偿（平衡）。这种测 E_x 的方法叫补偿法。补偿法具有以下优点：

① 电位差计是一电阻分压装置，它将被测电动势 E_x 和一标准电动势直接比较。E_x 的值仅取决于 $\dfrac{R_x}{R_N}$ 及 E_N，因而测量准确度较高。

② 在上述"校准"和"测量"两个步骤中，平衡指示仪两次示零，表明测量时既不从校准回路内的标准电动势源中吸取电流，也不从测量回路中吸取电流。因此，它既不改变被测回路的原有状态及电压等参量，又可避免测量回路导线电阻及标准电势的内阻等对测量准确度的影响，这是补偿法测量准确度较高的另一个原因。

3. FB325 新型十一线电位差计工作原理

十一线电位差计是一种教学型电位差计，由于它是解剖式结构，极有利于学习和掌握电位差计的工作原理，以及培养看图接线、排除故障的能力。如图 3-21-3 所示，E_x 为待测电动势，E_N 为标准电池。稳压电源 E、滑线变阻器 R_1 与长度为 L 的电阻丝 AB 为一串联电路,工作电流 I_P 在电阻丝 AB 上产生电位差。触点 D 可在圆盘式电阻器滑动,触点 C 电阻丝 0~10 号接点上任意移动,因此,可得到随之改变的电位差 U_{DC}。

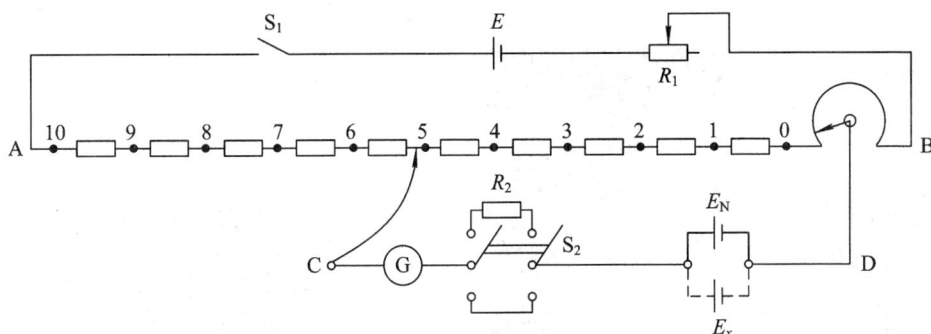

E—FB204 电位差计专用工作电源,有3 V、6 V两挡;
E_N—FB204 标准电势源;
E_x—FB204 待测电动势;
R_1—滑线变阻器,0~380 Ω 连续可调;
G—直流检流计;
R_2—保护电阻,值为5 kΩ

图 3 - 21 - 3　十一线电位差计电路图

由图可知,FB325 型电位差计主要由 11 根 1 米长的电阻线组成,其中第 11 根电阻线为圆盘状,A~B 间总电阻为 110 Ω。合上 S_1、S_2,接通 E_N,调节可调工作电源 E,改变工作电流 I_P 使检流计 G 指零,此时 U_{DC} 与 E_N 达到补偿状态。则

$$E_N = U_{DC} = I_P \cdot r_0 \cdot L_{DC} = A \cdot L_s \qquad (3-21-1)$$

式中,r_0 为单位长度电阻丝的电阻,L_{DC} 为电阻丝 DC 段的长度,A 为单位长度电阻丝上的电压降。

工作电流 I_P 保持不变,S_2 向下合到 E_x 处,即用 E_x 代替 E_N,调节触点 D、C 的位置,使电路再次达到补偿,此时若电阻丝长度为 L_x,则

$$E_x = I_P \cdot r_0 \cdot L_x = A \cdot L_x \qquad (3-21-2)$$

为了便于实验,一般都选定单位长度电阻丝上的电位差 A 为一简单的数字,并根据标准电池 E_N 的数值,由 $E_N = A \cdot L_s$ 计算出 L_s 的长度。然后,将触点 D、C 移至 L_s 的长度位置上,调节可调工作电源,改变工作电流 I_P 使电路补偿,此时单位长度电阻丝上的电位差 A 值等于选定值。这一步骤称为工作电流标准化,或称为电位差计定标。A 称为标准化系数,单位为 V/m。定标后,测量 E_x 时,只要测得 L_x(即 DC 长度),就可求出 E_x 的大小。在科学实验中,对某种量进行精确的测量,常需要用标准件来比较、定标。本实验的定标过程体现在用标准电势源(或标准电池)来进行电位差计工作电流的标准化。

四、实验内容

用 FB325 型十一线电位差计测定 FB204 待测电动势(或干电池电动势)。FB325 型电位差计实物图如图 3 - 21 - 4 所示。

FB325 型十一线电位差计实验装置如图 3 - 21 - 5 所示。图中,10 根电阻线绕在有机玻璃棒上,每根电阻线长度为 1 m,第 11 根电阻线改为圆盘式电阻器,其长度也为 1 m。

可调节接点 C 的调节范围为 0 m～10.00 m，调节步长为 1.00 m。接点 O 与滑片 D 之间的电阻丝长度可由转盘上游标卡尺读出，接点 D 的调节范围为 0 m～1000 mm，调节步长为 1 mm(配合刻度盘游标)。转盘上可用区间为 0 m～1.00 m，否则滑片 D 处于悬空。

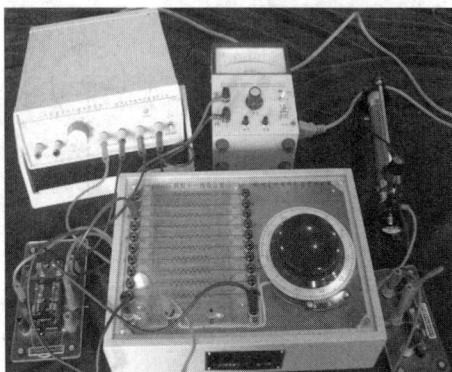

图 3-21-4　FB325 型电位差计实验仪实物面板图　　图 3-21-5　FB325 型十一线电位差计

1. 参数 A 的设定选择

A 表示电阻丝上单位长度的电压降，如 $A=0.2$ V/m，调节电阻丝上的电流大小，找到合适的工作电流，使得电阻丝上每米电压降为 0.2 V，此过程称为工作电流的标定。若待测电压较大，A 也要适当增加一些，如 $A=0.25$ V/m。

2. 计算标准电动势对应的电阻丝长度

图 3-21-6 是用 FB204 标准电动势对 FB325 电位差计实验仪进行标定的实验线路。下方虚线框表示电计和短路开关及电流计 G 为一体。(仔细读懂此图，有利于实验的顺利进行。)先按图连接好实验线路，设标定十一线定位差计的工作点为：$A=0.2$ V/m，由于标准电势源的电动势为 1.0186 V，计算可得

$$L_{CD} = \frac{1.0186 \text{ V}}{0.2 \text{ V/m}} = 5.093 \text{ m} \tag{3-21-3}$$

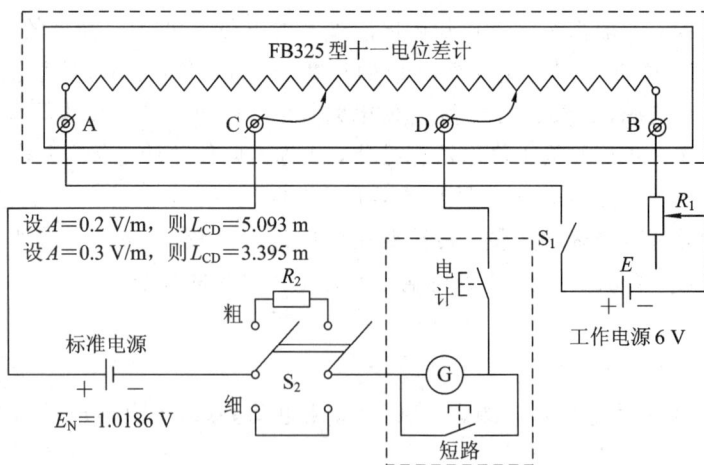

图 3-21-6　用 FB204 标准电势源标定 FB325 型电位差计实验线路图

把 C 点插头插到插座 5 上，接着把刻度盘调节到 0.093 m，把 S_2 先合向上粗调，在检流计串联保护电阻的条件下，按下电位差计按钮，调节 R_1，使检流计指零，然后把 S_2 合向下细调，再仔细调节 R_1，再一次使检流计指零，于是电位差计的工作电流就标定好了。

3. 测量 FB204 待测电动势

用标定好的 FB325 型电位差计测定待测电势源的实验电路图如图 3-21-7 所示。先把检流计灵敏度调到低挡，估计一下 L_{CD} 并大致把它设置好，然后把双刀双掷开关 S_2 向下合，反复调节 L_{CD} 的长度，使检流计指零，将测量数据记入表 3-21-1 中，最后可根据 L_{CD} 的长度，得到待测电动势的值 E_x，即

$$E_x = 0.2(\text{V/m}) \cdot L_{CD}(\text{m}) \tag{3-21-4}$$

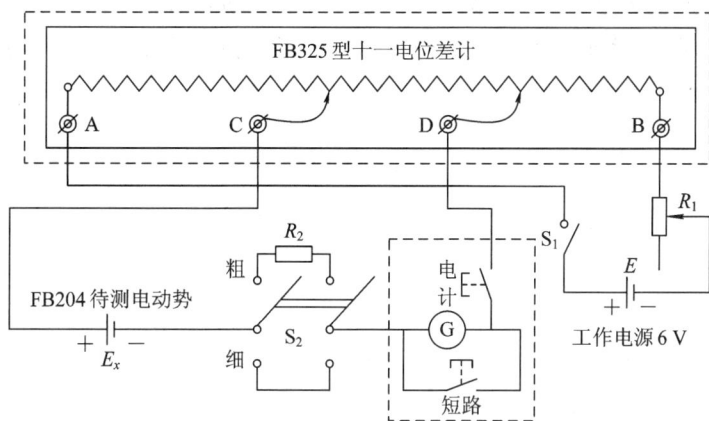

图 3-21-7　用标定好的 FB325 电位差计测定待测电势源的实验线路图

表 3-21-1　十一线电位差计测定 FB204 待测电动势

待测电压 参考值/V	$A/(\text{V/m})$	$L_{CD} = \dfrac{E_N}{A}/\text{m}$	L_x/m	$E_x = A \cdot L_x$	$\overline{E}_x/\text{V}$
0.57			1.		
			2.		
			3.		
1.02			1.		
			2.		
			3.		
1.53			1.		
			2.		
			3.		

五、数据处理

(1) 按实验内容要求计算各实验电路的参数。

（2）按公式计算待测 E_x 的大小。

六、注意事项

（1）使用电位差计时，一般要先接通工作回路，然后再接通补偿回路。断开时按相反顺序进行操作。

（2）FB204 内置标准电势源一般不怕短路。如果不小心造成短路，只要短路故障排除，电路即恢复正常。（但如果采用外接标准电池，则必须严格按其使用注意事项操作，以免造成不必要的经济损失。）

（3）待测电动势不宜输出大电流，如需要测量内阻时，并联电阻 R' 取值不宜太小，一般可预置 $R'=100\ \Omega$ 左右，调节电阻箱时，要特别注意防止短路。

（4）若电源保险丝烧断，可选用同规格的保险丝更换，不可随意用大电流的保险丝代替，以免扩大故障。

实验 22　光电效应及普朗克常数的测定

光电效应是由赫兹在 1887 年首先发现的，这一发现对认识光的本质具有极其重要的意义。1905 年，爱因斯坦从普朗克的能量子假设中得到启发，提出光量子的概念，成功地证明了光电效应的实验规律。1916 年，密立根以精确的光电效应实验证实了爱因斯坦的光电方程，测出的普朗克常数与普朗克按绝对黑体辐射定律计算的值完全一致。爱因斯坦和密立根分别于 1921 年和 1923 年获得诺贝尔物理学奖。

光电效应的应用极为广泛。利用光电效应的原理制成的光电管、光电倍增管及光电池等各种光电器件，是光电自动控制、有声电影、电视录像、传真和电报等设备中不可缺少的器件。

一、实验目的

（1）通过光电效应实验加深对光的量子性的理解。

（2）测量光电管的伏安特性曲线，正确找出不同光频率下的截止电压。

（3）验证爱因斯坦光电方程，求出普朗克常数。

二、实验仪器

光源：50 W 卤钨（溴钨）灯；

聚光器：凸透镜（$f=70$ mm）；

单色器：WGD - 100 小型光栅单色仪；

光电接收和微电流测量放大器：GD - 31A 型光电管、微电流放大器、± 2 V 稳压电源、数字电压表和指针式微安表；

磁性底座：二维调节底座（SZ - 02）1 个，普通底座（SZ - 04）1 个；

工作台：长×宽×高＝700 mm×180 mm×100 mm，台面上有钢板尺。

三、实验原理

1. 光电效应及其规律

在光的照射下，从金属表面释放电子的现象称光电效应。光电效应有以下基本规律：

① 单位时间内，受光照的金属板释放出来的电子数和入射光的强度成正比。

② 光电子从金属表面逸出时具有一定的动能，最大初动能等于光子能量与电子的电荷量和截止电压乘积的差值，与入射光的强度无关。

③ 光电子从金属表面逸出时的最大初动能与入射光的频率成线性关系。当入射光的频率小于 ν_0 时，不管入射光的强度多大，都不会产生光电流。

2. 光量子论与爱因斯坦光电效应方程

按照光子理论，光电效应可解释为：当金属中的一个自由电子从频率为 ν 的入射光中吸收一个光子后，就获得能量 $h\nu$，h 为普朗克常数。如果 $h\nu$ 大于电子从金属表面逸出时所

需的逸出功 A，这个电子就可从金属中逸出。根据能量守恒定律，应有

$$h\nu = \frac{1}{2}mV_m^2 + A \qquad (3-22-1)$$

式中，$\frac{1}{2}mV_m^2$ 是光电子的最大初动能，上式称为爱因斯坦光电效应方程。爱因斯坦方程表明光电子的初动能与入射光的频率成线性关系。当入射光的强度增加时，光子数也增多，因而单位时间内光电子数目也将随之增加，这就很自然地说明了光电子数与光的强度之间的正比关系。

假定 $\frac{1}{2}mV_m^2 = 0$，则由式(3-22-1)可得

$$\nu_0 = \frac{A}{h}$$

这表明频率为 ν_0(截止频率)的光子具有发射光电子的最小能量。如果光子频率低于 ν_0，不管光子数目多大，单个光子都没有足够的能量去激发光电子，所以截止频率相当于电子所吸收的能量全部消耗于电子的逸出功时入射光的频率。

3. 普朗克常量的测量

如图 3-22-1 所示为普朗克常量实验装置的光电原理图。

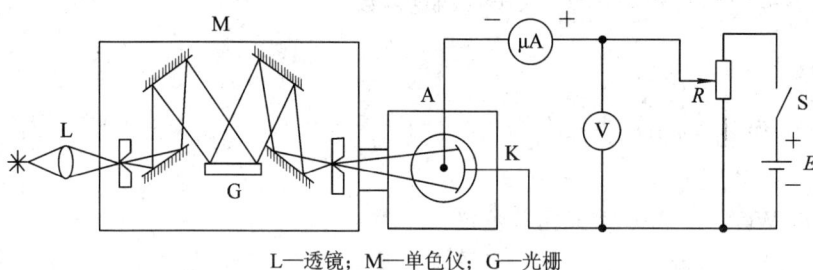

L—透镜；M—单色仪；G—光栅

图 3-22-1 普朗克常量实验装置光电原理图

卤钨灯发出的光束经透镜 L 会聚到单色仪 M 的入射狭缝上，从单色仪出射狭缝发出的单色光投射到光电管的阴极金属板 K 上，并释放光电子(发生光电效应)，A 是集电极(阳极)。由光电子形成的光电流可以用微安表测量。在保持光照射不变的情况下，如果在 AK 之间施加反向电压(集电极为负电位)，则光电子就会受到电场的阻挡作用。当反向电压足够大，且达到 U_0 时，光电流降到零，那么 U_0 就称做截止电压。不难理解，截止电压与光电子最大初动能之间有如下关系：

$$\frac{1}{2}mV_m^2 = eU_0 \qquad (3-22-2)$$

将式(3-22-2)代入式(3-22-1)，并加以整理，即有

$$U_0 = \frac{h}{e}\nu - \frac{A}{e} \qquad (3-22-3)$$

测出不同频率 ν 的入射光所对应的截止电压 U_0，并由此可作 $U_0 \sim \nu$ 图线，由直线斜率 h/e 就可求得普朗克常数 h。即选择不同频率入射光照射光电管，测量光电管的伏安特性曲线，从伏安特性曲线中找到光电流为零时所对应的电压即为截止电压。但实际测量的光电管伏安特性曲线存在某些干扰，主要有：

（1）存在暗电流和本底电流。在完全没有光的照射下，由光电管阴极本身的电子热运动所产生的电流称为暗电流。由于外界各种漫反射光照射到光电管阴极所形成的电流称为本底电流。

（2）存在阳极电流。光电管在制造和使用时，阳极不可避免地被阴极材料所沾染。在光的照射下，被沾染的阳极也会发射光电子并形成阳极电流，在光电管加反向电压时，该电流流向与阴极电流流向相反。由于上述原因，致使实测曲线光电流为零时所对应的电压并不是截止电压。因此，如图 3-22-2 所示，真正的截止电压 U_0 不是伏安特性曲线上的 A 点而是 B 点。

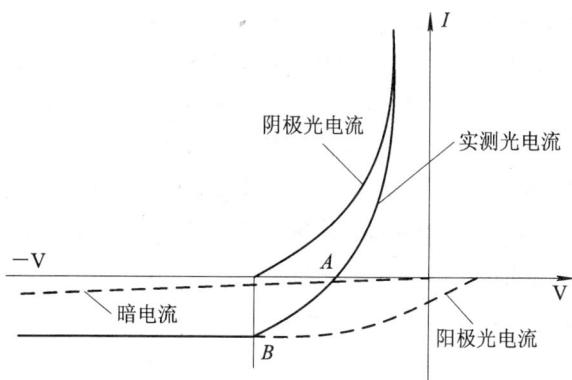

图 3-22-2 光电管的伏安特性曲线

四、实验内容及操作方法

（1）参照图 3-22-3 安装仪器，调节实验装置使其同轴等高。

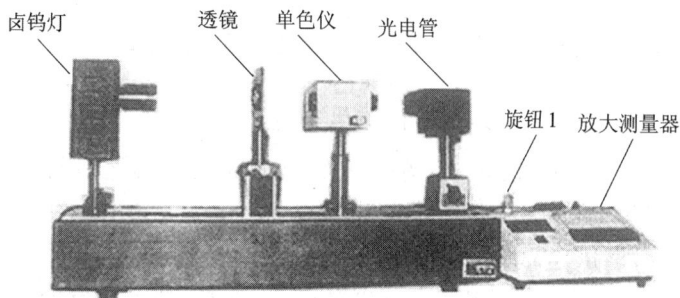

图 3-22-3 普朗克常量实验装置

（2）接通卤钨灯电源，使光束会聚到单色仪的入射狭缝上（缝宽可取较宽一挡：0.3 mm）。

（3）单色仪的调节（WGD-100 小型光栅单色仪如图 3-22-4 所示）。

① 首先将透镜移出光路，使卤钨灯发出的光直接照射在单色仪的入射缝上，并使光源的光斑与入射狭缝对称。然后将透镜放入光路中，前后移动透镜架，使光源发出的光成像在入射狭缝处，若不在狭缝处，只能调透镜架，不能再调光源和单色仪。

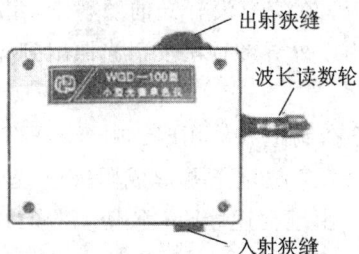

图 3 - 22 - 4 WGD - 100 小型光栅单色仪

② 当螺旋测微计调到 0 时，理想的单色仪应输出较强白光，实际单色仪存在 0 点误差。对系统的同轴等高基本调好后，需对单色仪的零点误差进行消除。方法是：用一张白纸放在单色仪的出射狭缝处，将波长读数轮的读数调到零，然后微微地在零线左右附近旋转，调节到白纸屏有强白光输出，记下螺旋测微计的读数 x_0。

③ 单色仪输出的波长示值是利用螺旋测微器读取的，如图 3 - 22 - 5 所示。鼓轮每旋转一周移动的距离是 50 nm。鼓轮左端的圆锥台周围均匀地划分成 50 个小格，每小格对应 1 nm。当鼓轮的边缘与横轴上的"0"刻线重合时，波长示值为 0.0 nm。而当鼓轮边缘与横轴上的"5"刻线重合时，波长示值为 500.0 nm。

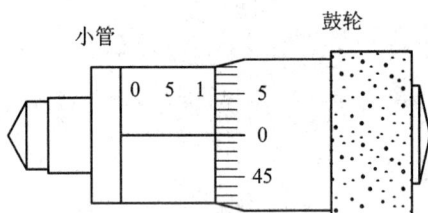

图 3 - 22 - 5 单色仪的读数装置

单色仪的输出波长与螺旋测微计的读数 x 满足线性关系，即

$$\lambda = K(x - x_0)$$

$$K = 100.0 \text{ nm}/1.000 \text{ mm}$$

（4）切断放大测量器的电源，接好光电管与放大测量器之间的电缆，再通电预热 20～30 分钟后，调节该测量放大器的零点位置。

（5）测量光电管的伏安特性。

① 取下暗盒盖，让光电管对准单色仪出射狭缝（注意：将光电管的接收靶面套进单色仪出射缝管里，以减小环境光的影响）。按上述螺旋测微器与波长示值的对应规律，在可见光范围内选择一种波长输出（注意：在选择不同波长时应修正零点误差）。根据光电流的大小，选择适当的倍率按键，使微安表的指针指示在中间范围。

② 调节放大测量器的"旋钮 1"，改变外加直流电压。从 -1.000 V 起，缓慢调高外加直流电压直至 0.200 V，先注意观察电流变化情况，记住使电流开始明显升高的电压值；

③ 逐步增加截止电压，读取对应的电流值。在上一步观察到的电流起升点的附近，要增加监测密度，以较小的间隔采集数据。（电流转为正值后，要按下正负转换键。）

④ 选择适当间隔的另外四种波长光进行同样测量，记录数据于表 3 - 22 - 1 中。

表 3 - 22 - 1 测 量 数 据 表

反向电压/V	404.0 nm 电流/μA	435.0 nm 电流/μA	546.0 nm 电流/μA	577.0 nm 电流/μA	600.0 nm 电流/μA
−1.00					
−0.90					
−0.80					
−0.70					
−0.60					
−0.50					
−0.40					
−0.30					
−0.20					
−0.10					
0					
0.10					
0.20					

五、注意事项

(1) 测量微电流时,必须确认表针停稳后才可以读数。

(2) 实验中要注意可能出现的微电流计指针的漂移现象。遇短时间的漂移,实验可暂停片刻;若对数据有较大影响时,部分测量可以重做;若电网电压波动较大,卤钨灯宜配接交流稳压器。

六、数据处理

(1) 在直角坐标纸上分别作出被测光电管在五种波长(频率)光照射下的伏安特性曲线,从这些曲线找到并标出截止电压 U_0,记录数据于表 3 - 22 - 2 中。

表 3 - 22 - 2 测 量 数 据 表

波长 λ/nm	404.0	435.0	546.0	577.0	600.0
频率 ν/×10¹⁴ Hz					
截止电压 U_0/V					

(2) 根据上表中的数据作 $U_0 \sim \nu$ 关系图,从图中求该直线的斜率,并计算普朗克常量 $h(e = 1.602 \times 10^{-19} \text{ C})$。

(3) 计算测得普朗克常量的相对误差。

七、问题讨论

（1）从截止电压 U_0 与入射光频率 ν 的关系曲线，能确定阴极材料的逸出功吗？

（2）如果某材料的逸出功为 2.0 eV，用它做成光电管阴极时的截止波长是多少？

实验 23　居里温度测定实验

铁磁性物质的磁性随温度的变化而改变。当温度上升到某一温度时，铁磁性材料就由铁磁状态转变为顺磁状态，即失去铁磁性物质的特性，这个温度称之为居里温度，以 T_c 表示。测量 T_c 不仅对磁性材料、磁性器件的研制和使用，而且对工程技术乃至家用电器的设计都有重要的意义。测量铁磁性物质的居里温度的方法有磁秤法、电桥法和感应法等。本实验应用感应法测量。

一、实验目的

（1）初步了解铁磁物质由铁磁性转变为顺磁性的微观机理。
（2）学习 JLD－Ⅱ型居里温度测试仪测定居里温度的原理和方法。
（3）测定铁磁样品的居里温度。

二、实验仪器

JLD－Ⅱ型居里温度测试仪，60 M 存储示波器。

三、实验原理

1. 磁介质的分类

在磁场作用下能被磁化并反过来影响磁场的物质称为磁介质。

设真空中原来磁场的磁感应强度为 $\boldsymbol{B}_0$，引入磁介质后，磁介质因磁化而产生附加的磁场，其磁感应强度为 $\boldsymbol{B}'$，在磁介质中总的磁感应强度是 $\boldsymbol{B}_0$ 和 $\boldsymbol{B}'$ 的矢量和，即 $\boldsymbol{B}=\boldsymbol{B}_0+\boldsymbol{B}'$。设 $\mu_r=\dfrac{\boldsymbol{B}}{\boldsymbol{B}_0}$，$\mu_r$ 称为介质的相对磁导率。根据实验分析，磁介质可分为

（1）顺磁质：$\mu_r>1$，如铝、铬、铀等。
（2）抗磁质：$\mu_r<1$，如金、银、铜等。
（3）铁磁质：$\mu_r\gg1$，如铁、钴、镍等。

居里温度是磁性材料的本征参数之一，它仅与材料的化学成分和晶体结构有关，而与晶粒的大小、取向以及应力分布等结构因素无关，因此又称它为结构不灵敏参数。测定铁磁材料的居里温度对磁材料、磁性器件的研究和研制，对工程技术的应用都具有十分重要的意义。

2. 铁磁质的磁化机理

铁磁质的磁性主要来源于自由电子的自旋磁矩，在铁磁质中，相邻原子间存在着非常强的"交换耦合"作用，使得在没有外加磁场的情况下，它们的自旋磁矩能在一个个微小的区域内"自发地"整齐排列起来，这样形成的自发磁化小区域称之为磁畴。实验证明，磁畴的大小约为 10^{-12} m～10^{-8} m^{-3}，包含有 10^{17}～10^{21} 个原子。在没有外磁场作用时，不同磁畴的取向各不相同，如图 3－23－1 所示。因此，对整个铁磁物质来说，任何宏观区域的平均磁矩为零，铁磁物质不显示磁性。当有外磁场作用时，不同磁畴的取向趋于外磁场的方

向，任何宏观区域的平均磁矩不再为零。当外磁场增大到一定值时，所有磁畴沿外磁场方向整齐排列，此时铁磁质达到磁化饱和，如图 3-23-2 所示。由于在每个磁畴已排列整齐，因此，磁化后的铁磁质具有很强的磁性。

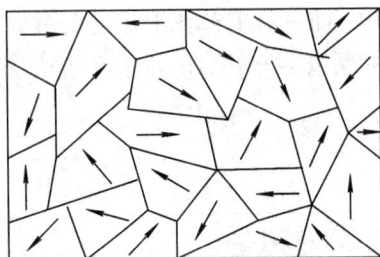

图 3-23-1 无外磁场作用的磁畴

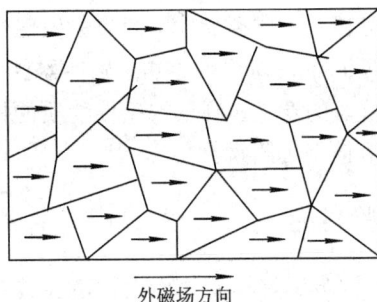

图 3-23-2 在外磁场作用下的磁畴

铁磁物质被磁化后具很强的磁性，但这种强磁性是与温度有关的，随着铁磁物质温度的升高、金属点阵热运动加剧，会影响磁畴的有序排列。但在未达到一定温度时，热运动不足以破坏磁畴的平行排列，此时任何宏观区域的平均磁矩仍不为零，物质仍具有磁性，只是平均磁矩随温度的升高而减小。当温度达到某一定值时，由于分子剧烈的热运动，磁畴便会瓦解，平均磁矩降为零，铁磁物质的磁性消失而转变为顺磁物质，与磁畴相联系的一系列铁磁性质（如高磁导率、磁致伸缩等）全部消失，磁滞回线消失，变成直线，相应的铁磁物质的磁导率转化为顺磁物质的磁导率。铁磁性消失时所对应的温度即为居里温度。

3. 实验装置及测量原理

由居里温度的定义可知，要测定铁磁材料的居里温度，从测量原理上来讲，其测定装置必须具备四个功能：提供使样品磁化的磁场；改变铁磁物质温度的温控装置；判断铁磁物质磁性是否消失的判断装置；测量铁磁物质磁性消失时所对应温度的测温装置。

JLD-II居里温度测试仪是通过如图 3-23-3 所示的系统装置来实现以上四个功能的。待测样品为一环形铁磁材料，其上绕有两个线圈 L_1 和 L_2，其中，L_1 为励磁线圈，给其中通入交变电流，提供使环形样品磁化的磁场。将绕有线圈的环形样品置于温度可控的加热炉中以改变样品的温度。将集成温度传感器置于样品旁边以测定样品的温度。

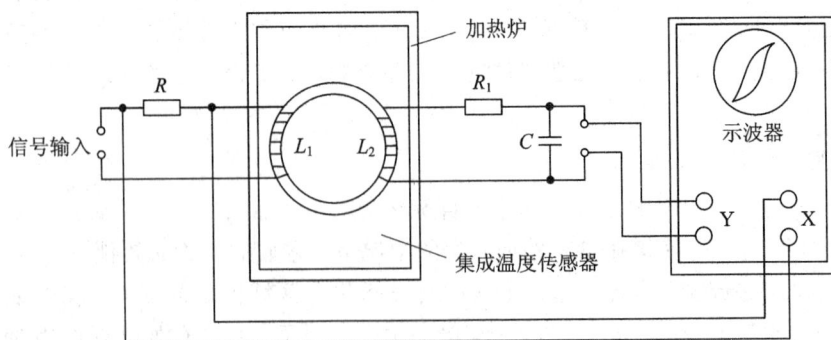

图 3-23-3 JLD-II居里温度测试仪原理图

该装置可通过两种途径来判断样品的铁磁性消失：

（1）通过观察样品的磁滞回线是否消失来判断。

铁磁物质最大的特点是当它被外磁场磁化时，其磁感应强度 B 和磁场强度 H 的关系是非线性的，也不是单值的，而且磁化的情况还与它以前的磁化历史有关，即 $B \sim H$ 曲线为一闭合曲线，称之为磁滞回线，如图 3-23-4 所示。当铁磁性消失时，相应的磁滞回线也就消失（变成一条直线）了。因此，测出对应于磁滞回线消失时的温度，就是居里温度。

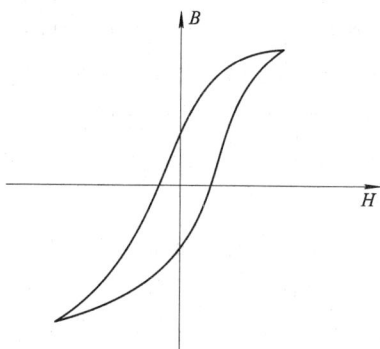

图 3-23-4　磁滞回线示意图

为了获得样品的磁滞回线，可在励磁线圈回路中串联一个采样电阻 R。由于样品中的磁场强度 H 正比于励磁线圈中通过的电流 I，而电阻 R 两端的电压 U 也正比于电流 I，因此可用 U 代表磁场强度 H，将其放大后送入示波器的 X 轴。样品上的线圈 L_2 中会产生感应电动势，由法拉第电磁感应定律知，感应电动势的大小为

$$\varepsilon = -\frac{d\phi}{dt} = -k\frac{dB}{dt} \qquad (3-23-1)$$

式中，k 为比例系数，与线圈的匝数和截面积有关。将上式积分可得

$$B = -\frac{1}{k}\int \varepsilon \, dt \qquad (3-23-2)$$

可见，样品的磁感应强度 B 与 L_2 上的感应电动势的积分成正比。因此，将 L_2 上感应电动势经过 $R_1 C$ 积分电路积分并加以放大处理后送入示波器的 Y 轴，这样在示波器的荧光屏上即可观察到样品的磁滞回线（示波器用 X-Y 工作方式）。

（2）通过测定磁感应强度随温度变化的曲线来判断。

一般自发磁化强度 M_S（任何区域的平均磁矩）称为自发磁化强度，与饱和磁化强度 M（不随外磁场变化时的磁化强度）很接近，可用饱和磁化强度近似代替自发磁化强度，并根据饱和磁化强度随温度变化的特性来判断居里温度。用 JLD-Ⅱ装置无法直接测定 M，但由电磁学理论知道，当铁磁性物质的温度达到居里温度时，其 $M(T)$ 的变化曲线与

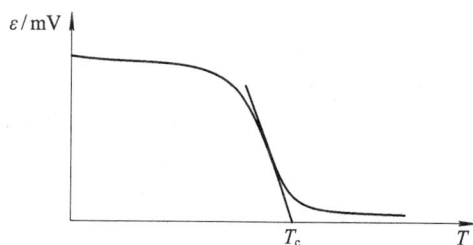

图 3-23-5　$\varepsilon \sim T$ 曲线

$B(T)$ 曲线很相似，因此在测量精度要求不高的情况下，可通过测定 $B(T)$ 曲线来推断居里温度。即测出感应电动势随温度 T 变化的曲线，并在其斜率最大处作切线，切线与横坐标

(温度)的交点即为样品的居里温度，如图 3-23-5 所示。

四、实验内容及操作方法

1. 通过测定磁滞回线消失时的温度测定居里温度

（1）用连线将加热炉与电源箱前面板上的"加热炉"相连接；将铁磁材料样品与电源箱前面板上的"样品"插孔用专用线连接起来，并把样品放入加热炉中；将温度传感器、降温风扇的接插件与接在电源箱前面板上的"传感器"接插件对应相接；将电源箱前面板上的"B输出"、"H输出"分别与示波器上的 Y 输入、X 输入用专用线相连接。

（2）将"升温－降温"开关打向"降温"。接通电源箱前面板上的电源开关，调节电源箱前面板上的"H调节"旋钮，使 H 增大，调节示波器（工作方式取 X-Y 模式），其荧光屏上就显示出磁滞回线。

（3）关闭加热炉上的两风门（旋钮方向和加热炉的轴线方向垂直），将温度"测量－设置"开关打向"设置"，适当设定炉子能达到的最高温度。

（4）将"测量－设置"开关打向"测量"，将"升温－降温"开关打向"升温"，这时炉子开始升温，在此过程中注意观察示波器上的磁滞回线，记下磁滞回线变成近似水平直线时显示的温度值，即测得了居里温度 T_c（注意电动势变化较快所对应的温度范围）。

（5）将"升温－降温"开关打向"降温"，并打开加热炉上的两风门（旋钮方向和加热炉的轴线方向平行），使加热炉降温。

2. 测量感应电动势随温度变化的关系

（1）根据所测得的居里温度值来设置炉温，其设定值应比所测得的 T_c 值低 2℃左右。

（2）将"测量－设置"开关打向"测量"，"升温－降温"开关打向"升温"，这时炉子开始升温，在数据表中记录感应电动势值随炉温的变化关系。测量时，温度从 40℃ 开始上升至温度不变为止。当感应电动势变化较快时，温度间隔要取小些。反之，则可以取大些。

五、原始数据记录

将测量数据分别记入表 3-23-1～表 3-23-4 中。

表 3-23-1　磁滞回线消失时所对应的温度值

样品编号			
T_c/℃			

表 3-23-2　感应电动势 ε 随温度的变化关系(1)

样品编号：_____

T/℃									
ε'/mV									
T/℃									
ε'/mV									

表 3 – 23 – 3　感应电动势 ε 与温度的变化关系(2)

样品编号：＿＿＿＿＿

$T/℃$									
$ε'/mV$									
$T/℃$									
$ε'/mV$									

表 3 – 23 – 4　感应电动势 ε 与温度的变化关系(3)

样品编号：＿＿＿＿＿

$T/℃$									
$ε'/mV$									
$T/℃$									
$ε'/mV$									

六、注意事项

(1) 测量样品的居里温度时，一定要让炉温从低温开始升高，即每次要让加热炉降温后再放入样品，这样可避免由于样品和温度传感器响应时间的不同而引起的居里温度每次测量值的不同。

(2) 在测量 80℃ 以上样品时，温度很高，小心烫伤。

七、数据处理

(1) 用坐标纸画出 $ε \sim T$ 曲线，并在其斜率最大处作切线，切线与横坐标(温度)的交点即为样品的居里温度 T'_c。

(2) 计算各样品两次测量结果的相对误差。

八、问题讨论

(1) 什么是居里温度？在 $ε \sim T$ 曲线上怎样确定居里温度？

(2) 什么是磁滞回线？磁滞回线的面积有什么意义？

实验 24　放电法测高阻

高阻，一般指阻值为 10^6 Ω 以上的电阻，也有人把 10^8 Ω～10^{17} Ω 的电阻称为超高阻。由于电阻值较高，以及一般测量电阻仪器量程和灵敏度的限制，准确测量高阻有一定的困难。在工业中，常采用放电法测量高阻。

一、实验目的

（1）掌握 RC 放电的规律。
（2）了解冲击电流计的使用方法。

二、实验仪器

冲击电流计、电容箱、待测高值电阻、直流电源和放电开关等。

三、实验原理

1. 放电法测高阻

放电法测高阻是将待测高阻与已知电容组成回路，在电容放电时测量电容上的电量（或电压）随时间的变化关系，从而确定高阻的阻值。如图 3-24-1 是 RC 放电原理图。

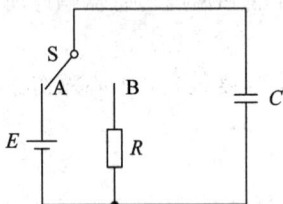

图 3-24-1　RC 放电原理图

当开关 S 扳向 A 时，电源 E 给电容 C 充电，当开关 S 由 A 扳向 B 时，电容 C 通过电阻 R 放电。设放电时间为 t，则在 t 时刻电容 C 上的电量 Q、电压 U 和 RC 回路中的电流 I 之间满足以下关系：

$$Q = CU$$
$$U = RI$$
$$I = -\frac{\mathrm{d}Q}{\mathrm{d}t}$$

式中，负号表示随着放电时间的增加，电容器极板上的电荷 Q 随之减少。注意：Q、U、I 三个量都是时间的函数。

设初始条件为 $t=0$ 时，$Q=Q_0$，则电容上电量随时间的关系为

$$\frac{\mathrm{d}Q}{\mathrm{d}t} = -\frac{q}{RC}$$

即

$$Q = Q_0 \mathrm{e}^{-\frac{t}{RC}} \qquad\qquad (3-24-1)$$

式中，RC 称为时间常数，一般用 τ 表示，其物理意义为当 $t = \tau = RC$ 时，电容上的电量由 $t = 0$ 时的 Q_0 下降到 $0.368Q_0$，它决定放电过程的快慢。时间常数 τ 越大，放电越慢；反之，τ 越小，放电越快。当 $t = 5\tau = 5RC$ 时，$Q = 0.005Q_0$，可以认为放电基本结束。对上式取自然对数，有

$$\ln Q = -\frac{t}{RC} + \ln Q_0 \qquad (3-24-2)$$

根据式 $(3-24-2)$ 可知，$\ln Q$ 与 t 成线性关系，直线斜率就是 $-\dfrac{1}{RC}$。

2. 用冲击电流计测电量

在本实验中，用冲击电流计测出不同时刻电容器上的电量，以此来研究电量的变化规律。通过对 RC 电路放电规律的研究，可以测定 R 的阻值。具体测量电路如图 $3-24-2$ 所示。

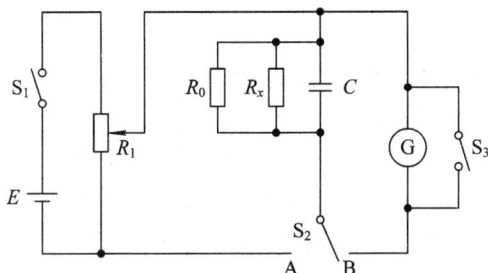

图 $3-24-2$ 冲击法测高阻电路图

图中的 G 为冲击电流计，用来测量脉冲电流所迁移过的电量。由于通过冲击电流计的电量 Q 与冲击电流计光标的第一次最大偏转距离 d 成正比（$Q \propto d$），因此式 $(3-24-1)$、式 $(3-24-2)$ 可改写为

$$d = d_0 \mathrm{e}^{-\frac{t}{RC}} \qquad (3-24-3)$$

$$\ln d = -\frac{t}{RC} + \ln d_0 \qquad (3-24-4)$$

式中，d_0、d 分别表示 $t = 0$、$t = t$ 时，电流计光标的第一次最大偏转距离。以 t 为自变量，以 d 为因变量，作 $d \sim t$ 曲线如图 $3-24-3$ 所示。从曲线上找到 $d = d_0 / e$ 的点，该点所对应的 t 值应等于 τ。因 $\tau = RC$，而 C 已知，即可求出 R 值。也可根据式 $(3-24-4)$ 作 $\ln d \sim t$ 曲线图，由于 $\ln d$ 与 t 成线性关系，则曲线为一直线，如图 $3-24-4$ 所示，其直线的斜为 $-\dfrac{1}{RC}$，由此也可求出 R 值。

由于电容器绝缘不太理想及各种漏电因素，即使去掉被测高阻 R_x，电容器也要放电，这就相当于有一个漏电电阻。这个漏电电阻等效于一个超高阻 R_0 和电容 C 并联。我们测得的 R，实际上是待测电阻 R_x 和漏电电阻 R_0 的并联，即有

$$\frac{1}{R} = \frac{1}{R_x} + \frac{1}{R_0}$$

$$R_x = \frac{R}{1 - \dfrac{R}{R_0}} \qquad (3-24-5)$$

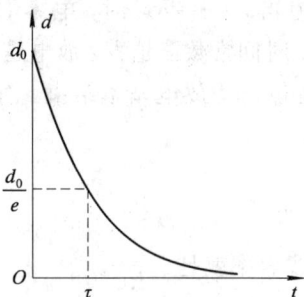

图 3 - 24 - 3　$d \sim t$ 曲线

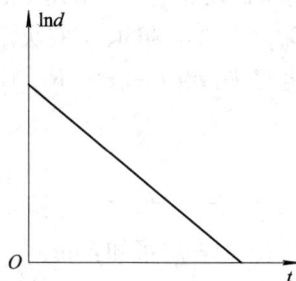

图 3 - 24 - 4　$\ln d \sim t$ 曲线

为了测出 R_0，可将图 3 - 24 - 2 电路中的 R_x 拆去，同样按上述方法测出一组数据，通过作图即可求出 R_0，再将 R、R_0 代入式(3 - 24 - 5)，便可求出 R_x。

四、实验内容

(1) 按图 3 - 24 - 2 所示电路连接线路。接通电流计的照明灯电源，在标尺下方的反射镜中找到光标，调节标尺，使光标指向零点。

(2) 根据待测电阻 R_x 选择电容 C 值，使放电时间常数 RC 约为 20 s。

(3) 接通电源开关 S_1，调节 R_1 逐渐加大充电电压，使电容器充电后 S_2 由 A 端扳向 B 端时，电流计光标有 15 cm ～ 20 cm 的偏转。R_1 一旦调好后，在整个实验中保持不变。

(4) 将 S_2 扳向 A 端，使电容器充电。然后将 S_2 与 A 端断开，停在中间位置，同时按下秒表计时。当秒表到达放电时间 t 时，S_2 与 B 端接通，读出冲击电流计光标的第一次最大偏转读数 d。放电时间 t 选取 0 s、5 S、10 s、15 s、20 s、25 s、30 s、40 s、50 s、60 s。

(5) 由于冲击电流计工作在开路状态下，应利用阻尼开关 S_3 使光标迅速停在零点。

(6) 测漏电电阻 R_0。去掉待测电阻 R_x，不改变电路其他参数，测放电时间 t 取 3 s、5 s、10 s、15 s、20 s、25 s、30 s 时，电流计光标的偏转 d。

五、数据处理

将不同 t 时刻的 d 和 $\ln d$ 值记入表 3 - 24 - 1 中。

表 3 - 24 - 1　测量数据记录表

t/s	0	5	10	15	20	25	30	35	40	60
d/cm										
$\ln d$										

分别作有 R_x 和无 R_x 时，两次放电的 $\ln d \sim t$ 曲线图，并由斜率求出 R 和 R_0，由式(3 - 24 - 5)计算出 R_x。

六、问题讨论

(1) 用 RC 放电法测电阻时，应如何选择电容 C 值？

(2) 从 $\ln d \sim t$ 曲线和 $d \sim t$ 曲线都可以求出 R 值，哪种方法更好些？

Ⅳ 附 录

附录 1 我国法定计量单位表

（国务院 1984 年 2 月 27 日发布）

表 1.1 国际单位制的基本单位

量的名称	单位名称	单位符号
长度	米	m
质量	千克（公斤）	kg
时间	秒	s
电流	安（安培）	A
热力学温度	开（尔文）	K
物质的量	摩（尔）	mol
发光强度	坎（德拉）	cd

表 1.2 国际单位制的辅助单位

量的名称	单位名称	单位符号
（平面）角	弧度	rad
立体角	球面度	sr

表 1.3 国际单位制中具有专门名称的导出单位

量的名称	单位名称	单位符号	表示式例
频率	赫（兹）	Hz	s^{-1}
力，重力	牛（顿）	N	$kg \cdot m/s^2$
压力，压强，应力	帕（斯卡）	Pa	N/m^2
能（量），功，热	焦（耳）	J	$N \cdot m$
功率，辐（射能）通量	瓦（特）	W	J/s
电荷（量）	库（仑）	C	$A \cdot s$
电位，电压，电动势	伏（特）	V	W/A
电变	法（拉）	F	C/V
电阻	欧（姆）	Ω	V/A

续表

量的名称	单位名称	单位符号	表示式例
电导	西(门子)	s	A/V
磁通(量)	韦(伯)	Wb	V·s
磁通(量)密度,磁感应强度	特(斯拉)	T	Wb/m²
电感	亨(利)	H	Wb/A
摄氏温度	摄氏度	℃	K
光通量	流(明)	lm	cd·sr
(光)照度	勒(克斯)	lx	lm/m²
(放射性)活度	贝可(勒尔)	Bq	s⁻¹
吸收剂量	戈(瑞)	Gy	J/kg
剂量当量	希(沃特)	Sv	J/kg

注:括弧中的名称是它前面名词的同义词,或者与前面的字构成单位名称的全称。括弧中的字在不致引起混淆、误解的情况下可以省略,省略后即为该名称的简称。

表 1.4   国家选定的非国际单位制单位

量的名称	单位名称	单位符号	换算关系和说明
时间	分	min	1 min＝60 s
	(小)时	h	1 h＝60 min＝3600 s
	天(日)	d	1 d＝24 h＝86 400 s
(平面)角	(角)秒	(″)	1″＝(π/648 000)rad(π 为圆周率)
	(角)分	(′)	1′＝60″＝(π/10 800)rad
	度	(°)	1°＝60′＝(π/180)rad
旋转速度	转每分	r/min	1 r/min＝(1/60)s⁻¹
长度	海里	n mile	1 n mile＝1852 m(只用于航程)
速度	节	kn	1 kn ＝1 n mile/h ＝(1852/3600)m/s(只用于航行)
质量	吨 原子质量单位	t u	1 t＝1000 kg 1 u≈1.660 565 5×10⁻²⁷ kg
体积	升	L	1 L＝1 dm³＝10⁻³ m³
能量	电子伏	eV	1 eV＝1.602 189 2×10⁻¹⁹ J
线密度	特(克斯)	tex	1 tex＝1 g/km
级差	分贝	dB	

附录2 常用物理量的代号和国际制导出单位

物理量		单位名称	单位代号		备 注
名称	代号		中文	国际	
面积	S	平方米	米^2	m^2	
体积	V	立方米	米^3	m^3	
位移	Is	米	米	m	
速度	v	米每秒	米/秒	m/s	
加速度	a	米每秒平方	米/秒^2	m/s^2	$1\text{ N}=1\text{ kg}\cdot\text{m/s}^2$
转速	n	1每秒	1/秒	1/s	$=10^5\text{ dyne(达因)}$
角速度	ω	弧度每秒	弧度/秒	rad/s	$=(1/9.8)\text{kg(力)}$
力	F	牛顿	牛	N	1 g(力)/cm^3
重量	G	牛顿	牛	N	$=1\text{ kg(力)/dm}^3$
比重	R	牛顿每立方米	牛/米^3	N/m^3	$=1\text{ t(力) /m}^3$
密度	ρ	千克每立方米	千克/米^3	kg/m^3	$1\text{ N}\cdot\text{s}=1\text{ kg}\cdot\text{m/s}$
力矩	M	牛顿·米	牛·米	N·m	
动量	P	千克米每秒	千克·米/秒	kg·m/s	
冲量	I	牛顿·秒	牛·秒	N·s	

附录3 英美度量衡折合国际公制、市制换算表

项目 \ 制别	英制	国际公制	市制
长度	1吋(英寸)	25.4 毫米	0.762 市寸
	1呎(英尺)	0.3048 米	0.9144 市尺
	1码	0.9144 米	2.7432 市尺
	1哩(英里)	1.6093 公里	3.2187 市里
	1浬(英海里)	1.852 公里	3.704 市里
面积及地积	1平方吋	6.4514平方厘米	0.5806平方市寸
	1平方哩	2.5900平方公里	10.3600平方市里
	1英亩	40.468公亩	6.0702市亩
体积及容量	1立方呎	0.0283立方米	0.7645立方市尺
	1英品脱	5.6825 分升	5.6825市合
	1英加仑	4.5460升	4.5460市升
	1英蒲式耳	3.6368升	3.6368市斗

续表

项目 \ 制别	英制	国际公制	市制
常衡制	1 英盎司 1 英磅 1 英担 1 英吨	28.3495 克 0.4536 公斤 50.8024 公斤 1.0160 吨 1016.0470 公斤	0.567 市两 0.9072 市斤 101.6047 市斤 2032.0940 市斤

注一：上表系英制计算，兹将美制与英制不同者，另表示为

(1) 美 1 浬＝1854.98 米＝5564.94 市尺

(2) 美液量 1 加仑＝231 立方吋＝3.7853 升

(3) 美干量 1 加仑＝268.803 立方吋＝4.4046 升

(4) 美 1 蒲式耳＝2150.42 立方吋＝3.5238 斗

(5) 美 1 吨＝2000 磅＝907.1849 公斤＝1814.3697 市斤

注二：(1) 金衡 1 磅＝373.2418 克＝7.4648 市两

(2) 药衡 1 磅＝金衡 1 磅

附录 4　常用物理量的代号和国际制导出单位

物理量 名称	物理量 代号	单位名称	单位代号 中文	单位代号 国际	备　注
功	W	焦耳	焦	J	1 J＝1 N・m
能	E	焦耳	焦	J	
功率	P	瓦特	瓦	W	1 W＝1 J/s
压强	p	帕斯卡	帕	Pa	1 Pa＝1 N/m^2 1 大气压＝76 cm 汞柱
周期	T	秒	秒	s	
频率	f, ν	赫兹	赫	Hz	1 Hz＝1 s^{-1}
波长	λ	术	米	m	1 Å(埃)＝10^{-10} m
摄氏温度	℃	摄氏度	度	℃	
热量	Q	焦耳	焦	J	热功当量为 4.18 J/卡
热容量	C	焦耳每开尔文	焦/开	J/K	常用卡/度
比热	c	焦耳每千克开尔文	焦/千克・开	J/ks・K	常用卡/克・度、 千卡/千克・度
燃烧值	q	焦耳每千克	焦/千克	J/kg	常用千卡/千克
电量	Q	库仑	库	C	
电场强度	E	伏特每米	伏/米	V/m	1 V/m＝1 N/C
电势电压	U, V	伏特	伏	V	1 V＝1 W/A

续表

| 物理量 | | 单位名称 | 单位代号 | | 备 注 |
名称	代号		中文	国际	
电动势	ε	伏特	伏	V	
电阻	R	欧姆	欧	Ω	
电阻率	ρ	欧姆·米	欧·米	$\Omega \cdot m$	常用 $\Omega \cdot mm^2/m$
电容	C	法拉	法	F	$1\ F=10^6 \mu F=10^{12} PF$
磁感应强度	B	特斯拉	特	T	$1\ T=1\ Wb/m^2$
磁通量	φ	韦伯	韦	Wb	$1\ Wb=1\ V \cdot s$
电感	L	亨利	亨	H	$1\ H=1\ Wb/A$
容抗	X_c	欧姆	欧	Ω	
感抗	X_L	欧姆	欧	Ω	
阻抗	Z	欧姆	欧	Ω	

附录5 一般常用符号

符号	名称及使用
+	① 加号；② 正号，通常省略；③ 强，写在数字后面，表示较该数字多一点；④ 指南磁极、正电极（阳极）等
−	① 减号；② 负号，小于零的；③ 相反的数量；④ 弱，写在数字后面，表示较该数字少一点；⑤ 指北磁极、负电极（阴极）等
±	① 加或减；② 正或负
×	乘号，在代数式里有用居中点（·）代替
÷	① 除号，读作"除以"；② 有些俄文书籍中作为"到"的字符号，与直线（—）和波纹线（～）相同
∽	① 等价；② 相似；③ 表示"到"的意思；④ 表明表面光度平滑，注在图上外侧
=	等号，等于
≡	恒等号，恒等于
≠	不等于
>	大于；⊁，不大于；≫，远大于
<	小于；⊀，不小于；≪，远小于
⩾	大于或等于，不小于
⩽	小于或等于，不大于
≅	全等于
≈，≒	近似于，大约等于
∈	（从）属于

符 号	名称及使用
→	① 趋于；② 在化学式里表示反应
∥	平行于
⊥	垂直于
∠	角
∟	直角
△	三角形；梯度算符
□	四边形，矩形
▽	三角形；拉普拉斯算符
⊙	圆
：，/	比号，作用与"÷"同
∵	因为
∴	所以
∝	正比于
∞	无穷大
Σ	求和号
$n!$	表示 n 的阶乘
Ⅱ	连乘积
K	绝对温度，$K = ℃ + 273.15$
°	度，写在数字的右上角。① 圆周角的 1/360；② 温度表及比重表的度
′	写在数字的右上角。① 分，圆周角的 1/21 600；② 时间单位；③ 英尺
″	写在数字的右上角。① 秒，圆周角的 1/1 296 000；② 时间单位；③ 英寸
％	百分号
‰	千分号
♂	雄性符号
♀	雌性符号
§	节，复数作 gg
⋯	省略号
№	序列或期号
$	货币元
pH	酸碱度
PPM	或 ppm，百万分之一
hr	小时

附录6 SI 词 头

因数	词头名称		符号	因数	词头名称		符号
	英文	中文			英文	中文	
10^{24}	yotta	尧[它]	Y	10^{-1}	deci	分	d
10^{21}	zetta	泽[它]	Z	10^{-2}	centi	厘	c
10^{18}	exa	艾[可萨]	E	10^{-3}	milli	毫	m
10^{15}	peta	拍[它]	P	10^{-6}	micro	微	μ
10^{12}	tera	太[拉]	T	10^{-9}	nano	纳[诺]	n
10^{9}	giga	吉[咖]	G	10^{-12}	pico	皮[可]	P
10^{6}	mega	兆	M	10^{-15}	femto	飞[母托]	f
10^{3}	kilo	千	k	10^{-18}	atto	阿[托]	a
10^{2}	hecto	百	h	10^{-21}	zepto	仄[普托]	z
10^{1}	deca	十	da	10^{-24}	yocto	幺[科托]	y

附录7 常用物理数据

表7.1 基本物理常量(1986 年国际推荐值)

量	符号	数 值	单 位	不确定度（ppm）
真空中光速	c	299 792 458	ms^{-1}	（准确值）
真空磁导率	μ_0	12.566 370 614…	$10^{-7}NA^{-2}$	（准确值）
真空电容率，$1/(\mu_0 c^2)$	ε_0	8.854 187 817…	$10^{-12}Fm^{-1}$	（准确值）
牛顿引力常数	G	6.672 59(85)	$10^{-11}m^3 kg^{-1}s^{-2}$	128
普朗克常数	h	6.626 075 5(40)	$10^{-34}Js$	0.60
基本电荷	e	1.602 177 33(49)	$10^{-19}C$	0.30
玻尔磁子，$h/(2m_e)$	μ_B	9.274 015 4(31)	$10^{-24}JT^{-1}$	0.34
里德伯常数	R_∞	10 973 731.534(13)	m^{-1}	0.0012
波尔半径，$a/(4\pi R_\infty)$	a_0	0.529 177 249(24)	$10^{-10}m$	0.045
电子[静]质量	m_e	0.910 938 97(54)	$10^{-30}kg$	0.59
电子荷质比	$-e/m_e$	−1.758 819 62(53)	$10^{11}C/kg$	0.30
[经典]电子半径	r_e	2.817 940 92(38)	$10^{-15}m$	0.13
质子[静]质量	m_P	1.672 623 1(10)	$10^{-27}kg$	0.59
中子[静]质量	m_n	1.674 928 6(10)	$10^{-27}kg$	0.59
阿伏加德罗常数	N_A,L	6.022 136 7(36)	$10^{23}mol^{-1}$	0.59

续表

量	符号	数 值	单 位	不确定度（ppm）
原子(统一)质量单位 原子质量常数 1 u＝m_u＝(1/12)m(^{12}C)	m_u	1.660 540 2(10)	10^{-27} kg	0.59
气体常数	R	8.314 510(70)	J mol^{-1}K^{-1}	8.4
玻耳兹曼常数，R/N_A	k	1.380 658(12)	10^{-23}J K^{-1}	8.4
摩尔体积(理想气体) (T＝273.15 K，P_m＝101325 Pa)	V_m	22.414 10(19)	L mol^{-1}	8.4

表 7.2　20℃时物质的密度

物质	密度 ρ(kg/m^3)	物质	密度 ρ(kg/m^3)
铝	2698.9	汽车用汽油	710～720
锌	7140	乙醚	714
铬	7140	无水乙醇	789.4
锡(白)	7298	丙酮	791
铁	7874	甲醇	791.3
钢	7600～7900	煤油	800
镍	8850	变压器油	840～890
铜	8960	松节油	855～870
银	10 492	苯	879.0
铅	11 342	蓖麻油(15 ℃)	969
钨	19 300	(20 ℃)	957
金	19 320	钟表油	981
铂	21 450	纯水(0℃)	999.84
硬铝	2790	(3.98℃)	1000.00
不锈钢	7910	(4℃)	999.97
黄铜	8500～8700	海水	1010～1050
青铜	8780	牛乳	1030～1040
康铜	8880	无水甘油	1260
软木	220～260	氟里昂—12	1329
纸	700～1000	(氟氯烷—12)	
石蜡	870～940	蜂蜜	1435
橡胶	910～960	硫酸	1840

续表

物质	密度 ρ(kg/m³)	物质	密度 ρ(kg/m³)
硬橡胶	1100～1400	水银(0℃)	13 595.5
有机玻璃	1200～1500	(20℃)	13 546.2
煤	1200～1700	干燥空气(标准状态)	1.293
食盐	2140	(0 ℃)	1.205
冕牌玻璃	2200～2600	(20 ℃)	
普通玻璃	2400～2700	氢	0.0899
火石玻璃	2800～4500	氦	0.1785
石英玻璃	2900～3000	氮	1.251
石英	2500～2800	氧	1.429
冰(0℃)	917	氩	1.783

表 7.3 标准大气压下不同温度时纯水的密度

温度 t/℃	密度 ρ/(kg·m⁻³)	温度 t/℃	密度 ρ/(kg·m⁻³)
0	999.841	24	997.296
1	999.900	25	997.044
2	999.941	26	996.783
3	999.965	27	996.512
4	999.973	28	996.232
5	999.965	29	995.944
6	999.941	30	995.646
7	999.902	31	995.340
8	999.849	32	995.025
9	999.781	33	994.702
10	999.700	34	994.371
11	999.605	35	994.031
12	999.498	36	993.68
13	999.377	37	993.33
14	999.244	38	992.96
15	999.099	39	992.59
16	998.943	40	992.21
17	998.774	42	991.44
18	998.595	50	988.04
19	998.405	60	983.21
20	998.203	70	977.78
21	997.992	80	971.80
22	997.770	90	965.31
23	997.638	100	958.35

表 7.4 水在不同压强下的沸点

P/hPa	t/℃	P/hPa	t/℃	P/hPa	t/℃	P/hPa	t/℃
950	98.205	978	99.012	1006	99.799	1034	100.568
951	98.234	979	99.040	1007	99.827	1035	100.595
952	98.263	980	99.069	1008	99.854	1036	100.623
953	98.292	981	99.097	1009	99.882	1037	100.650
954	98.322	982	99.125	1010	99.910	1038	100.677
955	98.351	983	99.153	1011	99.937	1039	100.704
956	98.380	984	99.182	1012	99.965	1040	100.731
957	98.409	985	99.210	1013	99.993	1041	100.758
958	98.438	986	99.238	1014	100.020	1042	100.785
959	98.467	987	99.267	1015	100.048	1043	100.812
960	98.495	988	99.295	1016	100.076	1044	100.839
961	98.524	989	99.323	1017	100.103	1045	100.866
962	98.553	990	99.351	1018	100.131	1046	100.893
963	98.582	991	99.379	1019	100.158	1047	100.919
964	98.611	992	99.408	1020	100.186	1048	100.946
965	98.640	993	99.436	1021	100.213	1049	100.973
966	98.668	994	99.464	1022	100.241	1050	101.000
967	98.697	995	99.492	1023	100.268	1051	101.026
968	98.726	996	99.520	1024	100.296	1052	101.053
969	98.755	997	99.548	1025	100.323	1053	101.080
970	98.783	998	99.576	1026	100.351	1054	101.107
971	98.812	999	99.604	1027	100.378	1055	101.133
972	98.840	1000	99.632	1028	100.405	1056	101.160
973	98.869	1001	99.659	1029	100.432	1057	101.187
974	98.898	1002	99.688	1030	100.460	1058	101.214
975	98.926	1003	99.715	1031	100.487	1059	101.240
976	98.955	1004	99.743	1032	100.514	1060	101.267
977	98.983	1005	99.771	1033	100.541		

表7.5　流体的动力粘度

流体	温度/℃	黏度/(μPa·s)	流体	温度/℃	黏度/(μPa·s)
乙醚	0	296	葵花籽油	20	5.00×10^4
	20	243	蓖麻油	0	530×10^4
甲醇	0	817		10	241.8×10^4
	20	584		15	151.4×10^4
水银	−20	1855		20	95.0×10^4
	0	1685		25	62.1×10^4
	20	1554		30	45.1×10^4
	100	1224		35	31.2×10^4
乙醇	−20	2780		40	23.1×10^4
	0	1780		100	16.9×10^4
	20	1190	甘油	−20	134×10^6
水	0	1787.8		0	121×10^5
	20	1004.2		20	149.9×10^4
	100	282.5		100	129.45×10^2
汽油	0	1788	蜂蜜	20	650×10^4
	18	530		80	100×10^3
变压器油	20	1.98×10^4	空气	25	18.3
鱼肝油	20	4.56×10^4			
	80	0.46×10^4			

表7.6　20℃时常用金属的杨氏模量

$Y/(N/mm^2)$

金属	$Y(\times 10^4)$	金属	$Y(\times 10^4)$
铝	7.0~7.1	灰铸铁	6~17
银	6.9~8.2	硬铝合金	7.1
金	7.7~8.1	可锻铸铁	15~18
锌	7.8~8.0	球墨铸铁	15~18
铜	10.3~12.7	康铜	16.0~16.6
铁	18.6~20.6	铸钢	17.2
镍	20.3~21.4	碳钢	19.6~20.6
铬	23.5~24.5	合金钢	20.6~22.0
钨	40.7~41.5		

注：Y 的值与材料的结构、化学成分及加工制造方法有关，因此，在某些情况下，Y 的值可能与表中所列的平均值不同。

表 7.7　海平面上不同纬度处的重力加速度

纬度 φ	$g/(\mathrm{m/s^2})$	纬度 φ	$g/(\mathrm{m/s^2})$
0°	9.780 49	60°	9.819 24
5°	9.780 88	65°	9.822 94
10°	9.782 04	70°	9.826 14
15°	9.783 94	75°	9.828 73
20°	9.786 52	80°	9.830 65
25°	9.789 69	85°	9.831 82
30°	9.793 38	90°	9.832 21
35°	9.797 46	34°16′(西安)	计算值 9.796 84
40°	9.801 80		测量值 9.7965
45°	9.806 29	39°56′(北京)	9.801 22
50°	9.810 79	31°12′(上海)	9.794 36
55°	9.815 15	30°16′(杭州)	9.793 60

注：地球上任意地方重力加速度的计算公式为

$$g = 9.780\ 49 \times (1 + 0.005\ 28\sin^2\varphi - 0.000\ 006\ 9\sin^2 2\varphi)$$

表 7.8　物质中的声速

物质		声速/(m/s)	物质	声速/(m/s)
氧气	0℃	317.2	NaCl(14.8%水溶液)20℃	1542
氩气	0℃	319	甘油 20℃	1923
干燥空气	0℃	331.45	铅	1210
	10℃	337.46	金	2030
	20℃	343.37	银	2680
	30℃	349.18	锡	2730
	40℃	854.89	铂	2800
氮气	0℃	337	铜	3750
氢气	0℃	1269.5	锌	3850
二氧化碳	0℃	258.0	钨	4320
一氧化碳	0℃	337.1	镍	4900
四氯化碳	20℃	935	铝	5000
乙醚	20℃	1006	不锈钢	5000
乙醇	20℃	1168	重硅钾铅玻璃	3720
丙酮	20℃	1190	轻氯铜银冕玻璃	4540
汞	20℃	1451.0	硼硅酸玻璃	5170
水	20℃	1482.9	熔融石英	5760

注：气体压强为一个大气压，固体中的声速为沿棒传播的纵波速度。

表 7.9 物质的比热容

物质	温度/℃	比热容/(J/(kg·K))	物质	温度/℃	比热容/(J/(kg·K))
金	25	128	石蜡	0~20	2.91×10^3
铅	20	128	水银	0	139.5
铂	20	134		20	139.0
银	20	234	氟利昂—12	20	0.84×10^3
铜	20	385	汽油	10	1.42×10^3
锌	20	389		50	2.09×10^3
镍	20	481	变压器油	0~100	1.88×10^3
铁	20	481	蓖麻油	20	2.00×10^3
铝	20	896	煤油	20	2.18×10^3
黄铜	0	370	乙醇	0	2.30×10^3
	20	384		20	2.47×10^3
康铜	18	420	乙醚	20	2.34×10^3
钢	20	447	甘油	18	2.43×10^3
生铁	0~100	0.54×10^3	甲醇	0	2.43×10^3
云母	20	0.42×10^3		20	2.47×10^3
玻璃	20	585~920	冰	0	2090
石墨	25	707	纯水	0	4219
石英玻璃	20~100	787		20	4182
石棉	0~100	795		100	4204
橡胶	15~100	$(1.13 \sim 2.00) \times 10^3$	空气(定压)	20	1008
			氢(定压)	20	14.25×10^3

表 7.10 金属和合金的电阻率及其温度系数

金属或合金	电阻率 $\rho/(10^{-6} \Omega \cdot cm)$	温度系数 $\alpha/(10^{-5}/℃)$
银	1.47(0℃)	430
铜	1.55(0℃)	433
金	2.01(0℃)	402
铝	2.50(0℃)	460
钨	4.89(0℃)	510
锌	5.65(0℃)	417
铁	8.70(0℃)	651
铂	10.5(20℃)	390
锡	12.0(20℃)	440
水银	95.8(20℃)	100
黄铜	8.00(1~20℃)	100
钢(0.10%~0.15%碳)	10~14(20℃)	600
康铜	47~51(18~20℃)	−4.0~+1.0
武德合金	52(20℃)	370
铜锰镍合金	34~100(20℃)	−3.0~+2.0
镍铬合金	98~110(20℃)	3~40

注：金属的电阻率与温度的关系为 $\rho_{t1} = \rho_{t0}[1 + \alpha(t - t_0)]$。电阻率与金属和合金中的杂质有关，表中
列出的是单值金属的电阻率和合金电阻率的平均值。

表 7.11 常用热电偶的温差电动势

铂铑（87％铂，13％铑）—铂的温差电动势/mV，参考端温度为0℃：

温度/℃ ＼ 温度/℃	0	100	200	300	400
0	0.000	0.645	1.464	2.395	3.400
10	0.054	0.720	1.553	2.492	3.503
20	0.111	0.797	1.643	2.591	3.608
30	0.170	0.875	1.734	2.690	3.712
40	0.231	0.956	1.825	2.789	3.817
50	0.295	1.037	1.918	2.890	3.923
60	0.361	1.120	2.012	2.990	4.029
70	0.429	1.204	2.106	3.092	4.136
80	0.499	1.290	2.202	3.194	4.243
90	0.571	1.376	2.298	3.296	4.351
100	0.645	1.464	2.395	3.400	4.459

镍铬—镍铝的温差电动势/mV，参考端温度为0℃：

温度/℃ ＼ 温度/℃	0	100	200	300	400
0	0.00	4.10	8.13	12.21	16.40
10	0.40	4.51	8.53	12.62	16.83
20	0.80	4.92	8.93	13.04	17.25
30	1.20	5.33	9.33	13.45	17.67
40	1.61	5.73	9.74	13.87	18.09
50	2.02	6.13	10.15	14.29	18.51
60	2.43	6.53	10.56	14.71	18.94
70	2.84	6.93	10.97	15.13	19.37
80	3.26	7.33	11.38	15.56	19.79
90	3.68	7.73	11.80	15.98	20.22
100	4.10	8.13	12.21	16.40	20.65

镍铬-康铜热电偶的温差电动势/mV，参考端温度为0℃：

工作端温度/℃	−50	−40	−30	−20	−10	−0
0		−2.50	−1.89	−1.27	−0.64	−0.00
1		−2.56	−1.95	−1.33	−0.70	−0.06
2		−2.62	−2.01	−1.39	−0.77	−0.13
3		−2.68	−2.07	−1.46	−0.83	−0.19
4	−3.11	−2.74	−2.13	−1.52	−0.89	−0.26
5		−2.81	−2.20	−1.58	−0.96	−0.32
6		−2.87	−2.26	−1.64	−1.02	−0.38
7		−2.93	−2.32	−1.70	−1.08	−0.45
8		−2.99	−2.38	−1.77	−1.14	−0.51
9		−3.05	−2.44	−1.83	−1.21	−0.58

工作端温度/℃	+0	10	20	30	40	50
0	0.00	0.65	1.31	1.98	2.66	3.35
1	0.07	0.72	1.38	2.05	2.73	3.42
2	0.13	0.78	1.44	2.12	2.80	3.49
3	0.20	0.85	1.51	2.18	2.87	3.56
4	0.26	0.91	1.57	2.25	2.94	3.63
5	0.33	0.98	1.64	2.32	3.00	3.70
6	0.39	1.05	1.70	2.38	3.07	3.77
7	0.46	1.11	1.77	2.45	3.14	3.84
8	0.52	1.18	1.84	2.52	3.21	3.91
9	0.59	1.24	1.91	2.59	3.28	3.98

工作端温度/℃	60	70	80	90	100	110
0	4.05	4.76	5.48	6.21	6.95	7.69
1	4.12	4.83	5.56	6.29	7.03	7.77
2	4.19	4.90	5.63	6.36	7.10	7.84
3	4.26	4.98	5.70	6.43	7.17	7.91
4	4.33	5.05	5.78	6.51	7.25	7.99
5	4.41	5.12	5.85	6.58	7.32	8.06
6	4.48	5.20	5.92	6.65	7.40	8.13
7	4.55	5.27	5.99	6.73	7.47	8.21
8	4.62	5.34	6.07	6.80	7.54	8.28
9	4.69	5.41	6.14	6.87	7.62	8.35

工作端温度/℃	120	130	140	150	160	170
0	8.43	9.18	9.93	10.69	11.46	12.24
1	8.50	9.25	10.00	10.77	11.54	12.32
2	8.58	9.33	10.08	10.85	11.62	12.40
3	8.65	9.40	10.16	10.92	11.69	12.48
4	8.73	9.48	10.23	11.00	11.77	12.55
5	8.80	9.55	10.31	11.08	11.85	12.63
6	8.88	9.63	10.38	11.15	11.93	12.71
7	8.95	9.70	10.46	11.23	12.00	12.79
8	9.03	9.78	10.54	11.31	12.08	12.87
9	9.10	9.85	10.61	11.38	12.16	12.95

续表

工作端温度/℃	180	190	200	210	220	230
0	13.03	13.84	14.66	15.48	16.30	17.12
1	13.11	13.92	14.74	15.56	16.38	17.20
2	13.19	14.00	14.82	15.64	16.46	17.28
3	13.27	14.08	14.90	15.72	16.54	17.37
4	13.36	14.16	14.98	15.80	16.62	17.45
5	13.44	14.25	15.06	15.89	16.71	17.53
6	13.52	14.34	15.14	15.97	16.79	17.62
7	13.60	14.42	15.22	16.05	16.87	17.70
8	13.68	14.50	15.30	16.13	16.95	17.78
9	13.76	14.58	15.38	16.21	17.03	17.87
工作端温度/℃	240	250	260	270	280	290
0	17.95	18.76	19.59	20.42	21.24	22.07
1	18.03	18.84	19.67	20.50	21.32	22.15
2	18.11	18.92	19.75	20.58	21.40	22.23
3	18.19	19.01	19.84	20.66	21.49	22.32
4	18.28	19.09	19.92	20.74	21.57	22.40
5	18.36	19.17	20.00	20.83	21.65	22.48
6	18.44	19.26	20.09	20.91	21.73	22.57
7	18.52	19.34	20.17	20.99	21.82	22.65
8	18.60	19.42	20.25	21.07	21.90	22.73
9	18.68	19.51	20.34	21.15	21.98	22.81

铜—康铜热电偶的温差电动势/mV，参考端温度为0℃：

工作端温度/℃	-40	-30	-20	-10	-0
0	-1.475	-1.121	-0.757	-0.383	-0.000
1	-1.510	-1.157	-0.794	-0.421	-0.039
2	-1.544	-1.192	-0.830	-0.458	-0.077
3	-1.579	-1.228	-0.866	-0.496	-0.116
4	-1.614	-1.263	-0.903	-0.354	-0.154
5	-1.648	-1.299	-0.940	-0.571	-0.193
6	-1.682	-1.334	-0.976	-0.608	-0.231
7	-1.717	-1.370	-1.013	-0.646	-0.269
8	-1.751	-1.405	-1.049	-0.683	-0.307
9	-1.785	-1.440	-1.085	-0.720	-0.345
10	-1.819	-1.475	-1.121	-0.757	-0.383
工作端温度/℃	0	10	20	30	40
0	0.000	0.391	0.789	1.196	1.611
1	0.039	0.430	0.830	1.237	1.653
2	0.078	0.470	0.870	1.279	1.695
3	0.117	0.510	0.911	1.320	1.738
4	0.156	0.549	0.951	1.361	1.780
5	0.195	0.589	0.992	1.403	1.822
6	0.234	0.629	1.032	1.444	1.865
7	0.273	0.669	1.073	1.486	1.907
8	0.312	0.709	1.114	1.528	1.950
9	0.351	0.749	1.155	1.569	1.992
10	0.391	0.789	1.196	1.611	2.035

续表

工作端温度/℃	50	60	70	80	90
0	2.035	2.467	2.908	3.357	3.813
1	2.078	2.511	2.953	3.402	3.859
2	2.121	2.555	2.997	3.447	3.906
3	2.164	2.599	3.042	3.493	3.952
4	2.207	2.643	3.087	3.538	3.998
5	2.250	2.687	3.131	3.584	4.044
6	2.294	2.731	3.176	3.630	4.091
7	2.337	2.775	3.221	3.676	4.137
8	2.380	2.819	3.266	3.721	4.184
9	2.424	2.864	3.312	3.767	4.231
10	2.467	2.908	3.357	3.813	4.277

工作端温度/℃	100	110	120	130	140
0	4.277	4.749	5.227	5.712	6.204
1	4.324	4.796	5.275	5.761	6.254
2	4.371	4.844	5.324	5.810	6.303
3	4.418	4.891	5.372	5.859	6.353
4	4.465	4.939	5.420	5.908	6.403
5	4.512	4.987	5.469	5.957	6.452
6	4.559	5.035	5.517	6.007	6.502
7	4.607	5.083	5.566	6.056	6.552
8	4.654	5.131	5.615	6.105	6.602
9	4.701	5.179	5.663	6.155	6.652
10	4.749	5.227	5.712	6.204	6.702

工作端温度/℃	150	160	170	180	190
0	6.702	7.207	7.718	8.235	8.757
1	6.753	7.258	7.769	8.287	8.810
2	6.803	7.309	7.821	8.339	8.863
3	6.853	7.360	7.872	8.391	8.915
4	6.903	7.411	7.924	8.443	8.968
5	6.954	7.462	7.975	8.495	9.021
6	7.004	7.513	8.027	8.548	9.074
7	7.055	7.564	8.079	8.600	9.127
8	7.106	7.615	8.131	8.652	9.180
9	7.156	7.666	8.183	8.705	9.233
10	7.207	7.718	8.235	8.757	9.286

表 7.12　物质的相对介电常数

物质	温度 $t/℃$	相对介电常数 ε_r	物质	温度 $t/℃$	相对介电常数 ε_r
石蜡	20	2.0～2.5	丙酮	20	21.5
木材	18	2.2～3.7	乙醇	14.7	26.8
硬橡胶	18	2.5～2.8	甲醇	13.4	35.4
电木	18	3～5	甘油	18	39.1
石英玻璃	18	3.5～4.1	水	18	80.4
瓷	18	5.0～6.5	氦	0	1.000 064
普通玻璃	18	5～7	氢	0	1.000 264
云母	18	5.7～7.0	氧	0	1.000 524
花岗岩	18	7～9	氩	0	1.000 556
光学玻璃	18	7～10	空气	0	1.000 590
大理石	18	8.3	氮	0	1.000 606
金刚石	18	16.5	一氧化碳	0	1.000 690
煤油	21	2.1	二氧化碳	0	1.000 946
松节油	20	2.2	甲烷	0	1.000 953
变压器油	18	2.2～2.5	硫化氢	0	1.004
苯	18	2.3	氯化氢	0	1.0046
柏油	18	2.7	氨	0	1.008 37
乙醚	20	4.34	溴	180	1.0128
蓖麻油	10.9	4.6			

注：气体的电容率介电常数在标准大气压下测得的。

表 7.13　物质的折射率

典型气体的折射率 n

气体	分子式	折射率 n	气体	分子式	折射率 n
氦	He	1.000 035	氮	N_2	1.000 298
氖	Ne	1.000 067	一氧化碳	CO	1.000 334
甲烷	CH_4	1.000 144	氨	NH_3	1.000 379
氢	H_2	1.000 232	二氧化碳	CO_2	1.000 451
水蒸气	H_2O	1.000 255	硫化氢	H_2S	1.000 641
氧	O_2	1.000 271	二氧化硫	SO_2	1.000 686
氩	Ar	1.000 281	乙烯	C_2H_4	1.000 719
空气	—	1.000 292	氯	Cl_2	1.000 768

注：表中给出的数据是在标准状况下，气体对波长约等于 589.3 nm 的 D 线（钠黄光）的折射率。

典型液体的折射率 n：

液体	温度 $t/℃$	折射率 n	液体	温度 $t/℃$	折射率 n
盐酸	10.5	1.254	二氧化碳	15	1.195
氨水	16.5	1.325	三氯甲烷	20	1.446
甲醇	20	1.3292	四氯化碳	15	1.463 05
水	20	1.3330	甘油	20	1.474
乙醚	20	1.3510	甲苯	20	1.495
丙酮	20	1.3591	苯	20	1.5011
乙醇	20	1.3605	加拿大树胶	20	1.530
硝酸(99.94%)	16.4	1.397	二硫化碳	18	1.6255
硫酸(98%)	23	1.429	溴	20	1.654

注：表中给出的数据为液体对波长约等于 589.3 nm 的 D 线(钠黄光)的折射率。

典型固体的折射率 n

固 体	折射率 n	固 体	折射率 n
氯化钾	1.490 44	火石玻璃 F_8	1.6055
冕牌玻璃 K_6	1.5111	重冕玻璃 ZK_6	1.6126
K_8	1.5159	ZK_8	1.6140
K_9	1.5163	钡火石玻璃	1.625 90
钡冕玻璃	1.539 90	重火石玻璃 ZF_1	1.6475
氯化钠	1.544 27	ZF_6	1.7550

注：表中给出的数据为固体对波长约等于 589.3 nm 的 D 线(钠黄光)的折射率。

典型晶体的折射率 n

波长 λ/nm	萤石	石英玻璃	钾盐	岩盐
656.3(H，红)	1.4325	1.4564	1.4872	1.5407
643.8(Cd，红)	1.4327	1.4567	1.4877	1.5412
589.3(Na，黄)	1.4339	1.4585	1.4904	1.5443
546.1(Hg，绿)	1.4350	1.4601	1.4931	1.5475
508.6(Cd，绿)	1.4362	1.4619	1.4961	1.5509
486.1(H，蓝绿)	1.4371	1.4632	1.4983	1.5534
480.0(Cd，蓝绿)	1.4379	1.4636	1.4990	1.5541
404.7(Hg，紫)	1.4415	1.4694	1.5097	1.5665
656.3(H，红)	1.557 36	1.566 71	1.6544	1.4846

续表

波长 λ/nm	石英		方解石	
	n_o	n_e	n_o	n_e
643.8(Cd，红)	1.550 12	1.559 43	1.6550	1.4847
589.3(Na，黄)	1.549 68	1.558 98	1.6584	1.4864
546.1(Hg，绿)	1.548 23	1.557 48	1.6616	1.4879
508.6(Cd，绿)	1.546 17	1.555 35	1.6653	1.4895
486.1(H，蓝绿)	1.544 25	1.553 36	1.6678	1.4907
480.0(Cd，蓝绿)	1.542 29	1.551 33	1.6686	1.4911
404.7(Hg，紫)	1.541 90	1.550 93	1.6813	1.4969

注：表中的数据是在温度为18℃时测得的。

表 7.14　常用光源的谱线波长

nm

H(氢)		He(氦)		Ne(氖)	
656.28	红	706.52	红	650.65	红
486.13	蓝绿	667.82	红	640.23	橙
434.05	紫	587.56(D_3)	黄	638.30	橙
410.17	紫	501.57	绿	626.65	橙
397.01	紫	492.19	蓝绿	621.73	橙
Hg(汞)		471.31	蓝	614.31	橙
623.44	橙	447.15	紫	588.19	黄
579.07	黄$_2$	402.62	紫	585.25	黄
576.96	黄$_1$	388.87	紫	He - Ne 激光	
546.07	绿	Na(钠)		632.8	橙
491.60	蓝绿	589.592(D_1)	黄	Cd(镉)	
435.83	紫$_2$	588.995(D_2)	黄	643.847	红
404.66	紫$_1$			508.582	绿

表 7.15　几种纯金属的"红限"波长及逸出功

金属	"红限"波长 λ_0/nm	逸出功 W/eV	金属	"红限"波长 λ_0/nm	逸出功 W/eV
钾(K)	550.0	2.2	汞(Hg)	273.5	4.5
钠(Na)	540.0	2.4	金(Au)	265.0	5.1
锂(Li)	500.0	2.4	铁(Fe)	262.0	4.5
铯(Cs)	460.0	1.8	银(Ag)	261.0	4.0

附录 8　电磁学实验常用仪器

8.1　电表

物理实验中常用的绝大多数电表都是磁电式电表。磁电式表头的内部构造可简单地表示为如图 8.1 所示。在永久磁铁的两个极上连着带圆筒孔腔的极掌，极掌之间装有圆柱形软铁芯，它的作用是使极掌和铁芯间的空隙中形成很强的均匀辐射状磁场。在圆柱形铁芯和极掌间的空隙处放一长方形线圈，线圈上固定一根指针。当电流流过时，线圈就受电磁力矩作用而偏转，直到与游丝阻力矩平衡。偏角的大小与线圈上通过的电流成正比，电流的方向不同，偏转方向也不同。这种表头能直接测量的电流很小，一般在几十微安到几十毫安之间。

表头也可用来检验电路中有无电流流过。专门用来检验电路中有无电流流过的电流计称为检流计。常用的检流计有按钮式和光电反射式两类。

按钮式检流计的特点是其零点位于刻度盘中央。通电时指针随电流的方向不同可以左右偏转。检流计通常处于断开状态，仅当按下按钮时，检流计才接入电路中，并用它来检验电路中有无电流。

光电反射式检流计可分为墙式和便携式两种。便携式检流计（如 AC 15/4 型复射式检流计）使用方便，常用做电桥和电位差计的指零仪器，或用来测量十分微小的电流和电压。

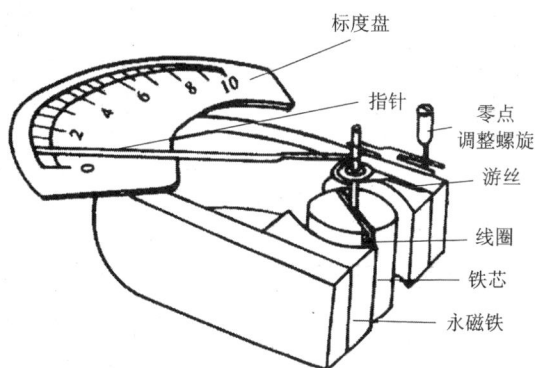

图 8.1　磁电式表头结构

电流表（安培表）通常是在表头上并联一个阻值较小的分流电阻改装而成的。测量时，使电路中电流的超额部分通过分流电阻，这样便扩大了电流量程。表头上并联的分流电阻的阻值不同，量程也就不同。电流表使用时，应将其串联在电路中，并注意要使电流从电流表的正极流入，负极流出。

电压表是在表头上串联一个阻值较高的电阻改装而成的。测量时，使线路中电压的超额部分降落在这个电阻上，这样就扩大了电压的量程。串联的分压电阻的阻值不同，电压表的量程也就不同。使用时，应将电压表并联在电路中，并注意正极接在高电位处，负极接在低电位处。

使用电流表和电压表时，不得使测量值超过量程，否则易烧坏电表。对于多量程的电表，在不知道被测量的大小时，一般应先用大量程，在得出被测值的范围后，再换用与被测量接近的量程。

根据我国的规定，电气仪表的主要技术性能都以一定的符号来表示，并标记在仪表的面板上。使用时，要注意面板上的符号，正确使用电表。表 8.1 给出了常见的一些符号。

表8.1 常用电气仪表上的符号

名称			放置方法		
名称	Ⓖ	检流计	放置方法	⊥ 或 ↑	标度尺垂直放置
	Ⓐ	安培表		⌐ 或 →	标度尺水平放置
	ⓜA	毫安表			
	ⓜμA	微安表		∠60°	标度尺倾斜放置(例如倾斜60°)
	Ⓥ	伏特表	准确度等级	1.5	以标度尺量限百分数表示的准确度等级1.5级
	ⓜV	毫伏表			
	ⓚV	千伏表		2.5 ∨	以标度尺长度百分数表示的准确度等级2.5级
	Ⓞ	欧姆表			
	ⓂΩ	兆欧表		⓪.5	以指示值百分数表示的准确度等级0.5级
种类	⌒	磁电式	使用条件及其他	Ⅱ	二级防外磁场
	⟋⟍	电磁式		Ⅱ	二级防外电场
	⊟	电动式		☆2 ⚡2 kV	绝缘强度试验电压为2 kV
	⊥	静电式		△B	B级使用条件(−20～50℃,相对湿度低于95%的条件下工作)
	──	直流		+、−	正、负端
				•	公共端
	∼	交流		⊥ ⏚	接地端
	≈	交直流两用		⌣	调零器

电表的准确度等级按《GB 776−76 电气测量指示仪表通用技术条件》的规定,分为 0.1、0.2、0.5、1.0、1.5、2.5、5.0 七级,它表示了电表最大系统误差的大小。对于以标尺量限百分数表示的准确度等级,在正常使用条件下,电表指针指示任一测量值所包含的最大示值(系统)误差为 $\Delta x=$(量程×等级)%。

对确定级别和量程的电表而言,这个值是不变的,所以在使用这一类电表时,指针的偏转一般应超过满量程的 1/3,以减少测量的相对误差。

8.2 电阻箱与滑线变阻器

1) 电阻箱

符号: ○——⟋——○

电阻箱在实验中用做已知电阻。它是由许多个定值电阻装在一起构成的。这些电阻是由锰铜丝绕制而成的(因锰铜的电阻率大,电阻随温度变化小)。我们实验室使用的是旋钮式十进制电阻箱,其外形和内部电路如图 8.2 所示。

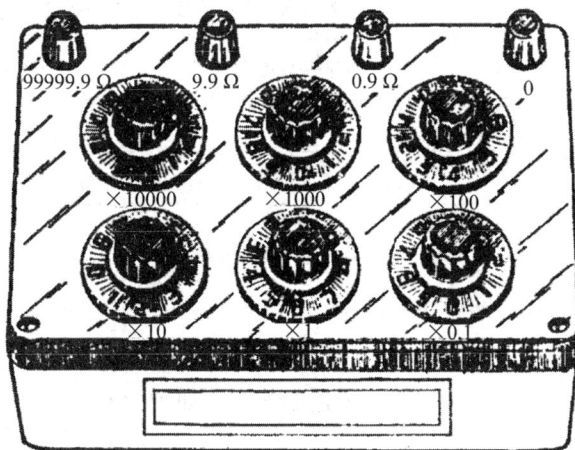

(a)

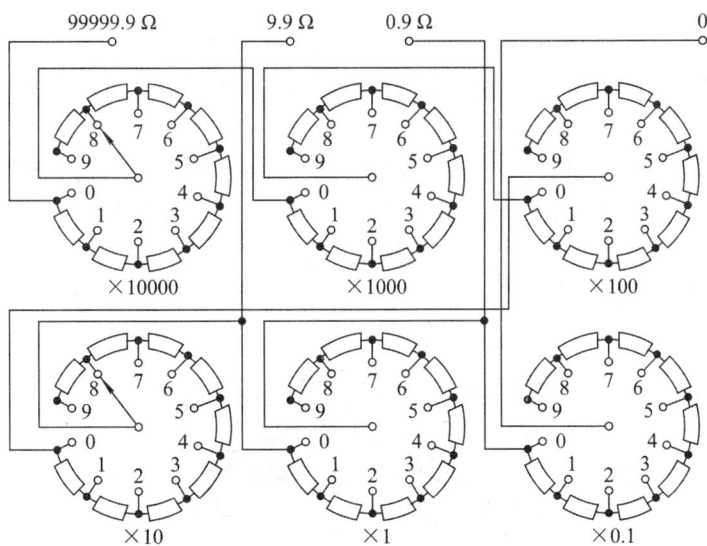

(b)

图 8.2 电阻箱

使用电阻箱时，通过电阻箱的电流不能超过电阻箱允许的电流值。电阻箱各挡可通过的电流限额如表 8.2 所示。即要使每个绕线电阻上的发热功率不大于 0.25 W。

表 8.2　电阻箱各挡倍率与最大允许电流

旋钮倍率 /Ω	×0.1	×1	×10	×100	×1000	×10000
允许电流 /A	1.6	0.5	0.16	0.05	0.016	0.005

电阻箱的准确度级别分为 0.02，0.05，0.1，0.2 和 0.5 级，各种级别电阻箱的仪器误差如表 8.3 所示。实验室常用电阻箱为 ZX21 型，准确度等级为 0.1 级。

表 8.3　电阻箱的基本误差

准确度级别	基本误差（以接入电阻标称值的百分率表示）	
	单十进制盘电阻箱	多十进制盘电阻箱
0.02	±0.02	±(0.02+0.1 m/R)
0.05	±0.05	±(0.05+0.1 m/R)
0.1	±0.1	±(0.1+0.2 m/R)
0.2	±0.2	±(0.2+0.5 m/R)
0.5	±0.5	±(0.5+0.1 m/R)

表 8.3 中，m 表示示值不等于零的十进制数目。如 $R = 3060.5\ \Omega$，则 $m = 3$。R 为接入电路的电阻值。

2）滑线变阻器

符号：

滑线变阻器是一种阻值可以连续变化的电阻，既可当作可变电阻，用来改变线路中的电流，又可接成分压器，用来调节电压。

滑线变阻器的结构如图 8.3 所示，把电阻丝绕在一个磁筒上，电阻丝两端和接头 A、B 相连，因此，A 和 B 之间的阻值即全部电阻丝的电阻。在磁筒上方有一滑动接头和磁筒上电阻丝接触。滑动头安装在铜梁上滑动。铜梁一端为接线柱 C，改变滑动头的位置就可改变 CA 和 BC 之间的电阻。

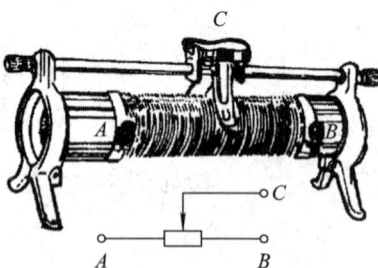

图 8.3　滑线变阻器

实验室还常用到另一种形式的滑线电阻，称为双联滑线变阻器，它们在结构上是由两个滑线变阻器构成的。两个滑线变阻器的滑动头连在一起，并用摇把推动。它共有五个接头 A_1、B_1、A_2、B_2 和 C。双联滑线变阻器的结构符号如图 8.4 所示。当使用单边 A_1B_1C 或 A_2B_2C 时与一般滑线电阻相同。在调电流时也可使用 A_1A_2 或 B_1B_2。电阻的变化范围是单边的两倍，可在较大范围内改变电流。

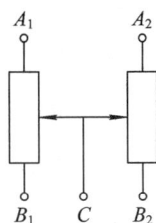

图 8.4　双联滑线变阻器

变阻器用来控制电路电流的接法如图 8.5(a)所示。变阻器改变电路电压的接法称为分压器，如图 8.5(b)所示。

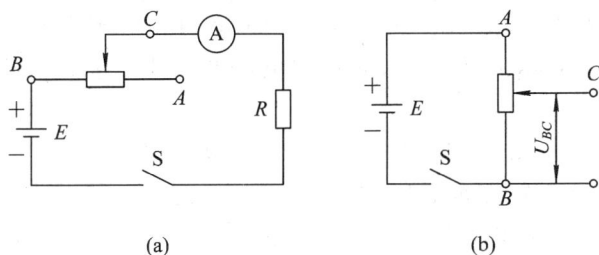

图 8.5　滑线变阻器的接法
（a）制流接法；（b）分压接法

分压器在实验中经常用到，且易接错。因此，我们必须在搞清其原理的基础上熟练掌握。接线时，把变阻器的两固定头 A、B 与电源 E 的两端相连，从滑动头 C 及固定接头之一（如 B）引出两根线（称分压线）接到负载电路上。电流按回路 $EACBE$ 流过变阻器的电阻，则会在电阻上造成电位差。该电位差分为 U_{AC} 和 U_{BC} 两部分，其中 U_{BC} 就是分压器输出的电压。改变滑动头 C 的位置，就可以改变这两部分电阻的分配，也就可以改变电压的分配。当滑动头 C 在 B 这一端时，分压 U_{BC} 为零；当 C 在 A 这一端时，分压最大，等于电源电压 E。所以分压器可使输出电压在 $0\sim E$ 之间变化。实验中需要电压变化较大时常采用此电路。

8.3　直流标准电阻

直流标准电阻如图 8.6 所示。直流标准电阻是实验室中常用的电阻基准量具，在电桥、电位差计的校验中，以及用比较法测电阻，或利用测量电压的方法来确定通过电路的电流时（如灵敏电流计实验），都必须使用标准电阻。

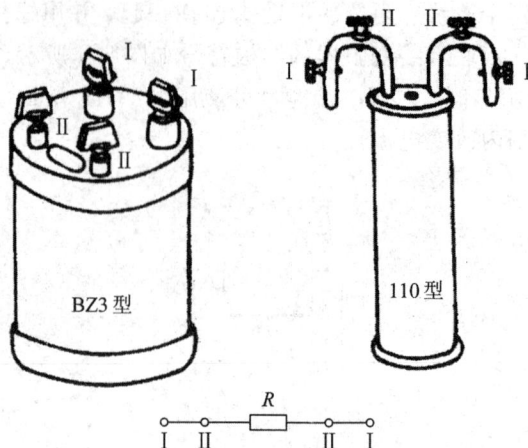

图 8.6　直流标准电阻

直流标准电阻是由高稳定度的锰铜丝制成的，为减小接触电阻带来的误差，它有两对接头：一对是电流接头 Ⅰ，利用这对接头把标准电阻接入电路；另一对是电位接头 Ⅱ，利用这对接头取出标准电阻上的电压。两对接头之间用很粗的铜棒相连。

标准电阻上所标的电阻值是在 20℃时一对电位接头间的阻值。当温度为 t℃时电阻值由下式给出：

$$R_t = R_{20}\left[1 + \alpha(t - 20) + \beta(t - 20)^2\right]$$

式中，α 和 β 为（一次和二次）温度系数，R_{20}、α 和 β 均由产品说明书给出。

使用时，应根据标准电阻功率限定工作电流，以免标准电阻被损坏。

8.4　电源

实验室使用的交流电源由市电供给。墙上插座或实验桌插座旁标有 AC（或～）220 V 符号，表示交流电源。交流低电压由变压器输出端给出。实验桌的接线柱上均标有交流电压数，如～12 V 等。使用时，一定要核对电源电压，以避免造成人身事故或损坏仪器。

实验室常用的直流电源有干电池和直流稳压电源，用符号 DC（或—）表示，在实验桌的电源接线柱上标出。使用电源时，要注意电源电压和可能供给的电流。使用电流不能超过其额定值。

实验室常用的干电池有三种：甲电池（A 电池）；乙电池（B 电池）；1 号电池（D 电池）。A 和 D 电池的电动势均为 1.5 V（新的）。A 电池连续使用，电流不得超过 100 mA，D 电池不得超过 20 mA。B 电池由 D 电池组组成，可提供 22.5 V 和 45 V 的电压，连续使用时，电流不得超过 20 mA。

8.5　常用器件符号

在电路原理图中，常用不同的图形符号来代表各个元件，用线条来表示它们之间的联系。表 8.4 列举了常用的电气元件符号。

表8.4 常用电器元件符号

名　　称	符　号	名　　称	符　号
原电池或蓄电池		单刀开关	
电阻(固定电阻)		单刀双掷开关	
变阻器(可调电阻)		双刀双掷开关	
可断开电路的变阻器		换向开关	
不可断开电路的变阻器			
固定电容		不连接的交叉导线	
可变电容		连接的交叉导线	
电感线圈		指示灯泡	
有铁芯的电感线圈		晶体二极管	
有铁氧体芯电感线圈		稳压管	
有铁芯的单相双线变压器		晶体三极管(PNP)	